MINERVA
はじめて学ぶ教職
16

吉田武男
監修

教育相談

高柳真人／前田基成／服部 環／吉田武男
編著

ミネルヴァ書房

監修者のことば

　本書を手に取られた多くのみなさんは，おそらく教師になることを考えて，教職課程をこれから履修しよう，あるいは履修している方ではないでしょうか。それ以外にも，教師になるか迷っている，あるいは教師の免許状だけを取っておく，さらには教養として本書を読む方も，おられるかもしれません。

　どのようなきっかけであれ，教育の営みについて，はじめて学問として学ぼうとする方に対して，本シリーズ「MINERVA はじめて学ぶ教職」は，教育学の初歩的で基礎的・基本的な内容を学びつつも，教育学の広くて深い内容の一端を感じ取ってもらおうとして編まれた，教職課程向けのテキスト選集です。

　したがって，本シリーズのすべての巻によって，教職に必要な教育に関する知識内容はもちろんのこと，それに関連する教育学の専門領域の内容もほとんど網羅されています。その意味では，少し大げさな物言いを許していただけるならば，本シリーズは，「教職の視点から教育学全体を体系的にわかりやすく整理した選集」であり，また，このシリーズの各巻は，「教職の視点からさまざまな教育学の専門分野を系統的・体系的にわかりやすく整理したテキスト」です。もちろん，各巻は，教育学の専門分野固有の特徴と編者・執筆者の意図によって，それぞれ個性的で特徴的なものになっています。しかし，各巻に共通する本シリーズの特徴は，文部科学省において検討された「教職課程コアカリキュラム」の内容を踏まえ，多面的・多角的な視点から教職に必要な知識について，従来のテキストより大きい版で見やすく，かつ「用語解説」「法令」「人物」「出典」などの豊富な側注によってわかりやすさを重視しながら解説されていることです。また教職を「はじめて学ぶ」方が，「見方・考え方」の資質・能力を養えるように，さらには知識をよりいっそう深め，そして資質・能力もよりいっそう高められるように，各章の最後に「Exercise」と「次への一冊」を設けています。なお，別巻は別の視点，すなわち教育行政官の視点から現代の教育を解説しています。

　この難しい時代にあって，もっと楽な他の職業も選択できたであろうに，それぞれ何らかのミッションを感じ，「自主的に学び続ける力」と「高度な専門的知識・技術」と「総合的な人間力」の備わった教師を志すみなさんにとって，本シリーズのテキストが教職および教育学の道標になることを，先輩の教育関係者のわれわれは心から願っています。

2018年

吉　田　武　男

はじめに

　教育相談は，1950年前後に，日本の学校教育に紹介されたガイダンス（生徒指導）の理論を計画的に遂行するための中心的な手法として採用されたとされている（文部省『学校における教育指導の考え方・進め方──中学校・高等学校編』1990年）。今日でも，教育相談を「一人一人の児童生徒の人格を尊重し，個性の伸長を図りながら，社会的資質や行動力を高めることを目指して」行われる「生徒指導の一環として位置づけられるものであり，その中心的な役割を担うもの」（文部科学省『生徒指導提要』2010年）としているのは，その流れを汲むものと言えよう。それとともに，1950年代半ば頃から，学校外の相談機関における教育相談活動の影響を受け，主としてカウンセリングの技法を用いて，問題傾向をもつ児童生徒の指導に生かそうとする教師の主体的な動きがあり，それも，今日の教育相談につながっている。その後，教育相談は万能であるとか，その逆に，子どもを甘やかすものであるなど極端な受け取られ方がなされた時期もあったが，今日ではその理解も深まり，教育相談の考え方や手法を学校教育に取り入れることの重要性が認識されるようになってきていると言えよう。このテキストでも，教育相談を学校教育にどう生かしていくかという課題を考えるうえで重要な，実践の諸相や可能性，さらにはその限界についても取り上げているので，熟読玩味いただき，その本質を掴んでいただくことを願っている。

　教育相談は，『生徒指導の手引（改訂版）』（文部省，1981年）では，「一人一人の子供の教育上の諸問題について，本人又はその親，教師などに，その望ましいあり方について指導助言することを意味する。言い換えれば，個人の持つ悩みや困難の解決を援助することによって，その生活によりよく適応させ，人格の成長への援助を図ろうとするものである」と定義され，『生徒指導提要』では，「児童生徒それぞれの発達に即して，好ましい人間関係を育て，生活によく適応させ，自己理解を深めさせ，人格の成長への援助を図るもの」と定義されている。また，『教職課程コアカリキュラム』（教職課程コアカリキュラムの在り方に関する検討会，2017年）では，「幼児，児童及び生徒が自己理解を深めたり好ましい人間関係を築いたりしながら，集団の中で適応的に生活する力を育み，個性の伸長や人格の成長を支援する教育活動である」と定義されている。このように，教育相談は，学習面，心理・社会面，進路面，健康面での課題を有する子どもの適応を支援するとともに，すべての子どもの人格の成長（個性化）や社会化を支援する教育活動のことである。本書では，苦戦する子どもの適応支援という側面とともに，子どもの成長・発達につながる個性化，社会化という開発的側面も取り上げている。

　より具体的には，次頁の表に示すように，本書には全国すべての大学の教職課程で共通的に修得すべき資質能力を示すものとされる『教職課程コアカリキュラム』「教育相談（カウンセリングに関する基礎的な知識を含む。）の理論及び方法」の到達目標に対応した内容がもれなく取り上げられており，一読すれば，教育相談について学ぶうえで大切な考え方や進め方に関する理解を深めることができるようになっている。

		(1) 学校における教育相談の意義と理論を理解する。		(2) 教育相談を進める際に必要な基礎的知識(カウンセリングに関する基礎的事柄を含む)を理解する。			(3) 教育相談の具体的な進め方やそのポイント,組織的な取組みや連携の必要性を理解する。			
全体目標	教育相談は,幼児,児童及び生徒が自己理解を深めたり好ましい人間関係を築いたりしながら,集団の中で適応的に生活する力を育み,個性の伸長や人格の成長を支援する教育活動である。幼児,児童及び生徒の発達の状況に即しつつ,個々の心理的特質や教育的課題を適切に捉え,支援するために必要な基礎的知識(カウンセリングの意識,理論や技法に関する基礎的知識を含む)を身に付ける。									
一般目標 / 到達目標 / 本書における章		1) 学校における教育相談の意義と課題を理解している。	2) 教育相談に関わる心理学の基礎的な理論・概念を理解している。	1) 幼児,児童及び生徒の不適応や問題行動の意味並びに幼児,児童及び生徒の発するシグナルに気づき把握する方法を理解している。	2) 学校教育におけるカウンセリングマインドの必要性を理解している。	3) 受容・傾聴・共感的理解等のカウンセリングの基礎的な姿勢や技法を理解している。	1) 職種や校務分掌に応じて,幼児,児童及び生徒並びに保護者に対する教育相談を行う際の目標の立て方や進め方を例示することができる。	2) いじめ,不登校・不登園,虐待,非行等の課題に対する,幼児,児童及び生徒の発達段階や発達課題に応じた教育相談の進め方を理解している。	3) 教育相談の計画の作成や必要な校内体制の整備など,組織的な取組みの必要性を理解している。	4) 地域の医療・福祉・心理等の専門機関との連携の意義や必要性を理解している。
第1章		○	○				○			
第2章			○	○	○	○				
第3章				○		○				
第4章			○	○				○		
第5章				○						
第6章				○						
第7章								○	○	○
第8章								○	○	○
第9章								○		
第10章			○							
第11章						○			○	○
第12章		○		○					○	
第13章		○			○	○				
第14章		○								

　本書を編集しながら思い浮かべていたのが,映画にもなった,三浦しをんの『舟を編む』という作品である。辞書とは,茫漠たる言葉の海を渡る際,「もっともふさわしい言葉で,正確に,思いをだれかに届ける」ための舟であると考える編集者たちが,『大渡海』という辞書を編纂する物語,というのは,あまりに乱暴な要約かもしれないが,座右に置かれた1冊の書物が,自分の歩むべき道を旅するわれわれの,よき道連れとなったり,目的地へと運ぶ舟となってくれることは確かにありうることと思われる。教育をつかさどる教師については,しばしば聖職者であると言われるように,その職務は,とても重要なものだが,それとともに,それは「苦楽しい」営みでもあるとも言えるだろう。教職を目指す方々や,現に今,教師としての道を歩んでいる方々にとって,本書が,それぞれが目指す教職生活を実現していくための道のりをともにする,確かな舟になることを願っている。

2019年2月

編著者を代表して　高柳真人

目次

監修者のことば
はじめに

第Ⅰ部　教育相談の基礎

第1章　教育相談の理解 … 3
1　教育相談とは … 3
2　教育相談の種類 … 5
3　教育相談の担い手 … 6
4　教育相談を支える心理学 … 10
5　教育相談の意義 … 13
コラム①　「嫌われる勇気」と教育相談 … 16

第2章　教育相談の基礎理論 … 17
1　教育相談に生かせる臨床心理学の理論 … 17
2　精神分析理論 … 18
3　行動療法・認知行動療法の理論 … 21
4　人間性中心療法・人間性心理学 … 26
コラム②　隣の芝生 … 30

第3章　教育相談の方法 … 31
1　傾聴技法 … 31
2　面接のモデルと技法の学び方 … 34
3　具体的場面の相談 … 38
コラム③　映画を見て感じたこと，気づいたこと … 44

第Ⅱ部　子どもや子ども世界の理解

第4章　子どもの発達段階とその課題 … 47
1　子どもの発達をめぐる考え方 … 47
2　乳幼児期の発達と課題 … 51
3　児童期の発達と課題 … 54
4　青年期の発達と課題 … 55

コラム④　遊びと発達 …………………………………………………………………… 60

第5章　子ども理解の意義と方法
　1　子ども理解とは …………………………………………………………………… 61
　2　子ども理解の方法 ………………………………………………………………… 64
　3　子ども理解力を高める …………………………………………………………… 69
　　コラム⑤　「となりのトトロ」のメイとさつき ……………………………………… 74

第6章　アセスメントの実際
　1　心理検査の種類 …………………………………………………………………… 75
　2　心理検査の標準化 ………………………………………………………………… 79
　3　検査結果の表示方法 ……………………………………………………………… 81
　4　知能の構造――知能観の変遷 …………………………………………………… 83
　5　知能検査の実際――日本版 WISC-IV と日本版 KABC-II ………………………… 84
　　コラム⑥　Big Five 尺度を体験する ……………………………………………… 88

第Ⅲ部　子どもの抱える困難さへの対応

第7章　反社会的行動の理解と対応
　1　反社会的行動とは ………………………………………………………………… 91
　2　反社会的行動の背景 ……………………………………………………………… 94
　3　各反社会的行動の理解と対応 …………………………………………………… 96
　4　反社会的行動を未然に防ぐためには …………………………………………… 100
　　コラム⑦　ヤンキー文化の魅力 …………………………………………………… 103

第8章　非社会的行動の理解と対応
　1　非社会的行動の理解 ……………………………………………………………… 105
　2　非社会的行動の問題性 …………………………………………………………… 108
　3　非社会的行動への対応 …………………………………………………………… 112
　4　非社会的行動の周辺 ……………………………………………………………… 115
　　コラム⑧　非社会性の内側 ………………………………………………………… 118

第9章　特別な支援を必要とする子どもの理解と対応
　1　特別な支援を必要とする子どもとはどんな子どもたちか ……………………… 119
　2　発達障害のある子どもの特徴 …………………………………………………… 120
　3　特別な支援を必要とする子どもの理解の方法 ………………………………… 124
　4　特別な支援を必要とする子どもへの支援 ……………………………………… 126

5　特別な支援を必要とする子どもの保護者への対応……………………128
　　コラム⑨　「障害」をめぐる用語の動向……………………131

第10章　教育相談に生かせるカウンセリングの理論……………133
　　1　行動療法とは……………………133
　　2　学習理論……………………135
　　3　行動療法の実際……………………137
　　4　論理療法の実際……………………142
　　コラム⑩　心の「問題」よりも精神的に支える……………………146

第Ⅳ部　教育相談の展開

第11章　チームで行う教育相談……………149
　　1　「チームで行う教育相談」を学ぶ前に……………………149
　　2　チームで行う教育相談の進め方……………………153
　　3　チームで行う教育相談の課題……………………160
　　コラム⑪　困難を抱える教師を支えるもの……………………162

第12章　育てる教育相談……………163
　　1　育てる教育相談――意義と必要性……………………163
　　2　育てる技法――スクール（学校）・コーチングとヘルピング……………………168
　　3　構成的グループエンカウンター――授業の活用……………………170
　　4　心理教育の活用――授業・カウンセリング……………………171
　　5　心理的アセスメントの活用――個別・集団……………………172
　　6　育てる教育相談――展開上の留意点と意義……………………173
　　コラム⑫　心理教育的なたよりの発行例……………………176

第13章　教師の成長と教育相談……………177
　　1　教師の成長……………………177
　　2　教師のストレス……………………178
　　3　カウンセリングマインド……………………180
　　4　教師の成長と教育相談……………………186
　　コラム⑬　教師の一言……………………190

第14章　学校教育と教育相談 ………………………………………………… 191
　1　教育相談にかかわる臨床心理学への批判的言説 ………………………… 191
　2　日本の学校教育の諸相 ……………………………………………………… 195
　3　日本の学校教育における教育相談 ………………………………………… 200
　コラム⑭　思考停止を予防する雑考のすすめ ……………………………………… 205

巻末資料（学習指導要領［抄］／児童生徒の教育相談の充実について〜生き生きとした子どもを育てる相談体制づくり（報告）〜［抄］／児童生徒の教育相談の充実について（概要）〜学校の教育力を高める組織的な教育相談体制づくり〜［抄］）

索　　引

第Ⅰ部

教育相談の基礎

第1章
教育相談の理解

〈この章のポイント〉
　教育相談は，学習指導要領にも明確な記述がないこともあり，学校教育のなかでも，学校間，教師間の理解度に温度差が大きい領域であると言える。そこで本章では，(1)教育相談の定義，(2)生徒指導と教育相談のあり方，(3)教育相談の種類（問題解決的教育相談，予防的教育相談，開発的教育相談），(4)教育相談の担い手（専門機関の教育相談担当者，スクールカウンセラー，スクールソーシャルワーカー，教育相談担当教員，一般教員），(5)教育相談を支える心理学（臨床心理学，カウンセリング心理学，学校心理学），(6)教育相談の意義のそれぞれについて明らかにすることで，教育相談の全体像を学ぶ。

1　教育相談とは

1　教育相談の定義

　『生徒指導提要』によれば，教育相談とは，「児童生徒それぞれの発達に即して，好ましい人間関係を育て，生活によく適応させ，自己理解を深めさせ，人格の成長への援助を図るもの」とされている（文部科学省，2010，92ページ）。

　小林ら（2008，5ページ）は，教育相談を「学校や教育関係諸機関で行われる相談活動であり，教育上の諸問題を扱う場合に使われる。この場合，扱う対象は，幼児，児童，生徒，学生であり，その内容は，教育上の諸問題の解消である。最近では，学校や教育相談機関で行われている相談や指導に限定されて使用される」としている。

　一方，会沢・安齊（2010，13ページ）は，教育相談を「子どもたちの健全な成長・発達の支援を目的とする，乳幼児期から青年期までを対象とした，教育の一環としての相談援助活動である。その中心はカウンセリングであり，カウンセリングの理論や技法だけでなく，心理学，教育学，脳科学などの諸科学の知見を理論的背景とする。また，活動の場は学校を中心としつつも，乳幼児から青年の所属する学校以外の施設や相談専門機関も含むものとする」と定義している。

　なお，小林ら（2008）は，教育相談の類似概念を以下のように説明している。

▷1　カウンセリング
その定義は種々あるが，國分（1979，3〜4ページ）は，「言語的および非言語的コミュニケーションを通して行動の変容を試みる人間関係」と定義している。

▷2　教育相談に関わる学術研究団体としては，「日本学校教育相談学会」「日本教育カウンセリング学会」が存在する。少なくとも全国レベルの学術団体として，「日本教育相談学会」は存在しない。

第Ⅰ部　教育相談の基礎

〈学校教育相談〉　学校で教職員を中心に行われる相談活動に限定した言葉である。活動の主体が教師にあること，そのため教育活動との関連性を強く意識することに特徴がある。
〈教育カウンセリング〉　教育領域における教育活動を援助することであり，学校教育のみならず，学齢期の子どもを中心に，幼児から大学生年齢までに，広く教育領域で行われている教育活動に，カウンセリングの理論や技法を，さまざまな形で活用していこうとするものである。
〈学校カウンセリング〉　学校教育のなかで，カウンセリングに関する最新の諸科学の理論や方法論を活用することを通して，学校内の教育活動を援助し，より円滑に進めることである。
〈スクールカウンセリング〉　臨床心理士など心理学の専門家が，学校内でカウンセリングなどの専門的な活動を行うことである。活動の場は，学校にあり，活動の主体は臨床心理士などの心理学の専門家である。

▷3　生徒指導
『生徒指導提要』（文部科学省，2010，1ページ）によれば，「生徒指導とは，一人一人の児童生徒の人格を尊重し，個性の伸長を図りながら，社会的資質や行動力を高めることを目指して行われる教育活動」である。

▷4　一般に，いじめ，暴力，非行など，他者や社会に危害を加えるタイプの問題行動を反社会的問題行動と呼ぶ。本書の第7章を参照。

▷5　一般に，不登校や引きこもりなど，他者や社会とのかかわりを絶つタイプの問題行動を非社会的問題行動と呼ぶ。本書の第8章を参照。

　なお，小林らは，広義の教育相談は「教育カウンセリング」とほぼ同じ意味・内容であるとしている。

2　生徒指導と教育相談

　教育相談を論じる場合，必ずと言ってよいほど話題になるのが生徒指導との関係である。これまでは，「厳しい生徒指導／甘い教育相談」「反社会的問題行動に対応する生徒指導／非社会的問題行動に対応する教育相談」「集団対象の生徒指導／個人対象の教育相談」というように，この両者が対立するものとして捉えられることが少なくなかった（嶋﨑，2001）。
　また，嶋﨑（2001）によれば，生徒指導と教育相談との関係には，「車の両輪」説，「教育相談中核」説，「重複」説があるという（図1-1）。嶋﨑は，両者ともその目的は同じ「自己実現の援助」であることから，重複説が適切であると述べている。
　『生徒指導提要』では，教育相談と生徒指導との関係について以下の2点を指摘している（文部科学省，2010）。

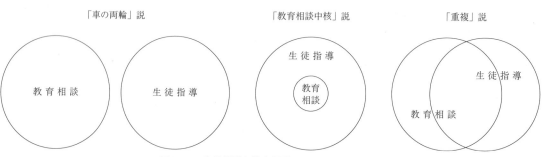

図1-1　生徒指導と教育相談についての三つの説
出所：嶋崎（2001，24ページ）。

(1)教育相談は生徒指導の一環として位置づけられるものであり,その中心的な役割を担うものである。
(2)教育相談は主に個に焦点をあて,面接や演習を通して個の内面の変容を図ろうとするのに対して,生徒指導は主に集団に焦点を当て,行事や特別活動などにおいて,集団としての成果や変容を目指し,結果として個の変容に至るところにある。◁6

なお,教育相談は,問題解決的教育相談,予防的教育相談,開発的教育相談,の3タイプに分類されるが,教育相談と同様,生徒指導も(1)「問題解決的」(「課題解決」または「治療的」),(2)「予防的」,(3)「開発的」(『生徒指導提要』では「成長を促す指導」)と3タイプに分類されることとされている(文部科学省,2010)。このように,両者は同じ目的に向かっての異なったアプローチであるとすると,教育相談と生徒指導とを分ける必要性はもはやないとも考えられよう。

▷6 ただし,後述するように,教育相談は個人だけではなく集団も対象とするというのが現在の一般的な解釈である。

2 教育相談の種類

1 問題解決的教育相談

「教育相談」と聞いて多くの人が思い浮かべるのは,不登校,いじめ,発達障害,非行など,何かしらの(いわゆる)"問題"を起こした子どもに対する,問題解決的(治療的)な働きかけであろうと思われる。その対象は,主として"問題"を起こした個人である。

問題解決的教育相談の実施者は,教育相談専門機関の担当者,スクールカウンセラーなど,教師以外の相談専門職であることもあれば,教育相談主任,養護教諭などの,校内で主として教育相談を担当する教師であることもある。一方,そのような子どもも学級に在籍していることから,とくに早期発見や初期対応において,学級・ホームルーム担任を中心とする一般教師の役割ももちろん重要である。

2 予防的教育相談

学校には,明らかな"問題"を起こしているというわけではないが,さまざまな面で「気になる子ども」が存在する。不登校までには至らないが,休みがちな子ども,対人関係に苦手さを抱える子どもなどである。そのような子どもが問題を起こすことのないよう未然に予防することも教育相談の重要な役割である。その対象は,「気になる子ども」個人だけではなく,問題を起こす可能性のあるすべての子どもや集団である。

予防的教育相談の実施者は，学校において教育相談に携わるすべての教師である。とくに，「気になる子ども」についての情報が入りやすいスクールカウンセラーや教育相談担当教員の役割が重要である。また，児童生徒と接する時間の長い学級・ホームルーム担任の果たす役割も大きい。

3 開発的教育相談

学校には，何らかの問題に苦しんでいる子ども（問題解決的教育相談の対象），そこまでではないが気になる子ども（予防的教育相談の対象）も確かに存在するが，全体のなかでは一部である。大部分の子どもは，何かしらの課題を抱えつつも，平穏な学校生活を送っているはずである。しかし，このような子どもたちも，成長・発達しつつある存在であることには変わりはない。そして，すべての子どもの成長・発達を促すことを目的とするのが，開発的（成長促進的）教育相談である。したがって，その対象はすべての子どもであり，とくに，学級や学年，学校全体などの集団を対象とすることがその特徴である。

開発的教育相談は，学校における日常の教育活動のなかで行われるものである。したがって，その実施者は，学校におけるすべての教職員である。とくに，第一線で児童生徒の指導にあたる学級・ホームルーム担任がその中心的役割を果たすことになる。

3 教育相談の担い手

1 専門機関の教育相談担当者

都道府県および市町村の教育委員会に設置されている「教育センター」「教育研究所」には，教育相談を専門に扱う部署が置かれている場合が多い。そこでは教育相談の専門職員が来所相談，電話相談などに携わっている。具体的には次のような職員である。▷7

(1)公認心理師，臨床心理士，学校心理士など，心理的援助の専門資格を持った教員でない専門相談員
(2)教育相談担当の指導主事および退職校長など，教員経験のある相談員

これらの職員が担当するのは，ほとんどが問題解決的教育相談である。専門知識を生かして心理療法に近い治療的教育相談が行われる場合も多い。▷8

2 スクールカウンセラー（SC）

不登校，いじめや暴力行為などの児童生徒の不適応・問題行動等への対応にあたっては，カウンセリングなどの教育相談機能を充実させることが必要であ

▷7 心理的援助についての専門性の高い(1)の相談員と，学校教育についての豊富な経験をもつ(2)の相談員が協働することで，実りの多い相談活動を展開することができる。

▷8 心理療法
主に臨床心理学の理論や技法に基づいた，心理的障害に対する専門的支援。医療領域では「精神療法」とも呼ばれる。

るとの認識の下，1995年度に国の事業として「スクールカウンセラー活用調査研究」（都道府県・政令指定都市対象の委託事業）が創設された。さらに，2001年度からは「スクールカウンセラー等活用事業」として，都道府県・政令指定都市を対象とする補助事業が開始された（教育相談等に関する調査研究協力者会議，2017）。

スクールカウンセラー（SC）は，児童生徒の臨床心理に関して高度に専門的な知識・経験を有する専門家である。その任用は，(1)公認心理師，(2)臨床心理士，(3)精神科医，(4)大学の専任教員，(5)これらと同等以上の知識・経験を有すると認めた者，から都道府県または指定都市が選考するものとされている。また，「スクールカウンセラーに準ずる者」として，(1)大学院修士課程を修了した者で，心理臨床業務または児童生徒を対象とした相談業務について，1年以上の経験を有する者，(2)大学・短期大学を卒業した者で，上記業務について5年以上の経験を有する者，(3)医師で，上記業務について1年以上の経験を有する者，(4)これらと同等以上の知識・経験を有すると認めた者，から選考するものとされている（文部科学省，2017a）。

▷9 現在，スクールカウンセラーの大部分は臨床心理士有資格者であるが，学校における予防・開発的な支援を得意とする「ガイダンスカウンセラー」有資格者を採用している自治体（さいたま市など）も存在する。なお，今後は公認心理師が任用の主流となることが予想される。

SCの職務は以下のとおりである（教育相談等に関する調査研究協力者会議，2017）。

① 不登校，いじめ等の未然防止，早期発見及び支援・対応等
 (1)児童生徒及び保護者からの相談対応
 (2)学級や学校集団における援助
 (3)教職員や組織に対するコンサルテーション
 (4)児童生徒への理解，児童生徒の心の教育，児童生徒及び保護者に対する啓発活動
② 不登校，いじめ等を学校として認知した場合またはその疑いが生じた場合，災害等が発生した際の援助（職務の詳細は省略）

なお，自治体によっては，独自に相談員制度を設けているところもある。一例として，埼玉県では，各中学校に「さわやか相談員」が配置され，SCとともに相談活動にあたっている。

▷10 東日本大震災（2011年）や熊本地震（2016年）においては，児童生徒の支援にスクールカウンセラーが大きな役割を果たした。

なお，SCは，相談室などにおいて問題解決的教育相談にあたることは当然であるが，近年では，教師とともに，予防的教育相談，開発的教育相談にも携わることが期待されている。

▷11 國分（2009）は，スクールカウンセラーによる相談室以外での活動を「アウトドア志向」と呼んでいる。

3 スクールソーシャルワーカー（SSW）

不登校，いじめなどの児童生徒の問題行動などの背景には，子どもの心の問題とともに，家庭，友人関係，学校，地域など子どもの置かれている環境の問題もあり，子どもの心と環境の問題が複雑に絡み合っている。そのため，子ど

もの心に働き掛けるカウンセラーのほかに，子どもの置かれている環境に働き掛けて子どもの状態を改善するため，学校と関係機関をつなぐソーシャルワークを充実させることが必要であるとの認識の下，一部の自治体における取り組みを参考として，2008年度に国の事業として「スクールソーシャルワーカー活用事業」(都道府県・市町村対象の委託事業) が創設された。そして，学校におけるニーズの高まりを背景として，2009年度からは，都道府県・政令指定都市・中核市を対象とする補助事業が開始された (教育相談等に関する調査研究協力者会議，2017)。

スクールソーシャルワーカー (SSW) は，教育分野に関する知識に加えて，社会福祉などの専門的な知識・技術を用いて，児童生徒の置かれたさまざまな環境に働きかけて支援を行う専門家である。その任用は，社会福祉士や精神保健福祉士などの福祉に関する専門的な資格を有する者から，都道府県・指定都市・中核市が選考するものとされている。ただし，「地域や学校の実情に応じて，福祉や教育の分野において，専門的な知識・技術を有する者又は活動経験の実績等がある者」から選考してもよいこととなっている (文部科学省，2017b)。

SSW の職務は以下のとおりである (教育相談等に関する調査研究協力者会議，2017)。

① 不登校，いじめなどの未然防止，早期発見および支援・対応等
　(1)地方自治体アセスメントと教育委員会への働きかけ
　(2)学校アセスメントと学校への働きかけ
　(3)児童生徒及び保護者からの相談対応 (ケースアセスメントと事案への働きかけ)
　(4)地域アセスメントと関係機関・地域への働きかけ
② 不登校，いじめ等を学校として認知した場合またはその疑いが生じた場合，災害などが発生した際の援助 (職務の詳細は省略)

4 教育相談担当教員

校内には，校務分掌の一つとして，教育相談部，教育相談係などが設けられるとともに，教育相談主任が置かれている場合が多い。

教育相談担当者の役割について，『生徒指導提要』では以下の6点をあげている (文部科学省，2010)。

(1)学級担任・ホームルーム担任へのサポート
(2)校内への情報提供
(3)校内及び校外の関係機関との連絡調整
(4)危機介入のコーディネート
(5)教育相談に関する校内研修の企画運営
(6)教育相談に関する調査研究の推進

また、日本学校教育相談学会刊行図書編集委員会（2006）は、相談担当者の役割として、以下の五つをあげている。
(1)プロモーター：年間計画の立案・推進などを行うなど、教育相談が組織的・計画的に行われるようリーダーシップを発揮する。
(2)カウンセラー：カウンセリングを行う。
(3)コンサルタント：教育相談に関する研修を積み、教職員の支援にあたる。
(4)コーディネーター：学校内外の関係者・関係機関との連絡調整を図る。
(5)マネージャー：教育相談に関する資料・情報の収集及び提供を行うなど、教職員・児童生徒・保護者へのサービスに努める。

このように、教育相談担当教員は、子どもや保護者の相談にあたるだけでなく、学校における教育相談の司令塔としての役割を果たすことが期待されている。

また、健康相談を担っている養護教諭も、学校における教育相談に関して重要な役割を担っていることを忘れてはならない。

なお、教育相談等に関する調査研究協力者会議（2017, 19～20ページ）では、「学校全体の児童生徒の状況及び支援の状況を一元的に把握し、学校内及び関係機関等との連絡調整、ケース会議の開催等児童生徒の抱える問題の解決に向けて調整役として活動する教職員を教育相談コーディネーターとして配置・指名し、教育相談コーディネーターを中心とした教育相談体制を構築する必要がある」として、「教育相談コーディネーター」の配置を提言している。▷12

▷12 これからの教育相談担当教員に最も求められるのは、「つなげる力」とも言うべきコーディネーションの力量であろう。

5 学級・ホームルーム担任を中心とする一般教員

学級・ホームルーム担任、授業担当者は、学校のなかで最も児童生徒に近い存在である。とくに、児童生徒と接する時間の長い学級・ホームルーム担任は、子どもの異変にいち早く気づくことができる。したがって、問題解決的教育相談においては、とくに早期発見や初期対応において重要な役割を果たす。同様に、予防的教育相談においても、学級・ホームルーム担任の果たす役割は最も大きい。そして、学級・ホームルーム担任が中心とならなければならないのは、開発的教育相談である。子どもの全人格的な成長・発達を支援する開発的教育相談は、学校におけるすべての教育活動のなかで行うことが必要だからである。

嶋﨑（2001）は、担任が行う学校教育相談の特徴として、以下の6点をあげている。
(1)児童生徒と接触する機会が多いため、問題の早期発見・早期指導をすることができる。
(2)日頃から人間関係を深める機会に恵まれ、相互理解をもとに相談関係に入

(3) 指導要録，健康診断結果，作文や作品など，児童生徒の個人情報を活用しやすい立場にあるため，児童生徒理解を深めながら教育相談を進めることができる。

(4) 給食時間を利用した「グループ相談」など，担任の創意を生かした教育相談活動の展開が可能である。

(5) 保護者会，学級通信，家庭訪問などにより，保護者との人間関係を深め，協力関係を築きやすい。◁13

(6) 学級全体を見据えた問題解決を図ることができる。

ところで，教育相談は学校教育を構成する重要な一領域であるが，その理論的支柱となっている主たる学問は心理学である。次節では，教育相談を支える心理学について簡単に触れたい。

▷13 保護者会などを通して学級の保護者と信頼関係を築くことができれば，それは何よりの予防的教育相談となる。

4 教育相談を支える心理学

1 臨床心理学

スクールカウンセラーの多くは臨床心理士有資格者であると述べたが，臨床心理士のバックグラウンドにあるのが臨床心理学である。◁14

臨床心理学とは，「心理的問題の解決や改善を支援する実践活動と，その活動の有効性を保証するための理論や研究から構成されている学問」（藤永，2013，736ページ）である。近年，心理的問題の予防や心の健康増進への比重が高まってきたとはいえ，「心理的問題の解決や改善」を目指すのが臨床心理学の主たる役割と言えよう。

確かに，学校には「心理的問題の解決や改善を支援する」ことが必要な児童生徒が存在する。問題解決的（治療的）教育相談の対象となる子どもたちである。しかし，それらの子どもは限られており，多くの子どもに求められるのは予防的教育相談，開発的（成長促進的）教育相談である。したがって，教育相談を支える心理学としては，「心理的問題の解決や改善を支援する」ことを目的する臨床心理学以外の学問も必要となる。

▷14 臨床心理学に基づいた実践活動を心理臨床と呼ぶ。心理臨床の学術研究団体として，「日本心理臨床学会」が存在する。

2 カウンセリング心理学

教育相談の中心はカウンセリングである◁15（会沢・安齊，2010）が，一般に，カウンセリングは臨床心理学に基づいた実践活動であると考えられている。この背景にあるのは，心理療法とカウンセリングを同じものと捉える考え方である。しかし，それらを異なるものと考える立場に立てば，心理療法の背景にあ

▷15 カウンセリングの学術研究団体として，「日本カウンセリング学会」が存在する。そこでは「認定カウンセラー」の資格認定を行っている。

る学問は臨床心理学であり，カウンセリングの背景にある学問はカウンセリング心理学である。

わが国ではカウンセリング心理学についての明確な定義は存在しないが，アメリカ心理学会カウンセリング心理学部会定義委員会における1984年の定義は以下のとおりである。「カウンセリング心理学は，心理学の一専門分野であり，人々が自分のウェルビーイングを促進したり，その苦痛を軽減し，その危機を解決し，問題解決や意志決定ができるようになる能力を増進するように援助する心理学である」（楡木・田上，2011，10ページ）。臨床心理学に比べると，「ウェルビーイングの促進」「能力の増進」などの表現が，予防的教育相談，開発的教育相談の目指すものと近いように思われる。

なお，國分（1998）は，臨床心理学とカウンセリング心理学の相違を以下のように説明している（表1-1）。

▷16 ウェルビーイング
個人の権利や自己実現が保障され，身体的・精神的・社会的に良好な状態にあること。

表1-1 臨床心理学とカウンセリング心理学の相違

	臨床心理学	カウンセリング心理学
対 象	病理的パーソナリティ	健常者
目 標	治療（cure志向）	問題の予防，発達支援（care志向）
関 心	個体内（intra-personal）の問題	個体間（inter-personal）の問題
モデル	医療モデル	発達モデル

出所：國分（1998）。

3 学校心理学

教育相談は主として学校で行われるが，学校における子どもの援助に焦点を絞った心理学に学校心理学がある。学校心理学とは，「学校教育において一人ひとりの子どもが学習面，心理・社会面，進路面，健康面における課題への取り組みの過程で出会う問題状況の解決を援助し，子どもが成長することを促進する『心理教育的援助サービス』の理論と実践を支える学問体系」である（学校心理士資格認定委員会，2012，5ページ）。また，水野ら（2013，2ページ）は，「心理学と学校教育の融合を目指す学問」とも呼んでいる。学校心理学では，学校における子どもへの指導・支援を「心理教育的援助サービス」と表現する。

学校心理学は以下のような特徴をもっている（石隈・田村，2003；学校心理士資格認定委員会，2012）。

① 学校生活でのトータルな援助

子どもの学校生活はさまざまな側面があるが，学校心理学では，「学習面」「心理・社会面」「進路面」「健康面」に分類し，それらをトータルに援助することを目指す。

② 3段階の心理教育的援助サービス

▷17 学校心理学の学術研究団体として，「日本学校心理学会」が存在する。また，学校心理学に基づいた援助活動の専門資格として「学校心理士」が存在する。

▷18 「心理」とは「心理面」を指すのではなく「心理学的援助」を意味する。同じく，「教育」は学校教育の一環としての援助という意味での「教育的援助」を意味する（水野ほか，2013，2ページ）。

第Ⅰ部　教育相談の基礎

図1-2　3段階の心理教育的援助サービス
出所：学校心理士資格認定委員会（2012, 48ページ）。

学校心理学では，心理教育的援助サービスを3段階に分けて考える（図1-2）。

(1) 一次的援助サービス

問題の有無にかかわらず，「すべての子ども」を対象とした援助サービスである。主に集団を対象として，子どもたちのよりよい成長・発達を促すとともに，そのもてる力をより高めることを目指す。

教育相談においては，開発的教育相談に相当する。

(2) 二次的援助サービス

登校しぶり，学習意欲の低下，学級での孤立など，学校生活の苦戦が始まったり，転校生などの問題を抱えやすい「一部の子ども」に対する援助サービスである。子どもの苦戦が大きくならないよう予防することを目指す。

教育相談においては，予防的教育相談に相当する。

(3) 三次的援助サービス

不登校，いじめ，発達障害，非行など，特別に個別の援助を必要とする「特定の子ども」に対する援助サービスである。丁寧なアセスメントをもとに「個別の指導計画」を作成し，それをもとにチームで援助を行う。

教育相談においては，問題解決的教育相談に相当する。

③　チーム援助

学校心理学では，援助者が1人で子どもを援助するのではなく，チームで援助することが重要であると考える。このように，学校心理学の理論は，「チームによる支援」を重視する『生徒指導提要』（文部科学省，2010）や，これからの学校教育のあり方として提言されている「チーム学校」（中央教育審議会，2015）を先取りしたものであったと言えよう。

なお，従来より学校心理学では，保護者も重要な援助チームの一員であると捉えてきた。さらに最近では，当事者の子どもも援助チームの一員となる「子ども参加型チーム援助」が提唱されている（田村・石隈，2017）。

▷19　精神医療の世界でも，当事者参加や当事者研究が大きな注目を集めている。オープンダイアローグがその一例である（斎藤，2015）。

5 教育相談の意義

　菅野（2009）は，心の発達の土台として「心のピラミッド」を提唱し，それは「社会的能力」「心のエネルギー」「〈人間の良さ〉体験」からなるとしている（図1-3）。これらが心の基礎となることで，子どもの十全な発達が遂げられるというのである。

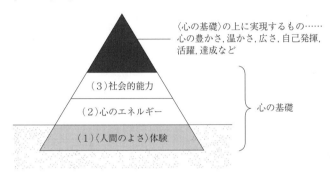

図1-3　心のピラミッド
出所：菅野（2009, 21ページ）。

　学校教育において，私たちはしばしば，ピラミッドをより高くすることばかりに目が向いていないだろうか。しかし，ピラミッドの頂上に辿り着くためには，自己表現力，自己コントロール力，状況判断力，問題解決力，親和的能力，思いやりといった「社会的能力」を身につけていなければならない。そして，そのような社会的能力を身につけるためには，安心でき，楽しく，周囲から認められる体験をすることで「心のエネルギー」を満たしている必要がある。さらに，その前提には，他者や世界に対する基本的信頼感とも言うべき「〈人間の良さ〉体験」がなければならない。

　学校教育のなかでこれらの「心の基礎」を培うことこそ，教育相談が目指しているものに外ならない。

▷20　ピラミッドの頂上に到達するためには，当然学力も欠かせない。筆者は，「社会的能力」と同じレベルに学力も位置づくのではないかと考えている。したがって，学力向上のためにも，「心のエネルギー」「〈人間の良さ〉体験」が必要不可欠なのである。

Exercise

① 自分自身の学校生活をふりかえり，「相談しやすかった先生」はどんな先生だったか，友人と語り合ってみよう。
② 自分が学級担任・ホームルーム担任になった場合，いじめや不登校などの問題を予防するためにどのような取り組みを行うか，考えてみよう。
③ 学級担任・ホームルーム担任が児童生徒の相談を受けることのメリットとデメリットについて考えてみよう。

📖次への一冊

会沢信彦・安齊順子編『教師のたまごのための教育相談（改訂版）』北樹出版，2017年。
　本書同様，教師を目指す学生のための教育相談の入門書である。発達段階ごとの子どもの問題や，発達障害，精神疾患の基礎についても触れ，教育相談を幅広く学ぶことができる。

小林正幸・橋本創一・松尾直博編『教師のための学校カウンセリング』有斐閣，2008年。
　教育相談と共通点の大きい「学校カウンセリング」の入門書である。構成的グループエンカウンター，ソーシャルスキル教育，ライフスキル教育など，具体的な技法についても紹介している。

会沢信彦・田邊昭雄編『学級経営力を高める教育相談のワザ13』学事出版，2016年。
　「学級担任として学級づくりに生かす」という視点で，教育相談の13の理論・技法を紹介している。冒頭に架空の事例を紹介し，その事例の課題を解決するために理論・技法を学ぶという設定を取っている。

國分康孝『教育カウンセリング概説』図書文化，2009年。
　数多くの著作を有するわが国におけるカウンセリングの泰斗が，「治すカウンセリング」ではない，教育に生かす「育てるカウンセリング」とはどのようなものかを平易に解説している。

菅野純『教師の心のスイッチ』ほんの森出版，2009年。
　さまざまなストレスを抱えやすい教師としての仕事に教育相談の考え方をどのように生かすことができるのか，著者の豊富な事例や体験をもとに多くのヒントが述べられている。

引用・参考文献

会沢信彦・安齊順子編『教師のたまごのための教育相談』北樹出版，2010年。
中央教育審議会「チームとしての学校の在り方と今後の改善方策について（答申）」文部科学省，2015年。
藤永保監修，内田伸子・繁桝算男・杉山憲司責任編集『最新　心理学事典』平凡社，2013年。
学校心理士資格認定委員会『学校心理学ガイドブック　第3版』風間書房，2012年。
石隈利紀・田村節子『石隈・田村式援助シートによるチーム援助入門──学校心理学・実践編』図書文化，2003年。
菅野純『教師の心のスイッチ』ほんの森出版，2009年。
小林正幸・橋本創一・松尾直博編『教師のための学校カウンセリング』有斐閣，2008年。
國分康孝『カウンセリングの技法』誠信書房，1979年。
國分康孝『カウンセリング心理学入門』PHP研究所，1998年。
國分康孝『教育カウンセリング概説』図書文化，2009年。
教育相談等に関する調査研究協力者会議「児童生徒の教育相談の充実について──学校の教育力を高める組織的な教育相談体制づくり（報告）」文部科学省，2017年。
水野治久・石隈利紀・田村節子・田村修一・飯田順子編『よくわかる学校心理学』ミネルヴァ書房，2013年。

文部科学省『生徒指導提要』教育図書，2010年。
文部科学省「スクールカウンセラー等活用事業実施要領」2017年 a。
文部科学省「スクールソーシャルワーカー活用事業実施要領」2017年 b。
日本学校教育相談学会刊行図書編集委員会『学校教育相談学ハンドブック』ほんの森出版，2006年。
日本生徒指導学会編『現代生徒指導論』学事出版，2015年。
楡木満生・田上不二夫編『カウンセリング心理学ハンドブック［上巻］』金子書房，2011年。
斎藤環著・訳『オープンダイアローグとは何か』医学書院，2015年。
嶋﨑政男『教育相談　基礎の基礎』学事出版，2001年。
田村節子・石隈利紀『石隈・田村式援助シートによる子ども参加型チーム援助——インフォームドコンセントを超えて』図書文化，2017年。

コラム①

「嫌われる勇気」と教育相談

　2013年12月に出版された『嫌われる勇気』（岸見一郎・古賀史健著，ダイヤモンド社）が，続編の『幸せになる勇気』と合わせて，累計で200万部を超えるロングセラーになっているという（2017年8月現在）。2017年1月から3月まで，フジテレビ系で同名のテレビドラマになったことも記憶に新しい。周知のとおり，この本のテーマはアドラー心理学である。この本とドラマの影響で，アドラー心理学は「ブーム」とまで呼ばれており，アドラー心理学に関する書籍も続々と出版されている。

　アドラー心理学（「個人心理学」とも呼ばれる）とは，オーストリアの医師，アルフレッド・アドラー（A. Adler, 1870～1937）によって創始された，心理学の一大理論・実践体系である。アドラーは，しばしば並び称せられるフロイトやユングと異なり，臨床のみならず教育にも多大な関心をもっていた。そして，ウィーンで数多くの教育相談所を設立するなど，言ってみれば「教育相談の父」とも言うべき存在なのである。

　さて，アドラー心理学の理論については類書を参照されたいが，ここでは，アドラー心理学の最も重要な概念であるとされる「共同体感覚」について述べたい。アドラーは，さまざまな心の病や問題行動は共同体感覚の欠如によって起こるのであり，共同体感覚の育成こそが，心理療法，カウンセリング，教育の目的であると考えた。共同体感覚とは，岩井・梶野（2015）によれば，「①貢献感・有意義感，②信頼感・安全感，③所属感という3つの感覚を同時に持つこと」とされている。筆者は，もっと端的な表現を使えば，「つながり意識＋自己有用感」と言えるのではないかと考えている。「自分は他者や世界とつながっており，他者や世界のために役に立てる存在である」というような意識である。筆者は，アドラーの言うとおり，学校教育の究極の目的はこの共同体感覚を育むことにあるのではないかと考えている。

　アドラー心理学に基づいた教育相談や学校教育のあり方については，会沢・岩井（2014）や会沢（2017）を参照されたい。

引用・参考文献
　会沢信彦編『アドラー心理学を活かした学級づくり』学事出版，2017年。
　会沢信彦・岩井俊憲編『今日から始める学級担任のためのアドラー心理学』図書文化，2014年。
　岩井俊憲監修，梶野真著『アドラー心理学を深く知る29のキーワード』祥伝社，2015年。

第2章
教育相談の基礎理論

〈この章のポイント〉
　教育相談に生かせる基礎理論は多々あるが，臨床心理学的観点もその一つである。とくに精神分析，行動療法（認知行動療法も含む），人間性中心療法（来談者中心療法）は現在もさまざまな臨床支援の分野で活用されている古典的な3大心理療法である。本章では，生徒の心を理解する理論として精神分析を，生徒の行動変容をもたらす理論として行動療法を，生徒への基本的な接し方に関する理論として人間性中心療法を解説する。なお，これらの心理療法の理論については他章でも取りあげる。

1　教育相談に生かせる臨床心理学の理論

　教育現場でも医療の現場でも福祉の現場でも，想定外のことが日々起きる。大学で習った知識や技術は基盤となり，役に立つが，時にはそれだけでは何ともならず発想自体を変えないと立ち行かない事態も生じうる。現場において重要なことの一つに発想や対応の柔軟性，そして多様な視点がある。心理学と教育学はその成り立ちや歴史も異なる。カウンセリングと教育相談はまったく同じではない。しかし，さまざまなことが起こりうる教育現場では一つの理論や方法のみではなく，門戸を広くし，使えるものは何でも使っていく柔軟性は必要である。心理学の諸理論は教育現場でも十分に生かすことが可能であろう。
　本章では，心理学のうちとくに臨床心理学的理論や支援法について取り上げる。心理療法は多々あるが，ここでは，さまざまな心理療法の基盤にもなっている三つの代表的な心理療法とその理論——精神分析，行動療法，人間性中心療法（来談者中心療法）を取り上げ，それぞれを解説するとともに，教育現場でどのように活用できるかその実際についても触れる。なお，どの心理療法も奥が深い。そのすべてを本章で説明することはできない。したがって，エッセンスの「ほんのちょっと」，しかし「教育現場に生かせそうないくつか」に限定し取り上げる。もし関心がある方がおられれば，文末にあげる参考図書を読み，ますます視野を広げられるとよい。

2 精神分析理論

1 人の心を理解する枠組み

▷1 ジグムント・フロイト (S. Freud, 1856〜1939) オーストリアの精神科医。精神分析学の創始者。神経症，心的外傷，自由連想法，無意識などの研究を行い，精神力動論を展開した。

精神分析はジグムント・フロイト[1]によって創始された「人間の心を理解する学問と治療技法の体系の一つ」である。フロイトは人間の心の仕組みについて多くの理論を構築しその解明を試みた人物である。精神分析およびそこから派生した理論は多岐にわたるが，本節では無意識，自我，防衛機制，そして発達段階について取り上げる。

2 無意識とは――心の領域

▷2 局所論 心は「意識，前意識，無意識」の3層からなり，心的エネルギーであるリビドーのやりとりを介して相互に影響を与え，個人の行動や心的バランスが決定されるという理論。

無意識とは「意識されていない心の領域」である。今でこそ無意識という言葉は日常的に使用されているが，「人間は自分のことといえどすべてを把握できるわけではなく自分で意識的に把握できない心の領域がある」ことが発見され，そして概念化されたのは1900年代に入ってからである。フロイトは「局所論[2]」において，人の心を意識，前意識，無意識の3領域に分けて説明した（図2-1）。意識は，自分で把握できている心の領域である。フロイトによれば自ら意識できている心の部分は氷山の一角で，残りは自分でも意識が難しいという。この意識できない心の領域を無意識とした。無意識領域にはさまざまな本能や衝動，感情をともなった観念や記憶が抑圧されているが，ここは通常，「開かずの間」であり自覚ができない。そして意識と無意識の間に前意識という領域を置いた。前意識は，今自分で気がついてはいないが，無意識より意識に近いところにあり少しの努力により意識化できる部分である。一見無意識の領域があると不便のようにも思えるが，人間は誰しも意識したくない感情やけっして他人に知られたくない気持ちがあり，それを意識に上らせないようにすることが精神衛生を保つために必要と考えられている。生徒指導においても，真実とはいえ突きつけられても受け入れられないことが誰しもある点は押さえたうえで事にあたるとよい。

この無意識領域に抑え込まれた願望や欲求がふと意識に上ってくる瞬間がある。夢や失錯行為（言い間違い・やり間違い）がその一例である。フロイトは，

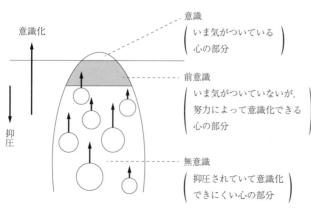

図2-1 意識・前意識・無意識（局所論）
出所：前田 (1985)。

「夢」は無意識的願望の変装された代用品であり，夢を通して無意識的願望の充足がなされると述べた。すなわち，意識されていない願望が，加工を施され睡眠時に夢という形で意識に上ってくる。意識化されても受け入れにそれほど苦痛をともなわないものは比較的わかりやすい夢の形で，意識化されるとかなり苦痛をともなうものはわかりにくい夢の形に加工されて意識に上ってくるという。また，失錯行為は言い間違い，書き損ない，読み損ない，聞き間違いなど行動上のやり損ない全般をさす。例えば，A子が元彼B男と後輩C子の結婚式で新郎新婦の「ご多幸（ごたこう）をお祈りします」を言い間違えて「ご不幸（ごふこう）をお祈りします」と言い，場を凍りつかせたとする。A子自身はすでに結婚し子どももいて幸せな家庭を築いている，そして意識的には彼らの結婚を祝福もしている。しかし，かつての恋人と後輩の結婚にいささか複雑な思いがあったのかもしれない。それがこのような形で顕在化しうるというのがフロイトの論である。しかし，ここで誤解してはいけないのはこのような事態は誰にでも生じうるということである。割り切れるようで割り切れない心の動きは，良い悪いを超えて誰の心にもあるということを理解しておくことが教育者には必要であろう。

3　自我——心のはたらき

心の機能もまた3つの領域がある（構造論◁3，図2-2）。人間には生来，「〜したい」「〜がほしい」という欲求や願望がある。食べたい，寝たいなど本能の領域がこれにあたる。これをフロイトはイド（Id）あるいはエス（Es）と名づけた。イドは，本能エネルギー（リビドー◁4という）の貯蔵庫で，願望や衝動を即解消させたい，満足させたいという快楽原則が支配する領域である。食べたい時に食べ，寝たい時に寝て，怒りたい時に怒る。生物に本来備わっている部分である。しかし，大人になるほど人間は欲求のままに動くことを抑制するようになる。仕事の最中に「眠いから寝る」といってその場で寝たりはしないし，いかにお腹が空いても食事が許されていない場ではものをむしゃむしゃ食べたりはしない。これは，本能・欲求と対局にあり，時にイドの動きを止める超自我（super ego）の働きによる。超自我は幼少期からの親のしつけを受けるなかで形成された領域である。「〜してはならない」「〜でなくてはならない」など，良心による禁止や理想の追求などがこれに当たる。イドと超自我がぶつかることは生活上多々起きる。「腹が減った。でも授業中だから食べるわけにはいかない」「眠い…。でも明日試験だし勉強しなくちゃ」「腹が立つ。でもキレるわけにはいかない」など。イドと超自我が葛藤状態にある時，欲求と現実要請の葛藤調整を現実原則に従って行うのが自我（ego）である。

一般的にイドが優勢な人は主張ははっきりしているが我が強いとも言える

▷3　構造論
心を「エス（イド）」「超自我（スーパーエゴ）」「自我（エゴ）」の3種類の機能からなる心的装置として捉えた。

▷4　リビドー
一般的には性的欲動や性衝動をさすが，フロイトは性本能を発現させる力またはエネルギーという広い概念で使用した。快感追求的な性質をもつ。

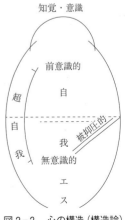

図2-2　心の構造（構造論）
出所：前田（1985）。

し，自分の欲求に素直であるが衝動的ということにもなろう。あまりに強すぎるイドは反社会的な行動を助長させるかもしれない。一方，超自我が優勢な人は良識的で適応的な行動をとるであろう。しかし，あまりに強すぎる超自我は自分の率直な気持ちや小さな欲求をも無視してしまうため，ストレスを貯めやすく窮屈な状態を作り出す。優等生でものわかりのよい生徒は自らの欲求を潰して過剰適応していることもありうる。「優等生＝問題ない」ではなく，その生徒の本質的な適応を考える視点も教育現場では必要である。ほどよく自己主張し，ほどよく社会ルールを守り，バランスよく調整できる自我をどう育てていくかを考え，不均衡が生じている生徒の「ちょうどよい塩梅」を見つける手助けも教育現場では必要であろう。

　自我はイドや超自我という内的機能，そしてそこにある外的現実を受けてさまざまな調整を行う。しかし，その調整過程においては不安や怒り，悲しみなどさまざまな不快感情も生じうる。そして，これらの不快情動は，さまざまな形で発散されうる。例えば，理不尽なことが立て続いた際，くすぶっている感情の健康的な発散方法の一つは体を動かすことである。理不尽な状況そのものは変化しないにしろ，スポーツなどによって感情を発散させるというのは我々がよくやる対処行動の一つである。あるいは芸術活動を通して不快感情を間接的に表現し発散することも対処である。さらに愚痴をこぼしたり，理不尽さを笑い飛ばすことも一つの対処である。以上は自分も他人も傷つけることのない健康的な解消方法と言える。一方，これらの健康的な方法をもたない場合，あるいはそれだけでは対処が難しいほどの葛藤状態にある場合，その発散の手段が問題行動や症状といった形をとることもある。親の気を引きたくて万引きをする，対人関係が上手くいかずに腹痛や頭痛が頻回に生じるなど形態はさまざまである。問題行動を繰り返したり，身体的には問題ないのにさまざまな身体・精神症状を呈する生徒については，この視点に立ちその生徒に合った健康的なストレスの対処方法を開発していくことも教育や支援上は役に立つ。この際のコツは，その生徒が日常的に行いがちな慣れ親しんだ行動を利用し，より適応的なバージョンに進化させることである。

4　防衛機制

　防衛機制とは，簡単に言えば自分の守り方である。自我は自分自身を脅かす事

表2-1　主な防衛機制

種類	内容
取り入れ	相手の属性を自分のものとする
同一視	相手を取り入れて自分と同一とみなす
投影	自分が相手に向かう感情を相手が自分に向けていると見なす
反動形成	本心と逆のことを言ったりしたりする
打消し	不安や罪悪感を別の行動や考えで打ち消す
隔離	思考と感情，感情と行動が切り離される
否認	現実を認めず無視する
退行	より早期の発達段階へ戻る。幼児返り
抑圧	苦痛な感情や欲動，記憶を意識から締め出す
置き換え	欲求を代理のもので満足させる
昇華	反社会的な欲求を社会的な形で表現
同一化	対象と合体，融合化
合理化	責任転嫁
知性化	感情を意識化せず知的な観念にする
逃避	空想，病気

出所：前田（1994）を一部改変。

態に遭遇するとさまざまな形で自分を守ろうとする。どのような状態に陥っても心が崩壊しないように，自らを守り，何とか意識の連続性を保っていく必要がある。心の崩壊を防ぐメカニズムを防衛機制という。防衛機制にはさまざまな種類がある（表2-1）。ここで注意すべきは防衛機制＝不適応ではないということである。生徒の言い訳や行動について，防衛機制という観点から理解すると生徒の理解が深まることもあるかもしれない。

5　発達段階

　フロイトはなぜ病的な性格が形成されるのかについて発達論を展開しているが，それは第4章に譲るとして，ここではエリクソンの発達理論を紹介しよう。フロイトの開発した精神分析はその後，後継者たちによりさまざまな広がりを見せたが，自我発達理論を展開させたエリク・エリクソンの発達理論は人間の成長を考えるうえで一つの参考になる。人間は誕生から死に至るまで，身体，機能，心理的側面などさまざまな変化を遂げるが，前後の時期とは異なる独自の構造をもつ時期を発達段階という。そして，その各発達段階に対応する形で，人間が健全で幸福な発達を遂げるために習得すべき課題があり，その課題をクリアできなかった時に健全と相反する危機（Crisis）が生じるとエリクソンは考え，乳児期から老年期までに各八つの発達段階を想定した（第4章表4-2参照）。小学生時に，コツコツ努力をする習慣を身に着けておくことは後の人生にとって必要である。これができないと頑張れない自分，ものを成し遂げられない自分に劣等感をもつことになる。また，中学生や高校生時は進路選択が重要なテーマとなる。学校での勉強，部活動，友人やそのほか大人との関係を通して，自分はどのような人間か，何が得意あるいは不得意か，何は好み何は好まないのか，どうなりたいのかを模索する時期である。この時期に現実を見据えたうえで自分についてどれだけ考え模索できたかは自己を確立し，自立するために必須と言える。

3　行動療法・認知行動療法の理論

1　人に行動変容をもたらす理論

　行動療法とは学習理論を基礎とする心理療法である。ここでターゲットとなるのは客観的に測定可能な行動である。精神分析では心の機能についてさまざまな理論が展開されたが，心は見ることができない。行動療法では目に見える行動に注目し，不適切な行動の低減や適応的な行動の増大を促すことを目的としている。基盤となった枠組みは実験心理学であり，レスポンデント条件づけ

▷5　エリク・エリクソン
(E. H. Erikson, 1902〜94)
アメリカ合衆国の発達心理学者・精神分析家。アイデンティティの概念や心理社会的発達理論を提唱した。

▷6　学習理論
学習の原因や仕組みを説明する心理学の理論。学習とは刺激と反応の結合であるとするSR（刺激反応）説，ものの見方の変化であるとする認知説などさまざまなものがある。

やオペラント条件づけなどから，行動を理解し変容する枠組みが作られた。その後，1960年代後半から，行動のみならず認知（情報処理過程）に注目が集まるようになった。すなわち，人間が出来事のどこに注目しその出来事をどのように解釈するかという観点も加えた行動の変容の試みが認知行動療法である。本節では，前半に古典的な行動療法の枠組みを，そして後半に認知療法の枠組みを使い，いくつかの方法や理論について事例を交えて述べる。

2 生理反応と誤解──レスポンデント条件づけ・エクスポジャー

　事例から始めよう。A男は高校2年生，毎朝，私鉄X線の快速に40分乗って学校に通っている。6月のある日，いつものように電車に乗っていると，急にめまいがし始め，息苦しくなってきた。1分も経たないうちに脂汗が出てきて苦しさのあまりその場に倒れ病院に運ばれた。病院では過呼吸と言われ，身体的には何も問題がないと家に帰された。しかし，その翌日「X線に乗ったらまたあの息苦しさを体験するのではないか」と不安になり，実際心臓がバクバクし息苦しくなることを体験した。翌日も，その翌日も同じ体験をするうちに，X線のみならず乗り物に乗ると過呼吸が生じるようになり，行動範囲がどんどん狭まり学校にまったく行けなくなってしまった。このA男に何が起こっているのか，どうしたらいいのかをレスポンデント条件づけをもとに考えていこう。

　「パブロフのイヌの実験」はご存知であろうか。イヌに餌を与える時にベルを鳴らすことを繰り返すと，そのうち餌を与えなくてもベルの音を聞くだけで唾液が出るという実験である。イヌが餌を見た時に唾液が出るのは自然な生理反応である。一方，ベルの音は本来は犬の唾液を誘発させる類のものではない。しかし，無条件刺激（餌）とともに条件刺激（ベル）の対提示を繰り返すことにより本来はまったく関係のない唾液とベルのつながりが強くなるのである。これをレスポンデント条件づけ（古典的条件づけ）という。生理反応を利用した条件づけであり，条件刺激と無条件刺激を対提示することで本来無関係の条件刺激と反応の間に連合を形成するのである。先ほどの例は図らずもこの条件づけができてしまった例である。おそらくA男はその日，自覚はなかったが体調が良くなかったのかもしれない（テスト前で寝不足で，風邪もひき始めであった）。そして，車内はいつもよりも快適とは言えなかったのかもしれない（湿度は高く空気も滞っており，乗客同士はいつもよりも密着して乗車していた）。さらに，その日は2時限目の生物の授業で発表をしなくてはならず，生物も人前で発言することも苦手なA男はかなり緊張していた。はじめの息苦しさは悪条件がいくつも重なってたまたま生じたと言えよう。しかしながら，次に電車に乗った時は快晴で電車の込み具合もいつもと同様であった。しかし，「また，呼吸が苦しくなるのではないか」「また倒れたらどうしよう」と何度も何度もA男が

考えていたことが、息苦しさの呼び水になっている。不安は生理的緊張を呼び起こすが、X線快速は本来生理的緊張を呼び起こすものではない。すなわち無条件刺激である。しかしながら、不安や緊張を感じながらX線に乗る体験を何度も繰り返しているうちに、図らずもA男に不安の条件づけが成立していたのである。この時、X線ばかりではなく、他の電車やバス（似ているもの）にも不安、怖さが広がっていくことを「般化」という。

こんな時、ではどうやってこの不安を消去したらいいのだろうか。さまざまな方法があるが、ここでは系統的脱感作法の例で説明をしていく。系統的脱感作法はジョセフ・ウォルピ▷7が考案した、不安や恐怖の感情を抑えるためにその感情と拮抗する反応、すなわち筋弛緩・ゆったりした呼吸のリラックス状態の習得（拮抗制止）と恐怖対象への暴露（エクスポジャー▷8）を組み合わせた方法である。系統的脱感作法では、まず、不安の強さ順に状況を書きだした不安階層表を作成する。同時にリラクセーション方法を身につけてもらう。その後、弱い不安状況から順番に体験し、段階的により強い不安状況に直面させその刺激に慣れていく、不安が強まったら（あるいは強まる前に）リラクセーションを行い、自己コントロールをしていく。例えば、Aの場合、「X線快速に自宅最寄り駅から学校最寄り駅まで乗る」というのは不安レベル0（まったく不安でない）～レベル10（考えられるなかで最も不安）でいうとレベル10にあたる。では「X線快速に自宅の最寄り駅から1駅乗車」なら？ あるいは「各駅停車で1駅乗車」なら？ 「友人や家族と一緒に乗車」なら？ 「駅の改札まで行くだけ」なら？ と条件を変えて不安階層表を作成する。また怖すぎて実際に行動できないという段階であれば「X線快速に乗っている自分を想像する」なら不安レベルはいくつか？ と想像の暴露（エクスポジャー）も入れていく。そして、不安レベルの弱いものから、リラクセーションを合間に挟みつつ試していき、強度を上げて目的とする行動の達成に近づけていくのである。実際問題として教師が系統的脱感作法そのものを行うことはないかもしれない。しかし、生徒の恐怖症を理解するうえでは役立つ。生徒が「絶対に無理だ」と恐れおののく行動であっても、状況を細かく分解し、リラクセーションを入れつつトライしていけば何とか達成できるかもしれない。不安や恐怖に生徒が立ち向かう時、その随伴者に必要なのはユーモアのセンス、やってもいいかなと生徒に思わせる楽しい雰囲気、余裕である。「とりあえずやってみようかな」という気になる空気作りは重要である。

③ 適応行動の形成——オペラント条件づけ

1を教えれば10を即座に学ぶ子どももいれば、ゆっくり学ぶ子どももいる。ゆっくり学ぶ子どもにどのようにものを教えるかを考える際にスキナー▷9の実験

▷7 ジョセフ・ウォルピ
（J. Wolpe, 1915～98）
南アフリカ共和国の精神科医。系統的脱感作法の考案者。行動主義心理学の考え方を用いて精力的に「行動療法（behavioral therapy）」を実践した。

▷8 エクスポジャー
行動療法の技法の一つ。何らかの恐怖や不安、苦痛が原因となって不適切な反応が出ている状態を改善するために恐怖を抱いているものや状況に危険をともなうことなく直面させる手法。全般性不安障害、社会不安障害、強迫性障害、PTSD、特定の恐怖症などの治療に使用される。暴露療法とも言う。

▷9 スキナー（B.F.Skinner, 1904～90）
アメリカ合衆国の心理学者で行動分析学の創始者。オペラント条件づけの研究としてスキナー箱の実験が有名である。

は役立つ。スキナーはレバーを押すと餌が出てくる仕組みの実験箱に空腹のネズミを入れた。レバーの仕組みを知らないネズミが動き回るうちに偶然レバーに触れ餌を得る。それを数回繰り返しているうちにレバーに触れると餌にありつけることを学び，自発的にレバーに触れるようになる。この場合，レバーを押した時に得られる餌がそのレバー押し行動を促進させる「正の強化刺激」となる。これは，オペラント条件づけ（道具的条件づけ）と言われる，スキナーによって定式化された手続きで，学習者の自発的で意図的な反応を利用した方法である。学習者の自発的な行動を増やすためには，ご褒美，褒め言葉などその行動を促進させる報酬を与える。これが正の強化刺激にあたる。一方，その自発的な行動を減少，除去させるには罰を与える。これが負の強化刺激になる。例えば，ある生徒がバスの中で高齢の婦人に席を譲ったとしよう。この時にその婦人が喜んでお礼を言ったなら，その生徒は別の機会にもこの親切行動を行おうという気になるであろう。この場合，席を譲るという行動の強化刺激はそのご婦人の「ありがとう」や喜びの表情である。しかし同じ行為をしても「年寄りだと思ってバカにして！」と苦言を呈されたり，拒絶されたのなら，この生徒は次の機会には席を譲る行動を躊躇するかもしれない。この場合，苦言や拒絶が親切行動を抑制する「負の強化刺激」になる。人間はネズミではないが，それでも褒められたらまたその行動をしようと思うし，苦言や拒絶にあうとその行動への意欲を失う。どの種の対応がその子どものやる気を引き出すかは考えてみるに値する。また，報酬や罰など外から与えられるもののみで自発的な行動は増減するのではない。例えばサッカーが好きな生徒のなかには誰にも褒められなくても黙々と努力する子がいる。サッカーという行為が純粋に楽しかったり，できなかったことができるようになる喜びが練習の動機づけになることもある。さらには練習後の仲間とのお喋り，みんなで同じ目的に向かって切磋琢磨する楽しさもサッカーを続ける強化子になりうる。外側から与えられるのではない，内側から湧き上がってくる楽しさである。これは勉強に置き換えても同様であろう。一方，充実感や意味，楽しさを感じない行動は自然に減少する。勉強をしない子，問題行動を起こす子，彼らにも彼らなりのその行動をする理由，しない理由がある。何が行動を促進させ，何が抑制しているのか，生徒ごとに考えてみるのは役に立つ。

　また，この実験は，学びのゆっくりな子どもにどのようにものを教えるかということにも活用できる。例えば察しのよいネズミは比較的早く「レバー押し＝餌を得る」ことを学ぶであろう。しかし，なかには察しのよくないネズミもいるわけである。このおっとりしたネズミにレバー押しを学ばせる時は目的とする行動を分解して考えてみるとよい。目標とする行動は「レバーを押す＝餌を得る」という行動である。レバー押しに辿り着くまでの行動は，例えば，以

下のように分解できる。(1)実験箱・レバーのある領域（箱の右半分）に移動する，(2)右を向く（レバーの方向を向く），(3)体を伸ばす，(4)レバーに足をかける，(5)レバーを押す。すぐに(5)に辿り着けないネズミには，まずは(1)をしてもらうようにする。(1)ができたら餌を与える。「(1)＝餌」が結びついた頃に，今度は「(2)＝餌」を教えていく。こうして行動を細かく分析し比較的簡単な行動から始め段階的に望ましい行動を形成することをスキナーは行動形成（シェイピング）と名づけた。学校現場において，「なぜこんなにこの子はできないのだ！」と考えるよりも「どうしたらこのおっとりした子が学ぶかな？」と計画を立てていくほうが楽しい。行動を細かく分解して考えると，その子どもがつまずいているポイントが具体的にわかる。例えば買い物という行動を考えても，自宅から店までの空間認知，買うものを覚える記憶力，代金を計算する力，コミュニケーション，信号など規則を理解する力など数々の能力を必要とする。それらのどの部分が機能せずにその行動ができないのかという視点で考えていくと改善指導のポイントが見えてくる。

▷10 シェイピング
本書の第10章を参照のこと。

4 思考・認知の癖を見つけてみる——認知行動療法

昨今，認知行動療法が注目を浴びている。認知行動療法はアルバート・エリスの論理療法やアーロン・ベックの認知療法などの影響を受けており，認知，感情，行動は密接に関係しているという考えの下，その相互作用に注目した方法である。基盤とするモデルは図2-3である。人間が悲しむなどの感情反応を起こすのは生じた客観的事実のみによるものではない。その生じた状況をどう解釈したかということ，すなわち認知・思考に左右されるのである。環境を個人がどう認識しているかが重要なポイントの一つである。もう一つの重要なポイントはその人自身の認知，行動，感情，体の反応の相互作用である。「絶望だ」と考えれば気分は抑うつ的になる。抑うつ的になると胃が痛くなったり体が重くなることもある。認知と感情と体の反応，そして行動は連動しているのである。この二つの相互作用，すなわち社会と個人間の相互作用，および個人内の相互作用の両方を利用したアプローチが認知行動療法である。

▷11 アルバート・エリス
（A. Ellis, 1913～2007）
アメリカの臨床心理学者。論理療法（論理情動行動療法：REBT）の創始者。現在の認知行動療法の基礎を築いた一人である。

▷12 論理療法
本書の第10章を参照のこと。

▷13 アーロン・ベック
（A. T. Beck, 1921～）
アメリカの医学者，精神科医。うつ病の認知療法の創始者。現在の認知行動療法の理論的基礎を形成した一人である。

▷14 認知療法
認知の歪みに焦点を当てて，認知を修正することで症状が改善されるとされる心理療法。1960年代にアーロン・ベックが提唱した。

例えば，英語の授業で訳を間違えてほかの生徒に笑われて以来，学校に行けなくなった中学1年生のB男がいるとする。学校に行きたいがどうしてもいけない。B男の認知と感情，体の

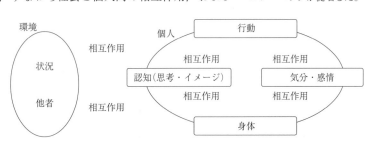

図2-3 認知行動療法の基本モデル
出所：伊藤 (2005)。

第Ⅰ部　教育相談の基礎

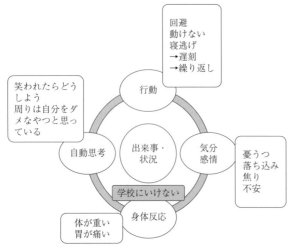

図2-4　B男の認知と感情，体の反応と行動の相互作用
出所：筆者作成。

反応と行動の相互作用を書きだすと図2-4のようになる。朝起きると頭は次のように考えてしまうのである。「また笑われたらどうしよう。周りは自分をダメなやつと思っているのでは」。こう考えてしまうと気分的には「抑うつ感，落ち込み」「不安」が生じる。そうすると胃が痛くなり，体が重くなってくる。行動としては布団から出ることができずに時間が過ぎていく。「もう間に合わない。遅刻したらどうしよう。またダメなやつと思われる」と頭が思う。そうすると体はますます重くなり，気分は「焦り」も混じってくる。さらに胃が痛くなり体が重くなる。不快な気分に耐えかねて寝逃げをし，時間がさらに経つ。ますます「こんな時間から行ったら笑われる，ダメなやつって思われる」……と悪循環を辿る。実際のところ，最初の英語の授業では，ユーモラスな誤訳だったのでみんなにウケただけかもしれない。ただしB男の頭が「周りが笑っている」という状況を「自分がダメなやつだからみんな嘲笑っている」と解釈すると，認知と情動，体の反応と行動が連動し，B男の世界をより苦痛に満ちたものにしていくことにもなりうる。誰しも考え方には癖がある。この考え方の癖を認知行動療法では「自動思考」という。B男の場合は「笑われる。ダメなやつだと思われている」が自動思考である。その思考のさらに奥には「自分はダメなやつだ。能力がない」というB男自身の思い込みが隠れている。それゆえ，回避行動に走りやすく，ますます「自分はダメだ」を強化しているのである。落ち込みやすい生徒を理解し指導・支援する際，彼らがもつ思考の癖を捉え，思考のバイパス，中立的で生きやすい見方を手に入れる手助けができるとよい。

4　人間性中心療法・人間性心理学

１　人への接し方の基本理論

学校で生徒が何らかの問題を起こした時，前述した行動療法や精神分析理論を用いて，その問題行動が起きたメカニズムに注目したり，問題行動を起こした人間の心のからくりに注目することもできる。本節で取り上げる人間性中心療法・人間性心理学の中心人物であるカール・ロジャーズは，問題行動が起きた場合，行動や心のメカニズムのみならず，人間全体に注目しようと試みた人

▷15　人間性心理学
人間独自の肯定的側面である主体性・創造性・自己実現などを強調した心理学。この考え方によると，人間はもともとよりよく生きよう，人間としてより成長しようとする自己実現傾向をもつ存在であるとされる。ロジャーズのほか，欲求階層説を提出したマズローがこの立場に属する代表的な心理学者である。

▷16　カール・ロジャーズ
（C. R. Rogers, 1902〜87）
アメリカ合衆国の臨床心理学者。来談者中心療法の創始者。心理相談の対象者を患者ではなくクライエント（来談者）と称したのも彼が最初である。

物である。農場育ちのロジャーズは大学ではじめは農学を学ぶが歴史学に転科し，さらに聖職者となるべく神学を学び始め，その後，心理学および教育学を学ぶに至った。それゆえ，科学的な思考，宗教的理念，歴史学，心理学，教育学など種類の異なるさまざまな要素が彼の理論のなかには溶け込んでおり，当時勢いを得ていた精神分析とも実験心理学とも異なる独自の理論を構築した。彼の理論に一貫してあるのは「押し付けるのではなく」「相手を尊重し」「行動や心の機制を取り出すのではなく，それを有する人全体を見て支援する」という姿勢である。来談者中心療法は他章でも取り上げるため，ここでは生徒と接する際の基本的態度—支援者の三つの条件についてのみ触れる。すなわち，「一致」「無条件の肯定的配慮」「共感的理解」である。ロジャーズ自身は原文のなかでクライエント，セラピストという名称を使用しているが，ここでは学校現場にあわせ，生徒と教師という言葉に変えて説明をする。

2 一致

　一致とは，生徒との関係のなかで教師が自由に，そして深いレベルで自分自身に忠実で，自分が体験していることを自分で正確に意識している状態のことである。純粋性，真実性，透明性と呼ばれることもある。重要なのは「この関係のなかで」，つまり生徒と接触している時に「一致していること」が必要なのであって，教師に生活のあらゆる領域での自己一致は求められていないということである。教育相談場面で生起する教師である自身に生じたさまざまな感情を「教師たるものこうあるべきなのだ」というべき論から否定しないということが大事だとロジャーズは述べている。教師といえども人間で，「ああこの子はちょっと苦手」「何でこんな無駄なことをやるんだ！」などさまざまなことを頭は自然に思う。しかし「自分は教師なのだから苦手意識なんてもってはいけないんだ」「無駄だなんて考えちゃいけない」と自分の自然な考えを捻じ曲げると欺瞞が生じる。子どもは大人の態度に敏感で，言葉と思惑の不一致，ちょっとした矛盾や嘘，ごまかしを「何か変だ」と見抜く。教師側が自分の欺瞞に気がついていない時でも生徒がいち早く気がつくこともある。不一致が生じるといくら言葉で綺麗に取り繕っても胡散臭くなり関係性がぎくしゃくする。そうすると生徒は「大人って嘘だらけだ」と大人に信頼を置けなくなるなどの事態も生じうる。「この子苦手だ」と思ったらそのことを否定せずに「ああ自分はこの子が苦手らしい。それは認めよう。でもなぜ苦手なのかな」と考え，自分一人で何ともならなかったら同僚や先輩などほかの教師に相談してみることも必要である。ロジャーズの考えに立つと，教育現場で求められるのは完璧な教師たることではなく，完璧でないことを正確に理解し状況に真摯にあたるという姿勢である。

3 無条件の肯定的配慮

　無条件の肯定的配慮とは，生徒を一人の独立したパーソナリティをもつ者として尊重し，各生徒独自の体験や感情をもち，自分の人生を自ら切り開いていく自由と権利を有する存在として認める態度のことである。受容，尊重，肯定的関心，温かさとも言われる。「無条件の」というのは，肯定的な感情，受け入れるに際してそこに一切の条件はつけないということである。ルールを守ってくれたら，謙虚だったら…など条件つきで受け入れるわけではなく，「いかなる場合でも」である。この背景には，ロジャーズの初期の理論「個人の価値や意義を認め尊重すること」がある。自分とは意見が異なる人間が世の中には多々おり，しかし意見が違っても，別の考え方としてそれは認める。自分の考え方と大きく異なる考え方を自分の考え方とすることはできないし，そんなことをしたら不一致になり，欺瞞が生じる。しかし，自分とは考え方が違うその人を，「こういう考え方をこの人はするのだな，自分とは異なるがこういう意見もあるのだ」と認めることはでき，それが肯定的な配慮につながる。これは生徒に対してだけではなく，意見が異なるほかの教師や保護者，その成り立ちや学問基盤が異なる他職種と協働する際にも使える考え方と言えよう。

4 共感的理解

　共感的理解は生徒の内的に生じるその生徒の個人的な世界をできる限り正確に共有しようとする態度のことであり，共感，感情移入とも呼ばれる。互いの違いや独自性は認識されなければならず，生徒への感情的な同情や癒着，同一視などとは質的に異なるものと説明されている。共感的理解は「生徒の個人的な世界をあたかも自分自身のものであるかのように感じ取ること」をさし，「あたかも（as if）」の重要性が強調されている。自分と他人は同じにはなれない。したがって，もしこの「あたかも」を失ってしまったら，すでに巻き込まれているのであり共感的理解ではないとロジャーズは述べている。生徒と教師である自分は別の人間で同じにはなれないが，彼／彼女が世界をどう体験し，どう感じているのか，その視点にぎりぎりのところまでせまってみようとする，その最大限の努力をすることが学校教育の場でも必要であろう。

Exercise

① 精神分析の理論をもとに，自分のよく用いる防衛機制を考えてみよう。
② 認知行動療法の図2-3，2-4を使って，自分が落ち込む際のパターン（認知，思考，情動，行動のメカニズム）を分析してみよう。

③ 人間性中心療法の立場に立つと,「学校に行きたくないB男（図2-4）」に対してどう接するのがよいであろうか。具体的に書き出してみよう。

📖 次への一冊

平井正三・上田順一『学校臨床に役立つ精神分析』誠信書房，2016年。
　　学校・教育現場での精神分析学の活用例が書かれた一冊。
伊藤絵美『認知療法・認知行動療法カウンセリング初級ワークショップ』星和書店，2005年。
　　初級者向けに認知行動療法の基礎理論が解説されている。図表も多くわかりやすい。
カザンツィス，N.・ライナック，M. A.・フリーマン，A. 編，小堀修・沢宮容子・勝倉えりこ・佐藤美奈子訳『臨床実践を導く認知行動療法の10の理論――「ベックの認知療法」から「ACT」・「マインドフルネス」まで』星和書店，2012年。
　　認知行動療法についてさらに詳しく知りたい方にお勧め。中級者向き。さまざまな理論が紹介されている。
佐治守夫・飯長喜一郎編『ロジャーズ クライエント中心療法　新版』有斐閣，2011年。
　　ロジャーズの基本理念について平易な言葉で書いてある一冊。

引用・参考文献

伊藤絵美『認知療法・認知行動療法カウンセリング初級ワークショップ』星和書店，2005年。
前田重治『図説臨床精神分析学』誠信書房，1985年。
佐治守夫・飯長喜一郎編『ロジャーズ クライエント中心療法　新版』有斐閣，2011年。
杉江征・青木佐奈枝編『ライブラリースタンダード心理学10　スタンダード臨床心理学』サイエンス社，2015年。

コラム②

隣の芝生

　小学生の頃，高校生が大人に見えた。大人ってちょっとカッコいいと思っていた。でも自分が実際に高校生になった時，実際の高校生は自分が思っていたほど（漫画やドラマほど），カッコよくも大人でもないんだなと思った。高校生活は満喫したけれど，青年期はいつも何となく不細工だし，カッコ悪い。楽しかったけれど悩みや痛みだっていつも抱えていた。当たり前だ。

　時代は変わっても漫画やドラマに出てくる高校生はなぜかみんな大人で（顔がしっかりした成人の美形俳優をキャスティングしていたりするからなおさらだ），きらきらと青春し，カッコよい。そして，若者はこんなのドラマだけだよと突っ込みながらも，どこかで自分だけが不細工な高校生／大学生なのかなと頭のどこかで思いながら，「ちはやふる」や「スラムダンク」を読んだりする。漫画やドラマの登場人物はたいがい悩みが多いし，日常ではありえないほどの事件ばかり起こるのに，なぜかキラキラして見える。隣の芝生ってやつかもしれない。

　加えて，今はインターネットが普及し，カッコいい，リア充と言われるキラキラした同年代の映像やコメントが世界に溢れている。「いいね」が山ほどつきそうな楽しさ満載のコメント，たくさんの友達と流行りの場所で一緒に写ったインスタ映えする写真。きっと彼らのiPhoneには数えきれないくらい連絡先が入っていて世界中とつながっている。自分とは違う。何で自分ばかりこんなにイケてないんだろう……と思っている人のほうがリア充よりは実のところ多い気がする。

　今，自分が大人になって，現場で若い人たちと会う。病気があろうが悩みがあろうが，必死に息を切らして生きている姿は実はちょっと眩しい。キラキラしている。でもたいがいみんな自分を無様な若者だと思い込んでいる。そんなことないよと伝えてもリップサービスにしか聞こえないだろう。では憧れられる側の若者たちが実際にキラキラしているのかというと，キラキラしているけれど，けっして憧れる側が思うような形ではない。当たり前だけれど，キラキラ見せる側だってそれなりに無様で苦労だってあるのだ。一瞬の切り取られた写真ではわからない，痛みや面倒臭さ，ダメっぷりを抱えて実は生きている。「無様で情けない自分」を実はもてあまして生きている。時に漫画やドラマのようなキラキラした瞬間も体験するけれど，たいがいはそんなの一瞬の花火だ。だから，等身大の若者の気持ちを歌った歌が若者の共感を得てオリコン上位になったりする。実は，みんな一緒なのかもしれない。悩まない青春なんて青春じゃない。自分から見る無様さは，傍から見るとキラキラ見える。後で笑えるよ。きっと。だからここまで生き延びておいで……と時にもがいて潰れそうな若者に，口には出さないが密かにエールを送っている。学校の先生もそういう一人だと思う。

第3章
教育相談の方法

〈この章のポイント〉
　教育相談の方法には，個別と集団を対象にするものがある。本章では，個別対象として，傾聴技法の学び方，面接のモデル，具体的は面接場面の方法を学ぶ。傾聴技法では，受容・繰り返し・明確化・支持・質問など傾聴する際の基本的な技法と面接モデルのなかでの学び方について，具体的場面の面接では，呼び出し面接，チャンス面接，押しかけ面接などの方法について解説する。なお，集団に関しては，第12章で構成的グループエンカウンターなどが紹介されている。

1　傾聴技法

1　受　容

　教育相談で，いかに聞くということが大切なことかということを意識づけするために，よく「聞く」という漢字をあえて「聴く」と書き，漢字を分解して，「耳と目を使って心で」という講義を受けることがある。それぐらい，どの教育相談研修でも「傾聴技法」を重要視する。ただし，学校での教育相談では，聞くだけではダメであり，何のための傾聴なのかを意識することを強調したい。大切なのは，傾聴しながら，キーワードを探り，言うべきことを言う（相談者に気づいてもらう）ために，聴くことである。
① 定　義
　相手の内的世界を相手のフレームで理解する（相手の身になること）非審判的（評価的でない）で許容的な反応（フィードバック）のこと。
② ねらい
　リレーション（人間関係）づくり。この人に自分の気持ちを本当に理解してもらったとか，受けいれてもらったとかという実感が相談者のなかに生じさせること。
③ 応答例
　「そうですね」「なるほど！」「うん……うん」とうなずいたり，相槌をうつ，「それから（それで）」と促す。

④ 解　説

リレーションづくりが重要である。言葉だけでなく，非言語（表情や声のトーンや姿勢など）も駆使して，「聞きますよ」というスタイルをつくること。また，相手の話の内容とともに相手の表情，声の響き（トーン）を通して理解することである。そして，まずは，無条件に「そうですね」と言えるかが大事な点である。聞きたい，話したいという気持ちを抑えて，まず，「聞きましょう」「聞かせていただきましょう」という姿勢である。

2　繰り返し

① 定　義

相談者の発した言葉（単語・短文）を言って返すこと。

② ねらい

相談者の自問自答を促す。これによって相談者は自分の内的世界を整理することができるようになる。

③ 応答例

「迷っている」（単語の繰り返し），「親のことが気になっている」（短文の繰り返し）。

④ 解　説

相談者が発した言葉を，野球にたとえると「ホームラン」ではなく「バント」をコツコツすること。それが，相談者の自問自答の助けになる。しかし，相談者が発した言葉のすべてを繰り返す必要はない。単純に繰り返していると「オウム返し」という批判の対象になる。また，解決のヒントになりそうなキーワードを繰り返し，できるだけ，否定的なことより，肯定的な言葉を繰り返すことを心掛けることである。

3　明確化

① 定　義

相談者がうすうす気づいていることを言語化して，自分の気持ちに対決させること。感情の明確化，事柄の明確化，意味の明確化の3種類ある。

② ねらい

相談者の意識の幅を拡大すること。意識性が高くなると人は現実的な判断と行動がとれやすくなる。

③ 応答例

「要するに〇〇科に入ってしまって，今後のことを考え後悔しているわけですね」（感情の明確化），「要するに親を落胆させてもよいから，自分の人生をつくるべきだと考えているわけですね」（意味の明確化），「つまり隣近所と折り合いが悪いということですね」（事柄の明確化）。

④ 解　説

相談者自身がうすうす気づいているということは，意識と無意識の間の潜在意識レベルをターゲットにすることである。例えば，相談者が「バイト，クビになりました」と言ったら，「バイト，クビになって落ち込んでいるのですね」と応答することが明確化である。

明確化は，ロジャーズでは，感情の反射ともいう。要は，相談を受けた人が相談者の鏡になるということである。鏡が歪んでいれば，正しく反射できないので，相談を受けた人の誠実な態度が重要になる。そして，繰り返し技法と同じく，解決のヒントになりそうなキーワードを明確化することである。

▷1　本書の第2章▷16を参照。

4　支　持

① 定　義

相談者の言動に賛同を表すこと。一言で言えば，"I think so!"の表現である。

② ねらい

相談者の自信を育てる（自己肯定感や自尊感情を高める）こと。

③ 応答例

「ありうることですよね」「私もそうしたと思います」「それはよかった」「大変でしたね」「あなたがそう思うのは当然ですよ」。

④ 解　説

支持技法は，相手を励ます（元気にする）技法であるが，何でもかんでも誉めればいいというものではない。支持技法で誉めるべき観点は，以下の三つである。

・理屈に合致しているかどうか。例えば，誰でも悩みはある。それは，フラストレーション（欲求不満）から生じているという理屈を知っていると「そうだよね」と言いたくなる。

・自分の経験に合致しているか。例えば，子育てで悩んでいる母親の相談で，自分自身の子育て経験に思いをはせて，子育てはうまくいかないことが多いという経験があれば，「私も同じです」と言いたくなる。

・理屈も経験も合致しない時には，自分自身にこの人と同じような感情体験はなかったかと自分に問い直しながら自己開示的に応答する。

5　質　問

① 定　義

相談者の思考・行動・感情について問いかけること。

② ねらい

好意の伝達，情報収集，相談者の自己理解・状況理解を促進すること。

③ 応答例

「外は寒いですか」「いつ頃からですか」「これからどうするつもりですか」「人に誤解されるのはどういうわけですか」。

④ 解説

「外は寒いですか」という本題に入る前の雑談の質問は、リレーションづくりの観点から大事である。質問するということは、「私は、あなたに関心がありますという好意の念」を伝えることになる。また、雑談をしながら、相手の緊張を解き、相手を観察することである。

筆者の今まで担当した現職教員研修では、相談を受ける人が、聞くということよりも訊いてしまう（質問してしまう）のをよく見かけた。大切なのは、相手の話したいことを聞くこと。自分の好奇心や必要性からつまみ食いの聴き方をしないこと。問題の解決に役立つキーワード見つけて、芋づる式に関係あるところを聞くことである。

尋問調にならないように、閉ざされた質問と開かれた質問を両方折り混ぜて使う。問題をつかむためには、コミュニケーションを取りながら、５Ｗ１Ｈで探索する。閉ざされた質問とは「ハイ」「イイエ」で答えられる聞き方で、開かれた質問とは「ハイ」「イイエ」で答えられない聞き方である。

▷2　5W1H
・Who：困っているのは誰か
・What：何を困っているのか
・When：いつ頃から困っているのか
・Why：なぜこの人にとって問題なのか
・Where：どこで問題になっているのか
・How：どのように問題になっているのか

2　面接のモデルと技法の学び方

1　面接にあたっての心構え

面接では相談を受ける側の技法だけではなく、その人の人生態度、人柄も大きく影響する。それゆえ面接の技法の学び方に入る前に心構えを解説したい。

① 治そうとするな、わかろうとせよ

「北風と太陽」でたとえると、北風のように相談を受ける側が治そうとすればするほど治されたくないと抵抗する相談者がいる。ゆえに、太陽のように相談者がどうしてこのような状況になったのかをわかろうとすると相談者自らが解決に向かっていく。また、「わかる」ことと「わかろう」とすることは違う。他者を完全に「わかる」ことは難しい、それよりも「わかろう」とするプロセスを共有することが大事であろう。とにかく相手の身になって話を聞くことである。

② 言葉じりをつかまえるな、感情をつかめ

言葉は感情に左右されるものである。相談者の言葉の裏にある感情をつかむことが大切である。例えば、児童生徒が「いじめられてる」と言ったら、その言葉の裏にある「嫌な気持ち」を感じ取ること。相談を受ける側は、感情体験

の幅をもつことである。直接体験として相談者と同じような体験をした人は察しがよい。急に体験を積むことは無理なので間接体験として，いろんな体験をした人の話を聞いたり，本を読んだりすることである。

③ 行動だけを見るな，ビリーフをつかめ

▷3 論理療法（第10章参照）での信念や思い込みの意味。

人の心がわかるためには，その人の感情がわかるとともに，その感情を生み出しているビリーフ（考え方）をつかむことである。上司が苦手な人の嫌な感情がどこからくるのかというと「目上の人の前ではきちんとしなければならない」というビリーフに由来している。つまり，われわれの幸・不幸は，ビリーフによって決まる。

教育相談の方法は年齢や発達段階によって工夫すべきものである。そして，全体的な流れをイメージする時にはコーヒーカップ方式での3本柱がわかりやすい（図3-1）。コーヒーカップ方式は，心理学者の國分康孝が提唱した単純明瞭な教育相談モデルのことである。面接の初期（カップの飲み口）はリレーションづくり，中期（カップの底）は問題の把握，後期（飲み口の反対側）は問題の解決（適切な処置）である。ここでは，コーヒーカップ方式を用いて，技法の学び方を解説したい。

図3-1 コーヒーカップ方式
出所：筆者作成。

2 面接初期

リレーションをつくるためには，言語的技法での受容や繰り返し技法が効果的である。下記の要領にしたがって，「受容」の練習を行う（表3-1）。

(1) 2人1組をつくり，相談を受ける役と相談する役という役割を決める。
(2) 相談する役は，例えば「今日の朝から今までの出来事」という話題で，支障のない範囲で語る。時間は1分30秒で，相談を受ける役は受容的な態度で傾聴する。
(3) 1分30秒の経過の合図で役割を交替する。
(4) 両方の役割を終了したところで，相互にフィードバックし合う。時間は1人2分で，聞き手は受容技法で傾聴する。

フィードバックでは次の点について，よかった点と改善点を率直に伝える。

〈フィードバック内容〉

・話しやすかったか
・聴いてもらったという感じがしたか
・自分を受けいれてもらったという感じがあるか

このトレーニングの時に，相手の表情，座り方，身振り手振りなど非言語について確認すると，相談者の非言語的側面にも相談を受ける役の関心がいくようになり，技量がアップする。

表3-1 ローテーション表

	A（　　）	B（　　）	
前半	相談を受ける役	相談する役	1分30秒
後半	相談する役	相談を受ける役	1分30秒
フィードバック			2分

出所：筆者作成。

「繰り返し」技法の練習は、「受容」と同じ形式である。話題が同じで練習相手も同じであれば、受容の復習も兼ねながら行ったり、話題や相手をかけるなど練習方法に工夫をしていく。

フィードバック内容は、以下の2点である。

・聴いてもらったという感じがしたか

・自分の考えや気持ちが整理されたという感じがあったか

3　面接中期

問題をつかむためには、コミュニケーションを取りながらの質問技法で5W1Hを駆使して問題を探索する。

この5W1Hの探索で、とくに有効な質問は、「困っているのは誰か」である。例えば、子どもの不登校のことで母親が相談に来て、タイミングを見てこの質問をする時に、相談者がたまに押し黙って考え込む場面がある。つまり、子どもが困っているのか自分が困っているのかが話をしているうちに、わからなくなるのである。また、言い方のコツもある。「今回の相談で一番困っているのは誰でしょうかね」とやさしく、相手に促すような感じが効果的である。

下記の要領にしたがって、「質問」技法の練習を行う（表3-2）。

(1) 3人1組をつくり、相談を受ける役と相談する役と観察者という役割を決める。

(2) 相談する役は、この1、2週間での出来事（喜怒哀楽）という話題で、支障のない範囲で語る。時間は3分で、相談を受ける役は、受容と繰り返し技法を使いながら質問技法を試みる。

(3) 3分の経過の合図で3分間のフィードバックをする。これで、1セット目が終了である。

(4) 同じように、役割を変えて、2セット目、3セット目と行う。

(5) 最後に、「感じたこと、気づいたこと」のシェアリングを10分行う。

表3-2　ローテーション表

	A（　　）	B（　　）	C（　　）	
1回目	相談を受ける役	相談する役	観察者	3分
2回目	相談する役	観察者	相談を受ける役	3分
3回目	観察者	相談を受ける役	相談する役	3分
シェアリング				10分

出所：筆者作成。

シェアリングでは、次の点についてよかった点と改善点を率直に伝える。

〈フィードバック内容〉

・会話がはずんだか

・カウンセラーの質問の意図は何であったか

・「よくぞ聞いてくれた」という質問はあったか

　面接の中期では，観察者を置く。当事者よりも，第3者の位置で，面接を観察することにより，学習が効果的になる。

4　面接後期

　面接後期では，明確化技法や支持技法を用いる。

　この技法を用いることにより，自分の抱えている問題について気づきが生じたり，自分の考えていること，行っていることに自信が出てくる。

　下記の要領にしたがって，「明確化」技法の練習を行う（表3-3）。

(1) 3人1組をつくり，相談を受ける役と相談する役と観察者という役割を決める。
(2) 相談する役は，この1，2週間での出来事（喜怒哀楽）という話題のなかで，楽しかったことを支障のない範囲で語る。時間は2分である。相談を受ける役は受容と繰り返し技法を使いながら明確化技法を試みる。
(3) 2分の経過の合図で2分間のフィードバックをする。これで，1セット目が終了である。
(4) 同じように，役割を変えて，2セット目，3セット目と行う。
(5) 最後に，「感じたこと，気づいたこと」のシェアリングを10分行う。

表3-3　ローテーション表

	A（　　）	B（　　）	C（　　）	
1回目	相談を受ける役	相談する役	観察者	2分
2回目	相談する役	観察者	相談を受ける役	2分
3回目	観察者	相談を受ける役	相談する役	2分
シェアリング				10分

　シェアリングでは，次の点についてよかった点と改善点を率直に伝える。
〈フィードバック内容〉
・明確化技法を試みたか
・「目から鱗が落ちる」という感じがしたか
・胸にぐっとくるような気づきがあったか

　「支持」技法の練習は，「明確化」と同じ形式である。ただし，話題に関しては，この1，2週間での出来事（喜怒哀楽の怒と哀）とする。また，フィードバック内容は以下のとおりである。
・支持技法を試みたか
・私の気持ちを支持してくれたという感じがしたか
・自己肯定感または自尊感情が高まったか

3 具体的場面の相談

1 呼び出し面接

① 定　義

呼び出し面接は，教師などの相談される側が，気になる児童生徒を呼び出し，指導・援助を行う面接のことをいう。

② 留意点

大前提として，呼び出しであったとしても声をかけるという行為そのものが，「私は，あなたに関心がありますよ」ということを伝えることになるのである。有名なマザー・テレサの言葉に「愛することの逆は何か。それは嫌悪ではありません。それは，無関心です」とあるように，呼びかける行為自体が大切なのである。無関心・無理解が人間関係での自己疎外感を生みやすくしているなかで，教師から能動的に働きかける「呼びかける」ことは，大切な行為なのである。

次に留意すべきは，呼び出し面接の内容の明確化である。呼び出すということは，なぜ呼び出すのかという理由や目的があるわけである。また，「呼び出された」ということで，なぜ自分が呼ばれたのだろうと児童生徒が疑心暗鬼になっていると考えられる。その不安を解消するためにも，教師は面接の目的や理由をきちんと伝えることである。

また，否定的な感情に対する配慮を心がけることである。何か「叱られるのではないか」「注意されるのではないか」という否定的な感情をもっていることもあることも心得たい。教師自身が，校長などの上司に呼び出された場合を考えるとわかりやすい。

呼び出し面接は，自主的に来談する面接とは違い，児童生徒自身の自発性が乏しいと考えられる。すなわち，呼び出さなければ，面接ができないわけなので，来た時には，来てくれたことを感謝することである。安心感を与えるために，面接時間，例えば，10分などと伝えておくことである。そして，その時間を守ることである。

呼び出すことにより，逆に人間関係が悪くなり，その以降の面接に悪影響が出る場合もある。呼び出し面接で，大切なのは，日常場面での呼び出す教師と呼び出される児童生徒とのリレーションがどれだけあるかということである。もし，呼び出すタイミングが今回失敗したと感じた時には，次回の面接につなげるか，深追いしないことである。

呼び出されることを本人も待っている場合もある。呼び出された児童生徒す

べてが自発性がないとあまり一般化しないことである。とくに，自己表現能力が乏しい児童生徒の場合には，呼び出されることを待っていることがある。

呼び出す時は，児童生徒を，君づけ，さんづけで名前を呼ぶことをすすめたい。よく，呼び捨てや愛称で児童生徒を教師が呼んでいる場面を学校で見かけることがあるが，「この先生は，自分の援助者である」と児童生徒にも感じ取ってもらえることが，呼び出し面接の出発点となるので，筆者は，呼び方に関しても留意したほうが望ましいと考えている。

③ 具体例

(1) 緊急性のある場合

教師が「○○すぐに，職員室まで」と呼び出しの放送を何回かかけたが，呼び出された児童生徒がすぐに来なくて，ようやく来た時には，教師が怒りを爆発させてしまうことがある。

呼び出した際，教師が感情的なっている時の面接は教師の感情の処理の場となってしまう。緊急の場合であっても，何のために呼び出したかを教師自身が明確にしておくことが大切である。呼び出されて，いきなり叱られたのでは，児童生徒もたまったものではない。

(2) 教師からカウンセラーのところに行くように言われた場合

呼びに来た教師ではなく，さらに，ほかの人のところに行くように言われるので，児童生徒の自発性がさらに乏しくなると考えられる。

そこで，まず，「来てくれてありがとう」「よく来たね」「来てくれて助かったよ」など来てくれたことをコンプリメント（誉める）することである。誉められて，嫌がる人はいない。つまり，リレーションづくりすることである。リレーションが深まれば，自発性の乏しい呼び出し面接であったとしても，自主的に来談した面接と同じような関係になるのである。

2 チャンス面接

① 定義

呼び出したりせずに，児童生徒と出会った時や問題行動が見られた時に，その機（チャンス）を逃さずに，その場で行う面接のことをいう。

② 留意点

(1) すべての場所・場面が対象

相談室だけで行う面接とは違い，廊下・教室・職員室・トイレなど児童生徒がいるあらゆる場面が対象となる。わかりやすい言葉で言えば，「臨機応変」となるので，すべての場面で，声をかけねばならないというビリーフ（考え方）をもつ必要はない。要は，その場面をどう生かすのかがポイントなのである。

▷4 面接のなかでは，コンプリメントを多用することをすすめたい。コンプリメントは自己肯定感を高めるからである。具体的には，結果を誉める，能力を誉める，努力を誉めるとよい。例えば，「数学のテストで80点とった」ことに対して，「80点とったんだ」と結果を誉めて，さらに「すごいね。どうやって勉強したの」と努力を誉め，「数学のセンス，能力あるよ」と能力を誉めるのである。

(2)教師などの相談される側の察知能力

その場面が，チャンスかどうか，チャンスになりうる場面かを察知する能力が大切である。

察知する能力を高めるためには，日頃の観察，話し合う場，非言語的表現，反応する体などが大切である。

・気になる児童生徒をメモ

日頃の観察で，自分自身が気になる児童生徒をメモすることである。例えば，「Aが今日は，元気がない」など簡単にメモしておく。元気がないというのは，教師の主観であり，思いこみかもしれないが，まずは，どう見ているかということがクリアになるし，Aと出会った時に，「この間，元気なさそうだったけど」とチャンス面接に発展するきっかけにもなりうる。

・気になる児童生徒のことを話し合う場

気になる児童生徒をメモ書きにしていき，次の段階として，教師同士で「気になる児童生徒のことを話し合う場」を設けたい。数人で，Aのことを気楽に話し合うのである。要は，炉辺談話である。事例研修会は，主に過去の問題行動をまとめて1時間程度時間をかけて行うことが多いが，この炉辺談話のスタイルは，気になった時に，話題をまとめず，短時間でいいのである。ほかの教師から，「どうしてそれが気になるの」とか「私の授業中には，元気だったよ」などフィードバックをもらうことにより，自分自身が察知したことが修正されていくのである。これからの職場では，「気楽に気楽な話をする」のではなく，「気楽に真面目な話をする」ことを望みたい。

③ 具体例

(1)トイレでの場面

ここで，筆者の知り合いの大学教授Mのエピソードを紹介したい。Mが学生の時，どうしても他大学にいる大学教授に会いたくなり，出かけていった。Mは，その教授が，授業の休憩時，トイレによく来ることを知っていたので，トイレで待っていた。Mの心の中で，もし「お前，何でこんなところにいるんだ」と言われたら，すぐ帰ろう思っていたが，そのとき間髪入れず「何か話があるか」といってくれたので，ますすその教授のようになろうと思い，今の自分があるというのだ。見事なチャンス面接である。

(2)廊下での場合

「先生，どうして教師になったの」と廊下で話しかけてきた生徒。普段自ら話しかけてくるという積極性を見せない生徒だったので，廊下というほかの生徒もいる場面であったが，「聞いてくれてうれしいよ」と応答していくうちに，立ち話となった。

どんな場面でも，教師などの相談される側に察知する能力があり，チャンス

とみれば，面接となるのである。

3 押しかけ面接

① 定　義

　教師などの相談される側が，児童生徒のいる場所（家庭や教室など）に出かけ（押しかけ）ていき，児童生徒の成長発達を援助するために行う面接のことをいう。

② 意　義

　押しかけ面接では，見捨てられ不安の軽減が期待される。

　不登校の児童生徒の場合の対応として，「見守る」という言葉に象徴されるように，登校刺激をかけることに消極的な考え方もある。本来「見守る」というのは，「私はあなたに関心をもっているぞ」という気持ちがあってこそ成り立ち，けっして，児童生徒を見放しているわけではない。不登校の初期段階，すなわち休みだした時にそのままにしておくと，おなかが痛いなどの何らかの理由をつけて，休み続けてしまうので，こちらから働きかける積極的な押しかけ面接が必要となる。ここでの押しかけ面接は，待っていても来ないので，こちらから，出向いていき，実態を掌握し，見捨てられ不安を軽減することである。学校に行くことを回避・逃避している児童生徒の場合は，「自分は，学校から見放されているのではないか」という恐怖感をもつことが多くの事例で指摘されている。不安が増長し「見捨てられている」と本人が感じてしまうことがある。「見放されている」＝「見捨てられ不安」を防ぐためにも，押しかけ面接が必要なのである。

▷5　登校刺激
登校を促す働きかけのこと。

③ 留意点

(1)相手の土俵

　最近の言葉で，外に手をさしのべるという意味では，押しかけ面接は，アウトリーチ（Outreach）とも言える。出かけていくということは，場所が相手側のいるところ（土俵）であるということ，学校で行う面接とは違うということを自覚したい。家庭訪問であれば，「押しかけ面接を承諾していただきありがとうございました」という感謝の気持ちをもちながらの面接を心がけたい。

(2)的を射た訪問

　的を射た訪問を心がけたい。不登校児に対する5W1Hを想定しての家庭訪問のポイントを，以下に具体的に示したい。

・いつ（When）：出かけていくタイミングのことである。休みだして1週間頃。
・誰が（Who）：担任が行くのがいいのか。相談教師がいいのか。教師以外がいいのか。一人がいいのか。複数がいいのか。

- どこへ（Where）：家庭訪問でも，玄関先がいいのか。居間がいいのか。本人の部屋がいいのか。
- なぜ（Why）：電話連絡との違いなど，なぜ家庭訪問なのかを明確にする。例えば，子どもを取り巻く環境を知ること。保護者との信頼関係を築くこと。
- 何を（What）：家庭訪問で何をするのかという目的を確認する。本人との話し合いをし，保護者に理解を求める。
- どのように（How）：どのように面接をするかということである。例えば，個別面接を行わずに，本人と保護者と一緒に話をする。

④ 具体例

ここで，不登校の初期段階で，カウンセラーと担任が押しかけ面接をして，成功した高校1年生女子のケースを紹介したい。

担任からの情報では，1週間ほど休んでおり，電話で保護者と話したところ，学校に行きたくないという状態であることがわかり，担任からカウンセラーに一緒に押しかけ面接をしてほしいとの依頼があった。ここでの押しかけ面接の目的は，本人を学校にすぐ連れ出すことではなく，リレーションづくりであり，保護者の不安の解消と本人の状態の見極めとした。その目的のため，本人が部屋から出てこない時には，担任が親と話をして，本人とはカウンセラーがあたることを確認した。本人は，呼んでも，2階の自分の部屋から出てくることがなかったが，保護者の了承を得て，カウンセラーが部屋に入り，「押しかけ面接」となった。そこには，真新しいセーラー服と机の前でじっとしている本人の姿があった。「無理に押しかけてごめんね」という気持ちと，面接の目的である「無理に学校に連れだすために来たのではなく，どうしているかが心配できたこと」を伝えた。本人の口から「学校がつまらない」「学校に行くより，すぐ働きたい」と下を向きながらではあるがポツポツとカウンセラーに語りだした。押しかけ面接終了後，1週間後から，本人が登校をしだした。あとで本人に聞いたところ，「押しかけ面接」のあとに，卒業した中学校の先生に相談しに行き，話を聞いてもらったり，アルバイトなどを探し，現実の厳しさを知り，「学校がつまらない」ということは変わらないが，高校だけは卒業するしかないという気持ちになり登校することにしたと教えてくれた。

Exercise

① 傾聴技法を体験して，感じたこと気づいたことを話し合ってみよう。
② 傾聴技法の受容，繰り返し，明確化，支持，質問の五つの傾聴技法のなかで，一番難しかったもの，簡単だったものを各自選んで話し合ってみよう。

③ 呼び出し面接，チャンス面接，押しかけ面接について，自身の受けたことがある経験をもとに，お互いに話してみよう。

📖 次への一冊

諸富祥彦編著『ビギナーのためのカウンセリング――自分らしい幸せな人生のために』有斐閣，2011年。
　心理学やカウンセリングを専攻する学生のみならず，対人援助職の方や一般の方対象。カウンセリングの基本的な考え方やその方法，主な心の病，自己成長の事例，世活に役立つ技法などを幅広く解説されている。

森俊夫・黒沢幸子『〈森・黒沢のワークショップで学ぶ〉解決志向ブリーフセラピー』ほんの森出版，2002年。
　問題ではなく，解決を志向するブリーフカウンセリングの先駆けの本である。実際のワークショップをもとに本にしているのでとても読みやすく，わかりやすい本である。

アイビイ，A. E.『マイクロカウンセリング』川島書店，1985年。
　カウンセリング技法は，傾聴技法の技法が多いが，この本には，すべての理論，技法から選び取ったものが階層化されており，学びやすい。

國分康孝『カウンセリングの技法』誠信書房，1979年。
　カウンセリングで有名な著者が，『カウンセリングの理論』『カウンセリングの原理』とともに3部作の一つとして書いた，現在も通用する名著。

引用・参考文献

大友秀人「傾聴技法・誌上応答演習」諸富祥彦編著『ビギナーのためのカウンセリング――自分らしい幸せな人生のために』有斐閣，2011年，60～75ページ。

大友秀人「個別面接の諸形態と技法」日本教育カウンセラー協会編『新版教育カウンセラー標準テキスト中級編』図書文化，2014年，108～109ページ。

大友秀人「役に立つ教育カウンセリングの技法連載第1回『面接の技法』」『指導と評価』2017年4月号，36～38ページ。

大友秀人「役に立つ教育カウンセリングの技法連載第2回『面接の技法モデルと学び方』」『指導と評価』2017年5月号，30～32ページ。

大友秀人「役に立つ教育カウンセリングの技法連載第3回『面接の諸形態と技法』」『指導と評価』2017年6月号，36～38ページ。

コラム③

映画を見て感じたこと，気づいたこと

① 「バケモノの子」

　細田守監督の第4作のアニメ映画。「人間界（渋谷）に生きる少年（九太）とバケモノ界（渋天街）に生きるバケモノ（熊獣人の熊徹）の物語」。思春期の葛藤を描いたもので，中高生の心理を理解するのに役立つ。私自身の感動の視点は，母親を失い父親を求めて，絶望した9歳の九太が，父親的な存在の熊徹と出会い，最後には心のなかに，熊徹という存在がしっかりと「心の剣」として生き続けるというメッセージ。思春期の視点では，アイデンティティの拡散，人間の子がバケモノ界で育ち，自分はバケモノの子なのか，人間の子なのかと悩む葛藤の苦しさを「心の闇」と称して描いているところも興味深い。

② 「マレフィセント」

　「眠れる森の美女」をモチーフにした映画である。「マレフィセント」は，悪事という意味なので，映画の一般的な見方としては，悪役は誰かというのがポイントになる。しかし心理学の視点からは，「真実の愛」とは何か，好き嫌いの恋愛レベルではなく，見守るべき人がいるか，見守られている人がいるかがポイントである。映画では，主人公は王子様の唇へのキスでは目覚めずに，悪役の魔女が，私が生きている限り，あなたを見守り続けると誓い，キスを額にした時点で，目覚める。ちなみに，「アナと雪の女王」も「真実の愛」がテーマになっている。王子などのキスより，姉妹愛，妹のアナが姉のエルサを自らを犠牲にして助け，エルサが，凍ったアナを抱きしめた時に，呪いが解けた。呪いとは，エルサ自身の心の壁だったのである。そして，映画のなかで恋愛の伝道師オラフの（自分より，その人のことを想う）ことが愛の定義というのも印象深かった。

③ 「インサイドヘッド」

　喜び，怒り，悲しみ，ムカムカ，ビビリの五つの感情の物語。感情教育としてもオススメである。喜び（竹内結子さん），悲しみ（大竹しのぶさん）はスターが声優を務めているので，この二つの感情が主役だろう。さて，主役について考えると，なぜこの二つの感情が主役なのか。『愛憎の起源』（サティ，國分康孝ほか訳，黎明書房）にあるように，相反するこの感情が，人を人らしくするキーワードである。今の子育てや教育で欠けている視点は，マイナス感情，ネガティブ感情を必ずしも悪者扱いすることはないということである。とくに，幼児期には，人前で泣くことのできる子どもを育てることのほうが人の成長を促進するのである。

第Ⅱ部

子どもや子ども世界の理解

第4章
子どもの発達段階とその課題

〈この章のポイント〉
　人生は，いくつかの発達段階に分けることができるという考え方がある。子どもは，乳幼児期・児童期・青年期という発達段階にあたり，人生の初期段階として大きな変化を経験する時期に相当する。そして，それぞれの時期には，達成すべき発達課題があると指摘されている。本章では，それぞれの発達段階でどのような発達課題が想定されていて，その発達課題が人間の成長にとっていかに重要なのかについて学ぶ。また，各発達段階にある子どもについて，注目すべき心理・社会的な状況についても学ぶ。

1　子どもの発達をめぐる考え方

1　発達という視点の重要性

　人生は，航海や山登りのような，ある程度の時間と困難を要する旅のようなものに例えられることが多い。旅の途中でどのような困難に出会い，それにどのように対処するか，そこから何を学び，どのように成長するかは個々によって異なる。また，その旅路をいつ，どのように終えるのかも個々によって異なる。まさに，人生とはその人らしさを追求していく旅のようなものだという比喩である。
　しかし，一方で，そのような個々の特徴を超えて，同年齢集団にはある一定の共通した特徴を見出すこともできる。例えば，10歳と50歳の人を見比べると，われわれはどちらが若い人なのかを見分けることができるだろう。人は年齢を重ねるとともにさまざまな身体的変化を経験するものであり，それは多くの人が同じくらいの年齢で経験する。また，満6歳になった翌年度には小学校に入学する，20歳（2022年4月施行の民法上では18歳）になったら成人するなど，社会的に決められたルールに則り，同年齢集団が同じ経験をする機会も設けられている。このようなさまざまな共通体験は，その年齢集団らしさを形成していく要因になっていると言えるだろう。そうして形成された同年齢集団らしさは，ほかの年齢集団らしさとは異なる特徴を有するものであり，そのように明瞭に区別されるある一定の年齢集団のまとまりを「発達段階」と呼ぶ。
　発達段階を捉えることは，いくつかの視点から重要であると言える。第一の

視点としては、ある子どもが、その子と同じ年齢集団の子どもと比較して、発達の程度に差が生じていないかどうかを見極めることができるという点があげられる。例えば、ほかの子に比べて身長の伸びが遅い、ほかの子に比べて大人びた話し方をするなど、さまざまな比較が考えられる。こうした発達の差異は、その後の健康や社会的適応に影響を与える大きな要因であると指摘できるため、捉えておくべきポイントになる。

第二には、時代的変化との関連性を検討する視点があげられる。例えば、昔の子どもと今の子どもの運動能力がどのくらい違うか検討されることがある。このように、同じ年齢であっても、昔と今とでは同じ特徴を有しているとは限らないことから、その時代に応じた社会的背景と人間の発達との関連を考察する必要がある。発達加速現象は、まさにこうした視点から見出された重要な学問的発見であったと言える。

▷1 発達加速現象
世代が新しくなるにつれて、身体的発達が促進される現象のことである。身長や体重の増大や、初潮・精通を迎える年齢の低下などの現象が含まれている。この現象によって、身体的には早期に成熟するにもかかわらず、心理的な成長がそれに追いつかないというギャップが生じていると指摘されている。また、青年期の発現の早まりを意味しており、青年期延長の問題とあわせて、青年期は始まりも終わりも拡大していると指摘されている。

2 発達段階に言及した理論①――フロイトによる心理性的発達論

では、発達段階に関連して、これまでどのような検討がなされてきたのだろうか。

まず、フロイトは、精神分析の立場から人間の発達を捉えた（フロイト，2009）。その考えの基礎にあるのは、リビドー（性的欲動）の対象となる身体部位が発達とともに変化するというものである。リビドーは、生後間もなくから存在する生命の原動力のようなものであると捉えられており、それぞれの年齢段階で適切な身体部位でリビドーの充足を得られることが重要だと考えるものである。

その考えによると、出生後～1歳頃は「口唇期」と呼ばれ、母乳を飲んだり、ものを口でしゃぶったりすることから快感を得ようとするとされる。そして、この時期に課題がある場合、依存的な性格になると考えられた。

続く1歳～2歳頃は、「肛門期」と呼ばれ、便の貯留や排出から快感を得ようとするとされる。この時期は、トイレット・トレーニングの時期と重なる。そして、この時期に課題がある場合、ケチで頑固な性格になると考えられた。

3歳～6歳頃は、「男根期」と呼ばれる。この時期に、子どもは性器に触れることによる快感を覚え、性器の違いから男女の区別をつけるようになるとされる。そして、その性的欲動を異性親へと向けるようになり、同性親を競争相手とみなすようになるとされる。とくに、男の子の場合、この状態を「エディプス・コンプレックス」と呼び、性的欲動に対する罰として父親から去勢される不安（去勢不安）を抱くようになると考えられた。そして、その不安を軽減するため、父親の態度などを理想化し、自らに内在化させていくという発達を遂げるのだと考えられた。

7歳～12歳頃は、「潜伏期」と呼ばれ、性的欲動は静まって自らの生活環境

への関心が高まるとされる。その後，青年期に至っては「性器期」と呼ばれ，成人としての性の成熟に至っていくとされる。

3 発達段階に言及した理論②──ピアジェによる認知発達論

ピアジェは，人が新たな認識（認知）を構成するにあたって，発達の時期に応じた認知の枠組み（シェマ）を獲得すると考えた（ピアジェ，1967）。具体的には，表4-1に示すような段階が想定されている。

表4-1 ピアジェによる認知発達論

	発達段階	年齢のめやす	特　徴
表象的思考段階	感覚運動段階	～2歳	言葉の使用が未熟な段階。感覚と運動の呼応が認識の道具となる。
	前操作段階	2～7, 8歳	象徴的思考段階（2～4歳頃）外的な情報を表象や言語を用いた想起，関連づけに基づく象徴的行動が始まる。 直感的思考段階（4歳頃～7, 8歳）論理的な思考の枠組みが完成に向かうが，事物の分類や状況の理解が直感作用に依存している。
	具体的操作段階	7, 8～11, 12歳	さらに理論的思考が進むが，具体的・日常的な事物に限られ，抽象的な概念の思考は未熟な状態。
	形式的操作段階	11, 12歳以降	抽象的な概念に関する思考が発達し，仮説演繹的な推論が可能となる。

出所：大石編（2015, 81ページ）。

感覚運動段階の子どもは，積極的に外界に働きかけることによってものに触れ，その感覚を通して外界に対する知識を獲得していくこととなる。したがって，具体的な事物がなければその物事を考えることはできず，言葉も発達していないことから，頭のなかのイメージで物事を理解するというようなことはできていない。

続く前操作期は，言語の獲得が著しい時期である。したがって，頭のなかのイメージを用いて外界に反応することができるようになる。それを表現しているのが「ごっこ遊び」であると言える。しかし，頭のなかでそれらの処理を正しくできるようになるには時間がかかるため，この時期にはさまざまな論理的誤りを示すことがある。それらの論理的誤りとしては，アニミズム，人工論，実念論が代表的である。こうした論理的誤りは，自分以外の他者は，自分とは異なる視点に立っていることが理解できない自己中心性（空間認知の自己中心性を示すものとして，三つ山課題があげられる）に関与するものであるとされる。

具体的操作期になると，獲得してきた知識をもとに物事を多面的に理解し，論理的な思考によって対処することができるようになる。しかし，その論理的な思考が可能になるのは，まだ具体的な事象についてのみに限られる。例えば，体積（量）を問題とするコップの水を移し替える保存課題は理解でき

▷2　アニミズム
机のような無生物であっても，世の中にあるものにはすべて生命があり，感情なども有しているという考え方

▷3　人工論
太陽などの自然物であっても，世の中にあるものはすべて人間が作ったという考え方

▷4　実念論
夢で見たようなものであっても，すべて実在する，現実に起こるという考え方

▷5　三つ山課題
子どもの自己中心性を明らかにするために，ピアジェらが行った実験である。実験内容は，3種の異なる特徴をもった山の模型の一辺に子どもを座らせ，異なる一辺に人形を座らせて，自分の位置からの山の見え方と，人形の位置からの山の見え方を回答させるというものである。前操作期にある子どもは，他者からの視点に気づきにくいため，正しい回答ができないという結果が得られている。

確認：同形同大の透明な容器A, Bに同じ高さまで水を入れ，AとBとで同じだけ水が入っていること（A＝B）を子どもに確認させる。

変換：A, Bより細い（あるいは太い）容器B'を用意し，子どもの見ている前で，Bの水をB'へ移し換える（Aはそのまま）。

質問：子どもにAとB'とではどちらのほうが水が多いか（あるいは，どちらのほうがたくさん飲めるか），それとも同じかを問う。

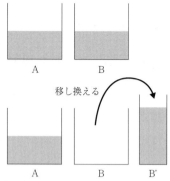

図4-1　液量の保存課題の例
出所：ピアジェ（2007, 61ページ）。

が，体積と質量の比である密度（質量／体積）のような概念は理解できない。また，この時期には「保存の概念」が成立する。保存の概念とは，物質の量や重さ，長さなどは，加えたり減らしたりしなければ，形が変わっても不変であるということが理解できることをいう。例えば高さの異なる水槽に水を移し替えても，見かけに騙されず，どちらも液量は同じであると判断できることである。ピアジェが行ったこのような実験は保存課題と呼ばれ，ほかにも数や重さ，長さなどの概念についても検討されている（図4-1）。

形式的操作期になると，実際には目の前に起こっていない事柄であっても，非現実的な前提に立って推論し，取り扱うことができるようになる。そのため，文字式などの記号を用いた，抽象度の高い理論的思考が可能になる。

4　発達段階に言及した理論③
——エリクソンによる心理社会的発達論

エリクソンは，精神分析を学びながら，フロイトとは異なって心理社会的な側面の発達に注目をしている（エリクソン，1977）。その中心的考えは，思考や感情，意志などをまとめあげる「同一性（アイデンティティ）」という感覚を獲得させるため，各発達段階で必要となる発達課題に取り組むというものである。

各発達段階における発達課題は，対となる二つの概念を用いて表現されている（表4-2）。各発達段階が始まった時点では，成長・健康に向かう肯定的な力と，その反対の否定的な力が拮抗した状態にある。この2つの力がバランスをとっている状態を危機といい，どちらが身につくかわからない分岐点，分かれ目を意味する。このことを表では「対」という「記号」で表している。その段階において対人的，社会的な側面が整っており，心理的な発達がうまくスムーズに進むと肯定的な力が身につき，これを「危機を克服する」という。そ

の反対に，対人的，社会的な側面に何か問題があり，心理的な発達がうまくいかないと否定的な力が身についてしまう。

これ以降，本章では，エリクソンの発達論に即して乳幼児期から青年期にかけての発達課題を示しながら，適宜関連した知見を紹介していくこととする。

表4-2 エリクソンによる心理社会的発達論

発達段階	心理社会的危機	重要な対人関係
乳児期	基本的信頼 対 不信	母親
幼児前期	自律性 対 恥・疑惑	両親
幼児後期	自発性 対 罪悪感	基本的集団としての家族
児童期	勤勉性 対 劣等感	近隣・学校
青年期	同一性 対 同一性拡散	仲間集団・リーダーシップのモデル
成人期	親密性 対 孤立	友情，性，競争協力の相手
壮年期	世代性 対 停滞感	分業と共同の家庭
老年期	統合性 対 絶望	人類

出所：エリクソン（2001）をもとに作成。

2　乳幼児期の発達と課題

1　乳幼児期の発達課題

乳幼児期は，エリクソンの区分に基づくと，乳児期・幼児前期・幼児後期（遊戯期）に相当する時期である。

まず，乳児期は出生後～1歳頃の時期をさし，基本的信頼と基本的不信の拮抗を経験するとされる。この時期の子どもは，言語や歩行はままならず，生存に必要な栄養摂取さえも自力では行うことができない存在である。そこで赤ちゃんは，空腹などの不快な状況を周りの大人に訴え，見つけた大人がその不満を解消するというやり取りがなされる。このことは，「世界を信用していても，安心して存在できそうだ」という感覚をもたらすことにつながる。また，「自分は存在するに足る価値がありそうだ」という感覚をももたらすことになる。これが基本的信頼の獲得である。しかし，そうした要求は必ずしも常に満たされるわけではないため，不信感も経験する。基本的不信が基本的信頼を上回ってしまうと，抑うつ感情や悲哀感情，見捨てられ感情などを形成していくことになる。

次に訪れる幼児前期は，1歳～3歳頃に相当する時期である。この時期の子どもは，言葉を発することによって自らの意思を表明し，歩行をすることによって自らの体を思うように動かすことが可能になる。これらは，自分の欲求を解消する術を身につけ始めたことを意味する。しかし，欲求は常に満たされ

るものではなく，外からの要請に従って我慢をしなければならないことが生じる。これは，先に述べたように，フロイトが指摘した「肛門期」の時期と重なり，排泄に関して顕著に現れる。すなわち，この時期になるとトイレット・トレーニングが開始され，それまでのように排泄したい時に場所を考えずに行うということは許されず，トイレまで我慢して排泄することを要求されるようになる。このように，自らの欲求と外界からの要請とに折り合いをつけて，自らの行動をコントロールすることが「自律性」の獲得である。しかし，そうしたコントロールすべき状況で失敗を経験すると，恥ずかしさを感じ，自分の能力に疑いをもつようになる。

　幼児後期は，遊戯期とも呼ばれ，4歳〜6歳頃の時期である。この時期の子どもは，自分の欲求を適切にコントロールしながら，それを表現しようとする自発性が生じてくる。この気持ちが高まると，罰の恐怖にひるむことなく，自らの目的に従って個性的かつ自主的に行動を生起させることになる。一方で，その時に何らかの失敗経験をしてしまうと，ルール違反の行動をして罪悪感を抱くことにもつながる。

［2］　乳幼児期に注目すべき点──愛着の形成

　乳幼児期の生活とその後の精神的健康度との関連について，近年注目が集まっているのは，虐待を中心とした愛着形成の不全にまつわる課題である。愛着とは情愛的な絆のことであり，主たる養育者との間に愛着が形成されていることの重要さがいくつかの研究で指摘されている。

　まず，ボウルビィ（1976）は，養護施設などに暮らす子どもたちは，そうでない子どもたちに比べて発育が遅いこと（ホスピタリズム）を指摘した。そして，その背景には「マターナルディプリベーション」（愛情を基盤とした養育行動が欠如していること）があることを考察し，乳児にとって愛情にあふれた子育てをされることがいかに大切かを指摘した。そして，ボウルビィは，愛着の発達についても検討した。それによると，2か月〜3か月頃は，「前愛着期」と呼ばれ，子どもは特定の他者を区別した愛着行動は示さず，誰にでも無差別の愛着行動を示すとされる。しかし，3か月〜12か月頃は「愛着形成期」と呼ばれ，身近な人にだけ親しみを示すようになり，知っている人とそうではない人を区別して「人見知り」をするようになる。その後，1歳〜3歳頃は「明確な愛着期」と呼ばれ，愛着対象者を安全基地として，周囲の環境を探索し始めるようになる。そして，3歳以降は，「目標修正的協調性の形成期」と呼ばれ，必ずしも養育者がそばにいなくても，子どもは安心して生活することができるようになるとされる。

　また，ハーロー（Harlow, 1959）は，アカゲザルの子どもが，(1)針金が剥きだ

しだけれども，ミルクを与える母親模型，(2)ミルクを与えないけれども，布製の母親模型とともに，どんなふうに過ごすかを観察する実験を行った（図4-2）。その結果，アカゲザルの子どもは，ミルクを飲む時以外の大部分の時間を，布製の母親模型とともに過ごしたことがわかった。このことから，愛着形成には，生理的欲求の充足よりも，接触の快感が重要であることが考えられた。

さらに，エインズワースらは，ストレンジシチュエーション法を用いて，愛着の類型化を観察した。その結果，愛着は

図4-2　ハーローによる実験
出所：ハーロー（1985, 307ページ）。

「安定型」（母親がいなくなると不安を示すが，戻ってくるとすぐに安心する），「回避型」（母親がいなくなろうと，また戻ってこようとも，1人で遊び続ける），「葛藤型」（母親の退出に不安を示すが，戻ってきた母親には攻撃を示す）という型に分類できると指摘した（Ainsworth, et al., 1978）。母親に対する調査から「回避型」の場合，母親が拒否的で愛情表現に乏しいため，子どもからの接近もなされなくなる一方，「葛藤型」の場合，子どもの愛情欲求のサインに鈍感で，結果的に子どもを無視するような状況に陥っていることが多いということも指摘された。

このような母親との相互交渉の経験によって，子どものなかには母親とはこのようなものであるというイメージができる。そこから「母親がこうだということは，世の中の他人はみんなそうだろう」「自分がこうすると母親や他人はこうするだろう」「それだったら自分はこうしたほうがいいかな」など，心的表象（イメージ）という形で現実のさまざまな事象に小規模なシミュレーションをする作業モデルを構成するようになる。これを内的作業モデルといい，内在化され，成長してからも対人関係に影響を与える。乳幼児期の愛着形成は生涯にわたって多様な影響をもたらすと考えられ，人生初期の大きな課題であるといえる。このように考えてみると，虐待を受けた子どもは，愛着を形成すべき時期に十分な愛情あふれる養育がなされず，むしろ拒否的な養育によって愛着が形成されにくい状況になっていることが推測できるだろう。

▷6　ストレンジシチュエーション法
子どもと母親の愛着の状況を明らかにするため，実験的に分離と再会の状況を作り出し，子どもの反応を観察する方法である。具体的には，(1)母親とともに見知らぬ場所にやってきた子どもが，母親が退出し，見知らぬ人と一緒に過ごすことになった場合，どのような行動をとるか，(2)見知らぬ人がその場から退出し，母親が戻ってきた時に，子どもはどのような行動をとるか，を観察するというものである。

▷7　内的作業モデル
発達初期の段階で養育者との間に形成される愛着が，心のなかにイメージ化されていくことによって，自己と他者との関係について個人が有することとなる認知的枠組みのことをさす。これは，愛着対象への接近可能性や，愛着対象からの情緒的応答性などに関する確信から形成されており，近年では，青年期以降の発達段階における対人関係の構築や，社会適応，精神的健康などの状況にも影響を与えることが明らかとなってきている。

3 児童期の発達と課題

1 児童期の発達課題

　エリクソンが「学童期」と呼んだこの時期は，フロイトが「潜伏期」と呼んだように，変化の激しい乳幼児期と青年期の狭間にあり，比較的落ち着いた時期であると言われている。

　エリクソンは，この時期の課題を「勤勉性の獲得」であると指摘した。年齢的に，日本ではちょうど小学生の段階に相当することからもわかるように，この時期の大きな特徴は学校教育が開始されることである。そこでは，さまざまな課題に立ち向かいそれを解決していくために，勤勉性が要求されるのである。またそれは，そうした社会からの要求という側面だけではなく，自らも活動範囲の拡大とともに好奇心が膨らみ，さまざまな知識を吸収しようという欲求が高まっているという側面もある。そうした欲求に従って行動することで，わかること・できることを増やしていって，有能感が育成されていくことになる。しかし，それらに失敗すると劣等感が形成され，自己否定的な感情を抱くことにつながる。

2 児童期に注目すべき点——仲間集団の発達

　児童期は，これまで家庭とその近所を中心とした対人関係の範囲が大きく拡大し，友人との関係形成が心理的安定に大きく関与する時期になる。また，その友人関係におけるさまざまな体験が，個々の子どもたちの心理的成長を促すことにもつながる。

　とくに小学校第3学年～第4学年以降になると，徒党を組んで同一行動的な遊びを行う仲間集団が出現する。この時期はギャング・エイジと呼ばれ，大人から離れて同輩集団だけで行動するなかで，自主的なルールが制定される。それを相互義務的な意識の下に順守することを通して，自分がルールを破ると他者に迷惑をかけること，仲間を助け仲間から助けられることなどを体験し，社会性を身につけていくと考えられている。保坂・岡村（1986）は，この時期の仲間関係を「ギャング・グループ」と呼んでいる。

　そして，このような仲間関係は，保坂・岡村（1986）によれば，思春期以降にさらなる変遷を遂げる。まず，中学生期には，「チャム・グループ」と呼ばれるような仲間関係が形成される。これは，互いの共通点や類似性を確かめ合うような行動が中心になっていると言われる。さらに，高校生期の仲間関係は「ピア・グループ」と呼ばれ，互いの異質性をも認め合い，個人として互いを

尊重し合った関係性であると言われる。こうして，子どもたちは仲間との関係を通じて個を発達させ，また仲間関係自体をも発達させていると考えられるのである。

しかし，保坂（1998）によれば，こうした仲間関係の発達に，近年変容が起こっているという。まずは，ギャング・グループの消失が指摘されている。小学校第5学年〜第6学年の段階では，すでに放課後に集まって遊ぶような時間や場所が確保できないことが，その背景にあると推測されている。一方で，チャム・グループの肥大化や，ピア・グループの遷延化なども起こっているとされ，次節で取り上げる青年期の発達（とくにモラトリアムなどの課題）に関与しているとも言われている。

4 青年期の発達と課題

1 青年期の発達課題

青年期は，第二次性徴という身体的変化を契機に開始される。そして，この時期は，それまで疑いなく自らの価値観を左右していた「親」「教師」といった身近な大人に象徴される「社会」を疑問視し始め，反抗的な態度を取り始める（このことは，「心理的離乳」と呼ばれる）。さらに，友人にどう見られるかを気にし，また友人と自分とを比較しながら，自分なりの価値観や態度は何かを考え始める。このように，青年期には，既存の価値観に歯向かいながら「自分は何者であろうか」「どのように生きていくべきか」といった自己の存在にかかわる問いを抱え，その答を導き出そうとする。そのような悩みに向き合い，自らを模索することが同一性（アイデンティティ）の確立であり，エリクソンが指摘している青年期の発達課題である。こうして，自分の人生を自覚的に生き始めるという意味で，ルソーは，青年期を「第二の誕生」であると指摘している（ルソー，1968）。

一方で，その確立に失敗し，自分が何者かわからない状態でいることを「同一性（アイデンティティ）拡散」と呼んでいる。この状態は，自己に向き合って自分を理解することを回避し，または先延ばしにしようとしているものであると言える。そのため，このような態度がますます同一性の確立を困難なものとし，無気力状態（アパシー）や，否定的同一性の選択（非行集団への所属など）といった形で表面化してくることがある。

なお，青年期は，およそ20歳頃までをさすものとして考えられてきた。しかしながら，およそ1970年代頃から，青年期の期間は延長されているという指摘がなされるようになってきている（笠原，1977）。その主張によれば，日本社会

▷8 心理的離乳
ホリングワース（Hollingworth, 1928）が提唱した考え方である。幼児期に訪れる大きな変化の一つに，身体的な離乳がある。これは，それまで母乳の摂取を通じて得られていた身体的なつながりが失われることを意味する。心理的離乳とは，その幼児期に生じる身体的離乳になぞらえて，親から独立し，精神的に自立して生活し始める青年期の状況をさす言葉として用いられている。

▷9 否定的同一性の選択
同一性が達成できない同一性拡散の状態では，いろいろな不適応の兆候を示すが，その一つに否定的同一性の選択がある。否定的同一性の選択とは，例えば非行集団とか暴走族など，社会が一般的に拒否し否定的に評価するものに「これが自分だ」「自分の生き方はこれだ」という同一性の感覚を求めようとすることである。

では，高学歴化などによって「一人前」になるまでの修業期間が長くなっていることなどが背景にあるとされる。実際，その頃の日本では，高校や大学への進学率が増えてきたことが見て取れる。こうして，現在では，青年期をおよそ30歳頃までをさすものだと考える場合も増えてきている。このように，青年期の存在は，その時代の状況や，文化的背景にも左右されるものであると言える。

2　青年期に注目すべき点──同一性の確立と職業

では，青年期が延長されてくるなかで，現代の若者たちはどのような課題に直面しているのであろうか。その一つが，職業の課題である。

厚生労働省によれば，大学卒業後に就職した者の離職率は，就職後1年目で約1割，2年目までに約2割，3年目までに約3割に上る状況で推移していることが示されている（図4-3）。これに関し，厚生労働省が実施した平成25年若年者雇用実態調査によると，はじめて勤務した会社を辞めた主な理由として，「仕事が自分に合わない」という理由をあげた者は18.8％に上り，全体の3番目の理由となっていることが明らかとなった（厚生労働省，2014）。

さらに，非正規の職員・従業員の形態で就業する若者も増加するなかで，フリーターとなった理由には，「自分に合う仕事を見つけるため」といった要素があることも示されている（労働政策研究・研修機構，2012）。

離職の課題は，もちろん，経済状況や雇用問題などの社会情勢と絡んでおり，一概に若者の心理的課題のみに結びつけられる問題ではない。しかしながら，その一端に同一性の確立の課題が関与していることは否めない。実際，ハヴィガーストは，職業の選択とその準備を青年期の発達課題としてあげている（ハヴィガースト，1995）。つまり，自分らしさを形成するプロセスで，自分がいかなる職に就いて生きていくべきかは重要なテーマとなるのであり，同時に，その職業生活を通じて自分らしさが形成される側面もあるのである。そのため，同一性の確立と職業とは，切っても切り離せない関係にあると指摘できる。

今の若者は，学校教育を終える段階までに，どのように生きるべきかの問いに一定の結論を得られる状況にないと言えるのかもしれない。一方で，今の若者には，職を得た後もそのような問いに真摯に向き合い，本当の自分らしさを模索する道がもたらされているとも言えるのかもしれない。このような状況の若者たちのキャリア形成はいかにあるべきか。そして，それを支えるキャリア教育はいかにあるべきかについて，新たな視点が求められている。

▷10　キャリア教育
中央教育審議会答申「今後の学校におけるキャリア教育・職業教育の在り方について」において，キャリア教育とは，「一人一人の社会的・職業的自立に向け，必要な基盤となる能力や態度を育てることを通して，キャリア発達を促す教育」であると示されている。キャリア発達とは，同答申において「社会の中で自分の役割を果たしながら，自分らしい生き方を実現していく過程」とされており，同一性の問題と密接にかかわっていると指摘できる。

第4章 子どもの発達段階とその課題

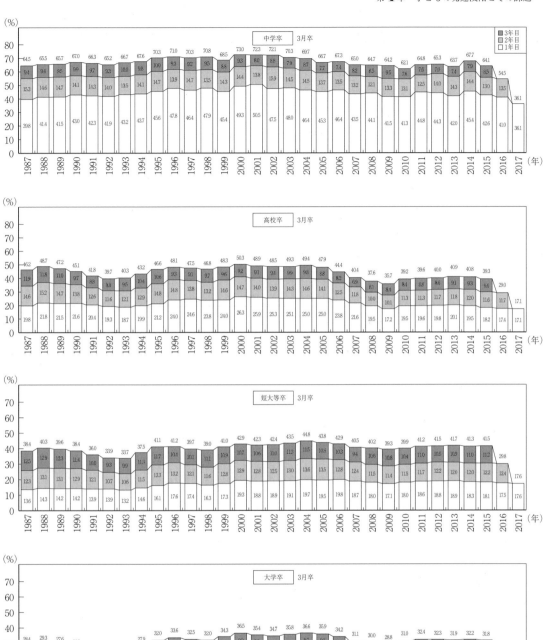

図4-3 新規学卒就職者の在職期間別離職率の推移

注：事業所からハローワークに対して，新規学卒就職者として雇用保険の加入届が提出された新規被保険者資格取得者の生年月日，資格取得加入日等，資格取得理由から各学歴ごとに新規学校卒業者と推定される就職者数を算出し，さらにその離職日から離職者数・離職率を算出している。3年目までの離職率は，四捨五入の関係で1年目，2年目，3年目の離職率の合計と一致しないことがある。

出所：厚生労働省（2018）。

Exercise

① さまざまな心理学者が述べている発達段階を，年齢によって整理し，表にまとめてみよう。
② 乳幼児期の愛着の形成不全が，生涯にわたってどのような問題をもたらすのかについて，具体的な問題を調べてみよう。
③ 自らが志望する進路は，自らの同一性の確立とどのようにかかわっているかについて，自分を振り返って考えてみよう。

📖 次への一冊

エリクソン, E. H.・エリクソン, J. M., 村瀬孝雄・近藤邦夫訳『ライフサイクル，その完結〈増補版〉』みすず書房，2001年。
　　エリクソンの晩年の著書である。エリクソン自身の言葉を読むことで，エリクソンが発達やその課題をどのように捉えていたのかを詳しく知ることができる。
下條信輔『まなざしの誕生』新曜社，2006年。
　　赤ちゃんはどのように心を発達させていくのか。赤ちゃんはどのように世界とかかわり，世界を把握して学んでいくのか。初期発達の重要性を再認識させられる著書である。
渡辺弥生『子どもの「10歳の壁」とは何か？──乗りこえるための発達心理学』光文社，2011年。
　　認知や感情，友達関係といったさまざまな観点から，10歳頃の発達的重要性を再確認している。そのうえで，この頃の子どもたちをどのように支えていくべきかを考察している著書である。
笠原嘉『再び「青年期」について　笠原嘉臨床論集』みすず書房，2011年。
　　精神科医としての臨床経験をもとに，青年の心理的課題に早くから着目した著者の青年期論の集成である。「ひきこもり」を論じた書下ろしも加えられ，青年期論を深く学べる。
下山晴彦・丹野義彦編『講座臨床心理学5　発達臨床心理学』東京大学出版会，2001年。
　　学童期の不登校や，青年期のアイデンティティ危機など，出生前から死に至るまで，各発達段階で出会いやすい心理的な課題を解説し，その支援のあり方を論じている。

引用・参考文献

Ainsworth, M. D. S., Blehar, M. C., Waters, E., & Wall, S. N., *Patterns of Attachment: A Psychological Study of the Strange Situation*, Lawrence Erlbaum Associates, 1978.
ベネッセ教育総合研究所「速報版『第2回 放課後の生活時間調査』子どもたちの時間の使い方［意識と実態］」2014年。http://berd.benesse.jp/up_images/research/2014_houkago_

all.pdf（2018年11月14日閲覧）

ボウルビィ, J., 黒田実郎・大羽蓁・岡田洋子・黒田聖一訳『母子関係の理論Ⅰ　愛着行動』岩崎学術出版社，1976年。

エリクソン, E. H., 仁科弥生訳『幼児期と社会』みすず書房，1977年。

エリクソン, E. H., エリクソン, J. M., 村瀬孝雄・近藤邦夫訳『ライフサイクル，その完結〈増補版〉』みすず書房，2001年。

フロイト, S., 新宮一成・鷲田清一・道籏泰三・高田珠樹・須藤訓任編『フロイト全集6』岩波書店，2009年。

Harlow, H. F. "Love in infant monkeys," *Scientific American*, 200, 1959, pp. 68-74.

ハーロー, H. F.・メアーズ, C., 梶田正巳・酒井亮爾・中野靖彦訳『ヒューマン・モデル――サルの学習と愛情』黎明書房，1985年。

ハヴィガースト, R. J., 荘司雅子監訳『人間の発達課題と教育』玉川大学出版部，1995年。

Hollingworth, L. S. *The psychology of the adolescent*, D. Appleton Century Company, 1928.

保坂亨「児童期・思春期の発達」下山晴彦編『教育心理学Ⅱ　発達と臨床援助の心理学』東京大学出版会，1998年，103～125ページ。

保坂亨・岡村達也「キャンパス・エンカウンター・グループの発達的治療的意義の検討」『心理臨床学研究』4，1986年，17～26ページ。

笠原嘉『青年期――精神病理学から』中央公論新社，1977年。

厚生労働省「平成25年若年者雇用実態調査の概況」2014年。http://www.mhlw.go.jp/toukei/list/dl/4-21c-jyakunenkoyou-h25_gaikyou.pdf（2018年11月14日閲覧）

厚生労働省「新規学卒者の離職状況」2018年。http://www.mhlw.go.jp/stf/seisakunitsuite/bunya/0000137940.html（2018年11月14日閲覧）

大石史博編『テキスト心理学』ナカニシヤ出版，2015年。

労働政策研究・研修機構「労働政策研究報告書　No.148　大都市の若者の就業行動と意識の展開――『第3回若者のワークスタイル調査』から」2012年。http://www.jil.go.jp/institute/reports/2012/0148.html（2018年11月14日閲覧）

ピアジェ, J., 波多野完治・滝沢武久訳『知能の心理学』みすず書房，1967年。

ピアジェ, J., 中垣啓訳『ピアジェに学ぶ認知発達の科学』北大路書房，2007年。

ルソー, J.-J., 長尾十三二・原聰介・永治日出雄・桑原敏明訳『エミール2』明治図書出版，1968年。

コラム④

遊びと発達

　子どもの発達にとって，遊びは重要な役割を果たしていると言われている。それは，子どもの心理療法では「遊戯療法」の適用が一般的になされていることからも推測され，遊びそのものに成長促進的な機能が備わっていると考えられている。

　例えば，走り回るような身体全体を使った遊びは，身体機能や運動能力の成長に大きく寄与していると考えられる。また，手先の細かな運動をともなう遊びは，器用さを促進するものであると言えるだろう。さらに，サッカーなどのゲーム性の強い遊びを行うことは，ルールを順守する態度を身につけたり，他者と競争して達成感を得たり，仲間と協力し合う大切さを理解したりすることなどに結びついているだろう。また，自分のしたい遊びをすることは，自分の欲求を見つめ，想像力を膨らませ，また自己主張し，欲求をうまく発散していくことにほかならない。このように，遊びには，自然と子どもを成長させていくさまざまな仕掛けが用意されていると言える。

　子どもの発達に重要な影響をもたらすと考えられる遊びであるが，近年ではその変質に注目が集まっている。まず，その第一は，遊びの機会の減少である。子どもたちの放課後の過ごし方を調査した結果によると，多くの子どもたちが部活動に加入し，学習塾や習い事に通う一方で，人と接する機会は減少していることが示されている（ベネッセ教育総合研究所，2014）。そして，多くの子どもたちが多忙感や疲労感を抱えていることも明らかとなった（ベネッセ教育総合研究所，2014）。

　また，第二に注目されることは，遊び内容の変化である。先述のように，対面して遊ぶ機会は減少しているかもしれないが，ゲーム機器やスマートフォンなどをインターネットに接続し，オンライン上の仲間と対戦したり，あるいは協力して攻略したりするような遊びの形態は一般化している。その場合，実際に知っている人だけではなく，オンライン上でしか交流のない仲間との遊びを楽しんでいる場合もある。

　以上のような遊びの変化は，子どもたちにどのような影響をもたらすのであろうか。この疑問を解決するためには，社会環境の変化，子どもたちの発達状況の変化，子どもの遊び状況の変化の関連性を，長期にわたって検討していく必要がある。ただし，その際，変化はけっして悪いことばかりでも，よいことばかりでもないことに注意する必要があるだろう。例えば，一部の子どもにとっては，オンライン上の遊びが最も居心地がよいと感じられる状況もある。私たち大人には，子どもと遊びをめぐる現実の状況を直視し，よりよい発達を促すための支援策を常に模索し続けることが求められている。

第5章
子ども理解の意義と方法

〈この章のポイント〉
　子ども理解とは，子どもを保護し支援・育成する立場にある大人が，より適切な指導や支援を行えるように，子ども一人ひとりに関する情報をさまざまな方法で収集し，それらの意味を多様な観点から探ることで，子どもの状態を客観的かつ総合的に把握するプロセスをさす。教師には子ども理解の力が不可欠で，誤ると子どもの成長を阻害しかねない。本章では，子ども理解を試み，よりよい成長支援の手立てを考え実行することを繰り返しながら，総合的に子ども理解を深めていくことの意義と方法について学ぶ。また，個々の教師の努力のみならず，園・学校の教師同士が組織的に子ども理解を深めあう取り組みの効果についても解説する。

1　子ども理解とは

1　子ども理解の定義

　子ども理解は，教育相談の中核をなす概念である。小学校の新学習指導要領解説には，子ども理解について，「児童一人一人の実態を把握すること」であり，「一人一人の児童を客観的かつ総合的に認識すること」(文部科学省，2018，96ページ)と説明してある。これを定義として整理するならば，子ども理解とは，(1)子ども一人ひとりの情報を集め，(2)それらの意味を考えることを繰り返して，(3)子どもの状態を客観的かつ総合的に把握するいとなみと言える。アドラー心理学の創始者のアルフレッド・アドラーは，子ども理解について，「子どもに共感し，子どもと自分を同一視すること……もしも私がこの子どもと同じ状況にいて，同じ立場に立てば，同じ事をするであろうし，同じ状況では同じような誤りを犯し，同じ行動の目標を立てるであろう，と共感することができれば，そのことが，子どもを理解したということ」と語っている(アドラー，2008，112～113ページ)。このように，子ども理解とは，子どもを冷静に分析することなどではなく，大人が共感と想像力を駆使して，その子どもの心情や行動をわかろうとすることなのである。

▷1　「子ども理解」という時の「子ども」は18歳以下のすべての者をさす。学齢前の子どもには幼児理解，小学生には児童理解，中高生には生徒理解という語を用いる時もある。子ども理解を行うのは，その子どもを保護・育成する立場の大人である。本章では，園・保育所，学校，学童保育所などで保育や教育に携わる教師や保育士等を「子ども理解」を行う者とし，「教師」と呼ぶこととする。

▷2　アルフレッド・アドラー(A. Adler, 1870～1937)オーストリア生まれの心理学者・精神科医。人間は，理性と感情，意識と無意識，身体と心というふうには分割できない全体としての個人である，という考え方から「個人心理学」を打ち立てた。

2　「子ども理解」の歴史

「子ども理解」が重視されるようになったのは近年になってからである。

アリエス[3]によると，ヨーロッパでは中世まで「子ども」という概念さえ存在しなかったという。兄弟や親の死によって家族が大きく変化する可能性が高い多産多死型社会で，子どもは家族から早々に離れて，社会の労働力となっていった。18世紀になると死亡率が下がり，多産少死型社会になって以前より家族形態が安定し，子どもはその家系の後継者として期待され，子どもの存在が認められるようになった。子どもは一定の段階を追って発達する存在という認識が普及し，大人への生活の準備としての教育が必要とされ，家長は子どもを保護・監督するようになった。

現代の，少なく生んで丁寧に育てる少産少死型社会に移行すると，すべての子どもが，幸福に生きる権利と，健全な成長と発達を遂げるための保護と教育を受ける権利とを有する，という考え方が受け入れられるようになった[4]。できるだけその子どもの自律性・主体性を育てる・引き出す教育が求められるようになり，ここで初めて，現在のような「子ども理解」の力が親や教師に求められるようになったのである。

▷3　フィリップ・アリエス（P. Ariès, 1914～84）フランスの歴史学者。著書『〈子供〉の誕生』（1960年）では，ヨーロッパ中世から18世紀にいたる期間の，日々の生活への注視・観察から，〈子供〉の発見は近代の出来事であることを明らかにしている。

▷4　子どもの保護と人権の考え方については，国際連盟の「ジュネーブ宣言」（1923年）や，ユニセフの「児童の権利条約」（1959年）に示されている。日本は「児童の権利に関する条約」（1989年）を1994年に批准している。

3　子ども理解の意義

① 子どもの教育に不可欠

子ども理解は，教師が子どもの成長・発達への教育的支援とその判断を行うために欠かせないものである。とくに幼児は自分自身を言葉で表現する力が不十分であるため言葉以外の表現を多元的に捉える力が求められる。高嶋ら（2011, 1ページ）は，「保育というのは子どもを理解することから始まる」として，一人ひとりの幼児が「今ここ」で経験していること，味わっていること，そしてそれがその幼児にとってもっている「意味」を言葉以外の情報から捉え，それらを繰り返すことの重要性を示している。それは幼児期以外の子ども理解においても同様である。

② 子どもとの信頼関係に不可欠

子どもとの信頼関係を作るうえでも，子ども理解を深めようとする教師の姿勢は大事である。教師の子ども理解の深まりが教師と子どもの信頼関係を促進する。近藤（1997）は，教師の子ども理解が深まるにつれて，子どもとの関係が改善するだけでなく，子ども自身の成長も促進されることを明らかにしている。子どもを理解しようとする教師の丁寧で温かいまなざしは，子どもとの間に安全安心な関係を育む。それは子どもの成長を支える基盤となっていくのである。

③ 教師の力量向上に不可欠

教師が「子ども理解」の力を高めることは，教師の力量を高めることでもある。子ども理解の力は，授業，学級活動，生徒指導等，教育のあらゆる場面で教師に必要とされている力である。秋田（1994）は，ベテラン教師は子どもの学習状況を読み取りながら授業を行っているが，子ども理解が十分ではない新任教師には難しいことを明らかにした。教師のライフコース研究によると，経験が浅い教師は「児童・生徒との日常の交流」と「経験豊かな先輩教師のアドバイス」から教育の方法を身につけているという（山崎，1994）。新任教師は先輩の教師からも子ども理解を学んでいることが推察される。

これらのことからも，子ども理解の力は教師の力量の重要な部分であり，教師は「子ども理解」を深める努力をし続けなければならないことがわかる。

4 子ども理解の留意点

子どもの行動が一つの要因から説明できることはあまり多くない。だから多元的・総合的に子どもを理解し続けようとすることが大切になる。岡本（1993）が子ども理解の際の視点として提唱している「全体性」「関係性」「状況性」「時間性」の枠組みを用いて留意点を整理したい。

① 全体性：一人の子どもの全体像を把握する

「子ども理解」は一人の人間としての全体像の把握を目指す。しかし複雑な一人の人間全体を把握するのは困難なことである。だから自分の理解は子どもの一部であることを常に自覚して，それらの子ども理解のパーツを積み上げ，子どもの全体像へ近づく手立てを探り続けることが必要である。

② 関係性：子どもと周囲との関係も見る

人間の行動は対人関係的な場で展開される。精神発達や自我形成は他者との交流を抜きにしたところではありえない。

教師は子どもと自分自身との関係を基本に子どもの関係性を認識しがちだが，それ以外の関係も見ていく必要がある。学級内や家庭内の子どもは，教師に対するのとは異なる姿を見せることは多い。子どもと周囲との関係性には，それぞれ背景や理由がある。それらを総合的に見ていくことは大事である。

③ 状況性：子どもの行動は，さまざまな状況の影響を受けている

子どもの行動は状況の影響を受ける。家庭や学校の状況だけでなく，大きくは社会の文化や変化も子どもの行動に影響を与える。子ども本人の個性であるとばかり考えるのでなく，状況の影響も含めて，多元的・総合的に子ども理解を進めるようにすることが重要である。

なお，教師との面談の場面や心理検査といった状況も，子どもにとっては非日常であり，ふだんとは異なる心理状態になる。だから，子ども理解のために

▷5 秋田（1994）は，ベテラン教師と新任教師が同じ授業のビデオを見ながら発言するという方法を用いた研究を行い，新任教師が教える側の視点で事実を見る（板書は黙って書く，等）のに対し，ベテラン教師は子ども一人ひとりがどう学んでいるか，どのような理解の仕方をしているかという学ぶ側のプロセスと行動の意味を読み取ろうとしていたという。ベテラン教師はビデオの子どもの姿から学びの状態把握と意味づけという「子ども理解」を行っているのである。

情報を得ようとしている時には，その子どもの自然な姿が捉えられるような安全安心な環境づくりの努力や，教師が情報を得ることの子どもにとってのメリットを説明することも大切になってくる。

④ 時間性：子どもは成長しつづける存在である

子どもは成長し変化する。だから，子ども理解は，子どもの情報を集めることと，それらの情報の意味を考えることが何度も繰り返され，修正され続けるプロセスであることに留意する必要がある。また，子どもの平均的な発達を知っていることは大切である。そのうえで，生物的（身体的な成長），社会的（学校・家庭状況），心理的（発達）な観点から，長期的・総合的に子ども理解を継続することが教師には求められる。

2　子ども理解の方法

1　情報を集める

▷6　山田（2011）の「3つの層」を，再登校の事例を用いて説明すると以下のようになる。
・不登校状態の生徒が茶髪にピアスという校則違反の服装で登校した。→［第1層］誰からもすぐ見える行動や様子。
・久しぶりの登校は不安で，生徒にとって勇気が必要な状況のようだ。→［第2層］一歩踏み込んだ観察や聞き取りなどから見えてくるもの。
・茶髪とピアスは生徒の不安を隠し他者から自身を守る鎧の役目を果たす。→［第3層］子どもが心を開いてくれないとなかなか見ることができない心の内面。
誰でも見える姿だけを見ている第1層は，まだ子ども理解ではない。この事例でいえば，生徒の再登校の不安に気づく第2層から子ども理解は始まる。第3層の，行動の意味を探るところで，子ども理解を深めている。

子ども理解のための情報は，総合的に子どもの状態を把握しつつ，教師として成長・発達支援につなぐ働きかけを行うために用いられる。だから，情報から子どもの行動の意味を想像し，現在の働きかけが正しいかどうかを確認するためにさらに情報を集めていくことが求められる。

教師が子どもの情報を集める際には，観察や面談が中心になる。また，学習や出席の状況も心理検査等のデータも子ども理解の重要な情報となる。

① 観　察

観察は，教師にとって子ども理解の中心的な情報となる。行動，表情，周囲との関係の取り方を観察しながら，教師は子どもの内面を想像し，その子どもに合った支援を選択する。山田（2011，6ページ）は，子ども理解における観察について，誰からもすぐ見える層，一歩踏み込んだ観察や聞き取りから見えてくる層，子どもの心の奥の層の三つを示し，すべての層を意識しながら観察する重要性を述べている。

第3層は，なかなか本人からは語ってもらえない心理である。しかし，語ってもらうのを待っているわけにもいかない。第1層と第2層から常に第3層を推理し，情報を集めてそれらを確認していくいとなみが子ども理解なのである。言語表現が不十分な幼児期の子どもにはとくに，推察が欠かせない。子ども理解は，常に第1層の奥にある層を想像しながら観察することが求められるのである。

② 面接（面談・対話）

直接話を聞くことで子どもから情報を得る機会は，園・学校の日常にたくさ

んある。子どもが話す内容だけでなく，声の調子，表情，状況，態度から子どもの内面を想像し，子ども理解を深めていくのは，観察の時と同様に重要である。観察と異なるのは，教師から理解してもらえた，と子どもが感じる機会になり得る点である。廊下での短い話であっても，教師側が子どもの言葉と心を受け止めてくれたという感覚を子どもが持ったならば，それは教師と子どもとの関係向上や子ども自身の園・学校への適応支援につながる。

保護者面談も子ども理解のための情報収集の機会となる。教師は同年代の子どもたちの育ちを見ているが，保護者は一人の子どもの長い成長過程を見ているし，保護者もまた教師の目から見える客観的なわが子の成長を知って保護者自身の子ども理解に役立てたいと思うものである。したがって教師はまず保護者に，その子どもの成長の姿を具体的かつ肯定的に伝えるところから面談を始めることを心がけ，保護者の子ども理解も聞き取ってほしい。保護者からの情報も参考にして子どもの成長を支えてくれる教師だと保護者から感じてもらえることが，関係づくりのスタートともなる（諸富，2011；古川，2013）。

子どもの情報が園・学校の同僚との対話によってもたらされることは多い。子どもの情報が担任に集まるようになっていると，担任の子ども理解が深まるだけでなく，情報交流のなかで子ども理解が共有されることにもなる。

③ データ

子どものデータとは，ここでは，観察・面談以外の方法で取得する情報をさす。園・学校に蓄積されるデータ（出席や健康状態，提出物・作品・成績といった学習状況など）と，子ども理解を深めるために求めるデータ（心理テストなど）とがある。これらのデータは，子どもを客観的に理解しようとする時の参考になる。保護者や専門機関等と協力して子ども理解を共有することが子どもにとって良い結果になることもあるため，担任にはこれらのデータを整理し，必要がある場合に取り出せるようにしておくことが求められる。

2　子どもの問題行動の意味を考える

子どもの問題行動の背景を一つだけの理由で説明できることはほとんどない。だから，子どもを，生物的・心理的・社会的な観点から総合的に理解しようとする姿勢は大事である。

① 生物的・社会的観点

問題行動をおこす子どもを理解する際には，まず身体的な要因をチェックしたい。問題行動の背景に病気や障害が隠れている場合があるからである。

不登校や中途退学の生徒のなかには，抑うつ障害や統合失調症スペクトラム障害といった精神疾患が関係しているケースがある。世界保健機構（WHO）の調査によると自殺者の90％以上が何らかの精神疾患の状態であったと報告され

▷7　文科省が問題行動として統計をとっているのは，暴力行為，いじめ，不登校，高校の中途退学，自殺であるが，ここでは，不適応，暴力的な言動，迷惑行為，怠惰等，子どもの年齢に不相応で不適切な行動も含める。

ている（内海, 2016, 118ページ）。

　問題行動が発達障害の影響を受けている場合もある。発達障害は合理的配慮に基づく教育的支援の対象であり、周囲の理解と環境調整が問題行動を低減させる可能性は大きい。

　生活習慣が身体に影響を与えている場合もある。井原（2015, 214ページ）は「うつ状態」や、朝起きられない「起立性調節障害」と診断された子どもでも、起床・睡眠リズム（睡眠相）を整えると症状が改善することは多いと語る。「目覚めてから、中学生なら16時間、高校生なら17時間しないと眠くなりません。ですから宵っ張りの朝寝坊を直すには、早起きするしかないのです。わずか1日だけ早起きして、その後、16～17時間眠らないで耐える。そうすれば、夜遅くならないうちに自然と眠くなります。ヒトの体は16～17時間以上眠らないで起き続けていることはできないように設定されているのです。それともう一つ。朝起きたら太陽の光を入れることです。体内時計は光にとても敏感です。睡眠相を正すには朝の光は極めて重要です」。実践としては、堺市の中学校で、生徒に睡眠の大切さを伝え早寝をうながす「睡眠教育」に取り組んだところ、欠席が多い生徒の4割で改善が認められたというものもある。◁8

　社会的観点とは、児童の置かれている環境に視点を置くものである。問題行動の陰にいじめや虐待があったという場合もある。虐待やいじめなどの環境的な面については、教師は早期発見しやすい場にいる。児童虐待防止法やいじめ予防対策推進法など、教師の行動指針が法的に示されてもいる。

　以上のように、教師が身体的・社会的な視点から観察を行うことは、子ども理解に必要なことではあるが、それには教師が症状にかかわる知識をもっていることが必要になる。もちろん、身体的な面において医師ではない教師が診断にかかわる発言をすることはできない。しかし、医療につないだり、医療専門家からアドバイスを受けたりしながら支援することはできる。文部科学省は、多様な専門職が学校に参画する「チーム学校」◁9事業を推進している。医療・心理・福祉の専門家が学校で教師から生徒の様子を聞いたり子どもの様子を観察したりということが可能になる「チーム学校」制度が構築されることは、教師側の知識が不足していても身体的な要因の早期発見や、病気や障害に適合した合理的な支援の推進につながることが予想できる。

② アドラー心理学を活用した子ども理解

　心理学の理論は、子どもの問題行動の背景や意味を探り、改善のための支援を考える時の指針になる。子どもを多面的に理解するためには、複数の心理学的視点から子どもを観察し支援できることが望ましい。そのような心理学の一つとして、ここでは、学校で活用しやすいアドラー心理学を紹介する。アドラーは、第一次世界大戦後のウィーンで、戦災孤児や非行少年の相談活動を通

▷8　「睡眠教育午前0時までに寝れば欠席減少…堺市の中学校」『毎日新聞』2016年1月9日付。

▷9　中央教育審議会の「チームとしての学校・教職員の在り方に関する作業部会」は、答申（2015年）で、SCやSSW、ICT支援員、学校司書、ALT、部活動指導員、特別支援教育に関するサポートスタッフなど、多様な専門能力をもつスタッフが当たり前に学校に配置され、学校とかかわり、活躍できる環境を充実していく「チーム学校」推進を提言した。

して心理学理論を構築してきた。したがってアドラー心理学には，問題行動の意味を考える時のヒントが多く含まれているのである。

(1)不適応の背景を探る

アドラーは，人間は一人では生きられない社会的存在である，と考えた。自分だけでなく他者にも関心をもち協力しあう人たちの集合体としての共同体において，人間は豊かで幸せな人生を送ることができる。そのような共同体を支える人々には「共同体感覚」があり（野田，2016，2279～2280ページ），その基盤となるのは，「愛情（家族愛）」「友情（人間関係）」「仕事（他者貢献）」の３つの「ライフタスク」の達成である（図5-1；野田，2016，1437ページ）。そして，「ライフタスク」が達成できていないとそれだけ「共同体感覚」は育ちにくく，所属する集団への適応に困難を抱え，問題行動につながることも多い，と考えたのである（野田，1989，233～263ページ）。

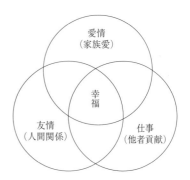

図5-1　アドラー心理学「３つのライフタスク」
出所：筆者作成。

「愛情」は，成人の場合は愛と結婚になるが，子どもの場合は家族愛と位置づけられる。子どもの場合は，親からの見返りを求めない愛情として与えられる。子どもはこのような保護と愛情のなかで，最初に親を仲間として認識し，愛される価値がある存在としての自己受容や自己肯定感を育んでいく。

「友情」は周囲の人たちとの良い人間関係である。そのためには，共感，協力などの力が必要になる。「愛情」の次の段階として，子どもから親に向けられている関心を周囲の人たちにも広げる役割を親が果たすことで，他者への関心をうながし，「友情」の達成を支援することが求められる。

「仕事」は，金銭がかかわらないものも含めて所属集団への貢献を意味する。所属する集団に役立つことでその集団のなかに居場所を作ることができるようになる。子どもの場合は学級での係の仕事，家での家事分担，ボランティア活動など，貢献や協力はすべて仕事と考えることができる。子どもにとっての学習は，育てた能力を将来よい形で社会に返していくことが期待されているのでこれも「仕事」といえる。

学校や園で適応し，適切な行動ができるためには，その時点でこれらの課題が年齢相応に達成され，共同体感覚が育っていることが求められる。課題が１つ欠けるとそれだけ子どもの不適応感は増す。とくに，３つの課題とも達成できなくなった子どもは苦しい。家庭にも園・学校にも居場所を見いだせなくなった子どもの不適応感は最大になり，問題行動の危険も高まるのである。

表5-1は，「３つのライフタスク」の課題の達成に応じた，教師から見える子どもの姿の例である。これらの視点は子どもの問題行動の背景を探る際に活用できる。

▷10　アドラーは共同体感覚について，①「私は共同体の一員だ」という所属感，②「共同体は私のために役にたってくれるんだ」という安全感や信頼感，③「私は共同体のために役立つことができる」という貢献感，の３つの要素がある，と説明している。

▷11　ライフタスク
人間が人生で取り組まねばならない課題のこと。

▷12　アドラーは，ライフタスクが達成できていないことと問題行動には関連があるとし，大人は子どもがライフタスクを達成できるように接するべき，と考えた。アドラーは『教育困難な子どもたち』という著書のなかで「私たちは，子どもが要求されたことを成し遂げることができないとしても，子どもには罪がないという認識に十分立ちました。なぜならその子どもは学んでいなかったのであり，準備ができていないからです」と述べている（アドラー，2008，113～114ページ）。

表5-1　アドラー心理学「3つのライフタスク」の課題達成度と子どもの状態像

愛情	友情	仕事	教師からみえる子どもの印象の例
○	○	○	学校が好き。何ごとにも責任をもって積極的に取り組み，友人関係も良好。情緒的にも安定。
○	○	×	勉強が苦手，または仕事がいい加減。でも友人関係は問題なく，学級のムードメーカーで憎めない。
○	×	○	友達はあまりいないが，まじめで安定している。
×	○	○	学校では適応しているが，情緒的に不安定な印象を受ける。放課後なかなか家に帰りたがらない。
×	×	○	孤独に勉強や部活などに打ち込む。過度な競争意識がある。不適応気味な印象を受ける。
×	○	×	友人はいるが，学校の学習や係の仕事にまじめに取り組まない。精神的に不安定。
○	×	×	不登校（気味）。不適応。
×	×	×	自室に鍵をかけて引きこもり。家出など，所属する集団からの離脱。

出所：筆者作成。　　　　　　　　　　　　　　　　　　　　　　　　　　　　　　（達成○　未達成×）

　子どものライフタスクの達成のために学校ができる支援は多い。「仕事」が欠けていると推察できる子どもには，学習支援で得意科目の力をさらに伸ばしたり，係活動などで他者貢献の機会をつくる，などの働きかけが考えられる。「友情」が欠けている子どもには，話が合いそうな子どもと座席が近くなるようにしたり，その子どもの良さを周囲の子どもたちに伝えたりできる。「愛情」が欠けている子どもには，本物の親の愛と代わることはできないが，教師が温かく接することで，少しは補える。

(2)問題行動の意味を考える

　社会的な存在としての人間にとって，所属する集団に受け入れられ，居心地良くいられるかどうかは切実な問題である。アドラー心理学の研究者で精神科医である野田俊作は，所属欲求は人間の最も根源的な欲求であり，生存の欲求より強い。そして，競争原理が支配するクラスでは所属欲求を満たすことができない教室において，子どもの問題行動が発生することは多いとした。すべての子どもが居心地良くいられる共同的な学級作りを目指すとともに，子どもがライフタスクを達成できるような機会を作ることを提言している（野田，1989，46ページ）。

(3)教師と子どもの関係の悪化

　子どもの所属欲求からくる不適切な行動が，教師との関係悪化につながることはしばしばある。教室に居場所が感じられない子どもは，①賞賛を求める，②注目を引く，③権力闘争をしかける，④復讐する，⑤無能力を誇示する，の5つの作戦に出る，と野田（1989，46〜67ページ）は述べる。居場所のない子どもは，①賞賛を得る（教師からほめられる）ことで，「先生のお気に入り」の地位を獲得して自分の立場を確保しようとする。それが無理な子どもは，②注目を引く（叱られてもいいので目立とうとする）ことを考えて，さわぐ，怠ける，泣く，などの行動に出る。教師の方はそういう子どもに対して，時間をとられて手がかかるが憎めない子どもである，と感じる。教師が強く叱るなどしてその

作戦がうまくいかなくなると，③権力闘争をしかける（教師に反抗することでその場を支配して居場所を得る）段階に入る。教師の方は子どもを正したいと感じ，反抗的な子どもに怒りを感じる。子どもの方も仲間を集めて抵抗するなどし，教師と子どもは対立する。子どもとの権力闘争に教師が勝つと，子どもは，④復讐する（自分を拒否する教師に仕返しをする）段階に入る。子どもから復讐を仕掛けられた教師は傷つく。恐怖や嫌悪感を覚え，その子どもとかかわってもこじれるだけなのでかかわりたくない，と感じるようになる。この段階になると，復讐の対象が学級に適応している他の子どもたちにも向かうこともしばしばで，教師と子どもという当事者同士で解決するのはかなり難しくなる。全校体制で不適切な行動を止める対応をすることになり，復讐をあきらめた子どもは最後に，⑤無能力の誇示（見捨ててもらおうとする）段階に入る。学級への所属をあきらめ，意欲も気力もみせず，成績も芳しくなくなる。教師は子どもに建設的なことは行わせられないし，心の交流ももてないと感じるのである。

　アドラー心理学のこのような理論からは，すべての子どもが所属感を得るための学級づくりこそが子どもの問題行動や教師と子どもの関係悪化の予防になることを示している。②注目を引く段階になった時には，適切な行動の方に注目するとともに，競争ではなく協力しあう民主的な学級を作ることが重要になると野田は述べる。③権力闘争で教師が戦いに勝つことによって，④復讐や，⑤無能力の誇示に移行する危険があることを理解し，子ども理解をより深めて問題行動の意味を検討してほしいとも言う（野田，1989）。

　このように子ども一人ひとりをアドラー心理学の枠組みで理解しようとすれば問題行動への適切な対応や予防策が見えてくる。「3つのタスク」の達成を助けることで，共同体感覚の発達をうながし，適応に向かわせる方策も考えられる。とくに「仕事」はまさに園・学校の専門領域であり，学習支援や他者貢献の機会を作ることで課題達成を補うことが考えられる。

　アドラー心理学をはじめとする，さまざまな心理学の枠組みは対応に苦慮する時に新しい子ども理解を助け，問題解決や支援の選択肢を広げてくれるのである。

3　子ども理解力を高める

1　教師を目指す学生の学び

　教師を目指す大学生が子ども理解の力をつけるためにできることは，以下の3点が考えられる。
　第一は，心理学や教育学の理論を学ぶことである。本章でも述べたとおり，

子ども理解を行う際の枠組みとして，アドラー心理学をはじめ，多くの学問的な理論を複数理解していることは，教師になった時の子ども理解を助ける。

第二は，安定して子どもの成長支援を行うために，自分自身のライフタスクの達成に努めることである。「愛情」は与える側にもなってほしいし，「友情」のなかで共感力や人間関係の問題を解決したり仲間と協力して何かを成し遂げたり，という機会を多くもってほしい。主体的に学ぶこと，他者貢献やボランティアなどの社会貢献を行うことは「仕事」の達成につながり，これらが子ども理解を深めるための重要な経験となっていく。

第三は，子どもと接する活動を積極的に行うことである。日本の教育実習期間は他の国々と比較すると大変短い。子ども理解の力をつけるには，教育実習だけでは足りない。学習支援ボランティアなどで日常的に子どもと接し，出会った子どもの行動の背景を，現場の大人や大学の教師，専門家にも意見を聞くなどしながらあとで検討することが，子ども理解の力を育てるのである。

2　教師として子ども理解を深める学び

① 実践の省察と子ども理解の共有

子ども理解はその教師自身の価値観，教師と子どもとの関係性などから影響を受け，支援の見通しにも影響を与える。ショーン（2001）は，専門家は実践と省察との循環のなかで専門職としての多角的な視点を獲得しながら成長する，と考えた。そうであれば，教師が子ども理解を深め，それを教育や成長支援につなぐためには，教師自身のあり方や実践への省察が不可欠になる。そのような省察は，一人では難しい。子ども理解が大切にされている学校・園では，子どもの姿を見て感じたことが日常的に職員室で話題になり，複数で検討するということが自然に行われているものである。同僚と子ども理解を検討・共有することは，子どもの全体像に近づくための大事な活動となるばかりでなく，自身の価値観や教師としてのあり方に気づく機会にもなる。

② 観察の記述

子どもの姿を記録し記述することは，子ども理解に有益な方法である。子どもの成長や変化が確認できるうえに，複数の教員で共有する時も支援の手立てを考える時にも効率的に焦点化しやすくなる。なにより，子どもの姿を記述するといういとなみそのものが，教師の子ども理解力を高める。

子どもの言動や出来事（エピソード）を他者にもわかるように書くために，中坪らはエピソード記述（中坪，2012，1～17ページ）というやり方を推奨している。(1)背景（その子どもやエピソードに至るまでの説明），(2)エピソード（事実として捉えた子どもの姿），(3)考察（エピソードから推測できることや記述している教師自身の感情や新しい発見など）の3点セットで記述する。その作業そのものが子

ども理解を深めるのに役立つうえに，この形式で記述すると子ども理解を同僚と共有する時に客観的にわかりやすく伝わる資料となる。

③ ラーニング・ストーリー（Learning Story）

教師は，子どもの問題行動に注目しがちである。それに対して，肯定的な観点から子どもを理解するのに有効なのが，ラーニング・ストーリーという方法である（中坪, 2012, 99～111ページ）。開発者のマーガレット・カー（ワイカト大学）は，表5-2の5つの場面に着目することを推奨している。これらは，環境や人との相互作用のなかで何かに関心を抱き，より深くかかわろうとして自ら取り組んだり参加したりして，肯定的に理解しやすい場面である。

表5-2 ラーニングストーリーの5つの視点

着目する場面	注目の観点
①何かに興味をもっている	「どうしてそんなことをしているのだろう」「なぜそれにこだわっているのだろう」と子どもの気持ちを考える
②夢中になっている	何かに熱中して継続して取り組んでいる様子
③チャレンジしている	子どもが難しいことや新しいことに取り組み努力している様子
④気持ちを表現している	言葉だけでなく，制作物，歌，しぐさなどその子の思いが現れている様子
⑤自分の役割を果たしている	他者に貢献したり，家族や他者とともに何かをしたりしている様子

出所：中坪（2012）をもとに作成。

（写真と）メモで記録し，タイトルをつけてエピソードを記述し，教師の感想や所見を書き入れ，ファイルする。同僚・保護者とも共有することで子ども理解を肯定的に深められ，子どもの成長の記録ともなる。子ども自身ともそのファイルを見ることは，子どものよりよい成長をうながすことにもなる。幼児のみならず，小学校でも活用できる方法である。

3 学校全体として子ども理解を深める学び

学校全体で子ども理解を深めようとする時に，教育相談を担当する教師の役割は大きい。教育相談担当は，困難を抱える子どもを理解する時のリーダーだからだ。教育相談担当の仕事は，(1)同僚に子ども理解に役立つ理論を学んでもらう「研修」活動，(2)相談室を運営，関係者会議を組織し子ども支援の方針を立てる，子どもや保護者と面接する，といった「サポート」活動，(3)学校全体で支援が必要な子どもの共通理解をはかるための「情報共有」活動の3つである。これらの活動はすべて，同僚教師の子ども理解力を高める可能性をもっている。以下に，学びを深めるためのポイントを述べる。

(1) 「研修」：全教員対象に行う教育相談研修のテーマは，教職員にニーズを尋ねて決めたい。学びたいテーマを考えることそのものが，子ども理解に関心をむけることをうながす。また，教育相談担当が研修等で得た知識やお勧めの本などから理論やスキルを定期的に「教育相談ニュース」で紹介

するのも，子ども理解を深めるのに有効である。
(2) 「サポート活動」：「サポートの見える化」は大事である。それが子ども理解を校内に広げる。困難を抱えた子どもを，担任だけでなくスクールカウンセラー・保健室・多くの教職員が連携してサポートすることは，子ども理解の共有につながり，そのマネジメントは，教育相談担当の重要な仕事の一つとなる。
(3) 「情報共有」：共通理解が必要な子どもの情報を学校全体で定期的に共有するためのリストのなかに，支援方針と誰が支援しているかも書き込むことを勧めたい。支援方針は，スクールカウンセラーなどの心理職にリストを見てもらい，助言を得ながら書くとよい。その作業そのものが，教育相談担当の子ども理解力を高める。また，リストの作成が，支援を担任だけでなく複数に広げる調整の場になれば，担任の負担が減るだけでなく，対象の子どもがより多くの教職員に理解される機会にもなるのである。

Exercise

① 教師が子ども理解を誤ると，子どもはどのような気持ちになり，どのような行動をとると考えられるだろうか。経験も踏まえて話し合ってみよう。
② あなたが子ども理解の力をさらにつけるためには，どのようなことができると思うか。具体的に書き出してみよう。
③ 現在気になる子どもについて，生物的（健康状態や発達状況等），社会的（学校・家庭状況等），心理的（ライフタスク等）観点から整理・検討してみよう。

📖次への一冊

田中孝彦『子ども理解　臨床教育学の試み』岩波書店，2009年。
　　子どもの声を聴きながら，個々の子どもが生活と内面の表現を通して自己を形作っていく過程に伴走する「子ども理解」の在り方と重要性について，教育学者が丁寧に書いている。
近藤邦夫・保坂亨・岡村達也編『子どもの成長 教師の成長——学校臨床の展開』東京大学出版会，2000年。
　　子ども理解に根ざした教育をするなかで子どもも教師も変わっていく姿が，授業・部活・保健室・保護者会・教育相談など，学校の各場面を通して描かれている。学校の教師たちと，心理臨床の専門家たちとのコラボ執筆。
野田俊作・萩昌子『クラスはよみがえる——学校教育に生かすアドラー心理学』創元社，1989年。
　　日本アドラー心理学会創始者で精神科医の野田俊作が，教育に苦悩する教師のため

に書いた本。

横湯園子『子ども理解のための十二の月の物語――教育臨床の立場から』新科学出版社，2008年。
　教育と心理臨床に携わってきた著者の子ども理解が繊細なタッチで語られる。子どもの側に立って子どもが何を求めているかわかろうとする難しさと尊さが，さまざまな事例を通して描かれる。

和井田節子『教育相談係どう動きどう楽しむか』ほんの森出版，2005年。
　学校全体で子ども理解を推進し，情報を共有して教育的支援につなぐ組織化のために必要な理論や，それらを運営するのに必要なスキル・マネジメントについて述べている。

引用・参考文献

アドラー，A.，岸見一郎訳『教育困難な子どもたち』アルテ，2008年。
秋田喜代美「熟練教師と初任教師の比較研究」稲垣忠彦・久冨善之編『日本の教師文化』東京大学出版会，1994年，85～96ページ。
アリエス，P.，杉山光信・杉山恵美子訳『〈子供〉の誕生――アンシァン・レジーム期の子供と家族生活』みすず書房，1980年。
古川治編著『学校と保護者の関係づくりをめざすクレーム問題――セカンドステージの保護者からのクレーム対応』教育出版，2013年。
井原裕『うつの8割に薬は無意味』朝日新書，2015年。
岸見一郎『アドラー心理学入門』KKベストセラーズ，1999年。
近藤邦夫「子ども・学校・教師」天野郁男編『教育への問い――現代教育学入門』東京大学出版会，1997年，31～61ページ。
文部科学省『小学校学習指導要領（平成29年告示）解説総則編』東洋館出版社，2018年。
諸富祥彦編集代表『チャートでわかる　カウンセリングテクニックで高める「教師力」第4巻　保護者との信頼関係をつくるカウンセリング』ぎょうせい，2011年。
中坪史典編『子ども理解のメソトロジー』ナカニシヤ出版，2012年。
野田俊作『アドラー心理学を語る1　性格は変えられる』創元社（Kindle版），2016年。
野田俊作・荻昌子『クラスはよみがえる――学校教育に生かすアドラー心理学』創元社，1989年。
岡本夏木「子ども理解と心理学」岡本夏木編著『新・児童心理学講座第17巻子ども理解の視点と方法』金子書房，1993年，9～22ページ。
ショーン，D.，佐藤学・秋田喜代美訳『専門家の知恵――反省的実践家は行為しながら考える』ゆみる出版，2001年。
高嶋景子・砂上史子・森上史朗『子ども理解と援助』ミネルヴァ書房，2011年。
内海雄思「自殺リスクの評価」下山晴彦・中嶋義文編『精神医療・臨床心理の知識と技法』医学書院，2016年。
山田智子『アセスメントと支援の方法』学事出版，2011年。
山崎準二「教師のライフコースと成長――卒業生追跡調査を通して」稲垣忠彦・久冨善之編『日本の教師文化』東京大学出版会，1994年，223～247ページ。

コラム⑤

「となりのトトロ」のメイとさつき

　「となりのトトロ」[1]の物語は，さつき（小6）とメイ（4歳）と父が，入院中の母の病院に近くて空気がきれいな土地に東京から引っ越すところから始まる。引っ越し先の家は古く，子どもたちは「ボロ」「壊れる」といいながら大笑いし，はしゃぐ。2人のテンションは異様に高い。なぜなんだろう，と登場人物に自分を置き換えて想像するところから子ども理解は始まる。子どもは不安だからはしゃぐこともあるのを知っていると姉妹の心が見えてくる。

　そもそも母のための引っ越しである。だから子どもたちは母に心配させないためにも不安を隠して楽しそうにはしゃいでいたとすると，子どもたちのけなげさがさらに見えてくる。引っ越しで忙しい父も，子どもたちの不安を知っているので，はしゃぐのを叱ったりしない。天井から落ちてくる不思議などんぐりを差し出す子どもたちに「りすでもいるのかな」と安心できそうなストーリーを与える。仕事があるとそれを通して居場所ができることを知っているので，「裏の勝手口の鍵を開けて」と父は子どもたちに，仕事を頼んだりするのである。このように子ども理解の視点から観ると，子どもの心を理解している父の言動に支えられて，子どもたちが環境の変化という危機を乗り越えているのがわかる。

　夏，楽しみにしていた母の外泊が中止になったという連絡が入る。メイは「いやだ」と言い続ける。さつきは「風邪を引いてちょっと外泊が延びるだけだから」と説得を試みるが，ついに「じゃあ，お母さんの病気が悪くなって死んじゃってもいいのね」「メイのバカ，もう知らない」と母親役からおりてしまう。メイは「お姉ちゃんのバカ」と大泣きする。このシーンで，自身が兄や姉である学生は「自分もいやだと言いたい気持ちだったので，母親役を務めるゆとりがなくなった」「母の病気は重いのではないかという悪い予感に襲われた」とさつきの立場で解釈するのに対し，弟や妹である学生は「突然なぜ姉から怒られなければならないのか理解できなくて呆然とした」「母の外泊が中止になってパニックになっているのに姉から叱られて自分を保てなくなった」とメイの立場で解釈してくることが多い。双方の意見を聞いて「そうか」と納得する学生の姿に，子ども理解を共有する重要性を改めて感じるのである。

▷1　「となりのトトロ」宮崎駿監督，東宝，1988年公開，上映時間88分。この映画は，子どもの心情描写が自然で，さまざまな解釈が可能な作品となっている。筆者は授業で，この作品を子ども理解の教材として使っている。なお，解釈は以下を参考にしている。光元和憲『内省心理学入門』山王出版，1997年および，光元和憲『母と子への贈り物──ジブリ宮崎駿作品にこめられた思い』かもがわ出版，2013年。

第6章
アセスメントの実際

〈この章のポイント〉
　教育相談では児童生徒が示す行動の背景にある知能，学力，適性，性格，悩み，友人関係，学級環境，家庭環境などに関する資料を収集し，行動に至る要因を明らかにすることが必要とされる。その資料を児童生徒から直接的に収集する方法として観察法，面接法，質問紙調査法，検査法，作品法，事例研究法などがあるが（文部科学省，2010），本章では検査法に焦点をあて，アセスメントで必要とされる検査の種類と解釈に必要とされる基礎的事項について学ぶ。

1　心理検査の種類

1　アセスメントとは

　アセスメントとは，児童生徒が示す行動の背景にある諸情報を収集し，行動に至る要因を明らかにすることである。アセスメントに使用する検査として，測定する属性に応じて知能検査（認知能力検査），学力検査，適性検査，性格検査，適応性検査，学級状態検査などが開発されている。はじめに主要な検査について概観する。

2　知能検査（認知能力検査）

　人間はきわめて高い思考力をもつが，それを知能（intelligence）が支えている。現在の脳画像診断技術の進歩により，脳の各部位と知的機能との関係が少しずつ明らかになってきたが，知能は人間の行動を説明するために構成された仮説的な概念であるから，身長や体重のような直接的な測定ができないので，その定義が難しい。
　知能に関する著名な定義には，ターマンの「抽象的な思考能力」，ウッドローの「能力を獲得する能力」，ディアボーンの「経験から学ぶ能力」，ピントナーの「目新しい状況へ適応能力」，ソーンダイクの「真実や事実という観点から，適切に反応する能力」などがあり，これらの定義をまとめると，知能は「抽象的な思考能力」「学習能力」「環境への適応能力」となる。また，診断的な知能検査を開発したウェクスラーは「目的的に行動し，合理的に思考し，環

▷1　アセスメントと評価
児童生徒に関するさまざまな情報を収集し，行動に至る要因を明らかにすることがアセスメントである。教育評価の分野では assessment を評価と訳すことがあるが，evaluation と同じ訳になってしまうので，二つを区別するためには assessment を「査定」あるいは「アセスメント」と訳すほうがよい。

▷2　測定と評定
対象や事象の量的な属性の大きさを表すために一定の規則に従って数値を割り当てる操作が測定，そして，何らかの基準に従って測定した結果を数値，記号，言語を用いて数段階で表示する操作が評定である。

境を効果的に処理する個人の全体的もしくは総体的能力」としている。

さらに，知能検査で測定されたものが知能であるとするボーリングの操作的定義^{◁3}がある。具体的な行動記述文を用いて知能を詳細に定義したとしても，そのすべてを測定できるわけではないから，ボーリングの定義をあながち無視することはできない。また，知能を単純に一言で認知能力^{◁4}（cognitive ability）とする考えがある（Colman, 2001）。実際，1990年代から，知能に代わって認知能力という語を用いる検査，研究，書籍などが増えている。

知能検査は個別知能検査と集団知能検査に分類される。個別知能検査は検査者が一人ひとりの児童生徒に対して個別に実施し，集団知能検査は教室のような比較的大きなスペースで，多数の児童生徒に対して一斉に実施する。

個別知能検査としてビネー式知能検査，ウェクスラー式知能検査，カウフマン・アセスメント・バッテリーなどがある。フランスでビネーとシモンが1905年に世界で最初に個別知能検査を作成したとされている。個別検査では，検査の実施手順，採点方法，解釈に習熟したうえで，検査者と児童生徒との間でラポール（良好な心理的関係）を築かなくてはいけない。そのため，個別知能検査の実施には専門的な知識と十分な熟練が必要とされる。

米国では1917年にヤーキズが中心となり，第一次世界大戦へ派遣する兵士の選抜と職階の決定，また，士官候補者の選抜などを行うために，集団知能検査として陸軍α式・β式知能検査を開発した。α式検査は言語能力，数的能力，指示理解力，知識などを測定し，β式検査は英語を十分に理解できない外国語話者を対象として，解答に言語を必要としない迷路問題，符号問題，図形の完成問題などから構成された。β式検査は解答に文字を使わないので，文化に依存せずに使用することができるとされる。

日本では，米国の集団知能検査が成功したことを受け，児童生徒用として田中A式・B式知能検査，東大A-S知能検査，京大NX知能検査，教研式新学年別知能検査などが開発された。

３ 学力検査

学力検査は教育目標の到達度を調べる検査であり，標準学力検査と教師自作検査に分類される。

標準学力検査には，児童生徒の学力の高さを全国基準（平均値と散布度）に照らして結果を相対的に解釈する集団基準準拠検査と，観点別学習状況に照らして到達度を絶対的に解釈する目標基準準拠検査がある。二つの標準学力検査は総括的評価^{◁5}を行うために，年度末もしくは年度当初に実施することを前提として作成されている。毎年の同時期に標準学力検査を継続して実施することにより，児童生徒，学校さらに自治体の特徴やそれらの経年的変化を知ることがで

▷3　操作的定義
測定する方法や用具などによって行う概念の定義である。

▷4　認知能力
知識を獲得する過程とその知識，さらに知識を処理する心理的な活動が認知である。また，認知にかかわる遂行能力が認知能力と呼ばれる。

▷5　総括的評価
学期末，学年末などで広い学習範囲について，児童生徒の学習状況の達成度を確認する評価である。

きる。

　標準学力検査と併用する質問紙検査として、学習適応性検査（AAI）や自己向上支援検査（SET）がある。これは児童生徒の学習態度、学習方法、学習環境などを測定して学習不振の原因を探ることができる。

　一方、教師自作検査は教師自らが学校もしくは学級で指導した内容の到達度を調べることができる。そのため、教師が設定した授業目標や内容に合わせて形成的評価[6]を行うことができるという利点がある。

4　適性検査

　適性とは個人がある分野へ進んだ時の成果を決定づける個人的な特性[7]であり、二つに分類される。一つは知能（認知能力）に代表される広い範囲の学習や職業に適用できる汎用的な適性、もう一つは、数学、物理、語学、音楽、体育などを修めようとした時、努力だけでは超えることのできない壁があるが、この壁を作っている領域固有とされる特殊な適性である。特殊な適性には、学業や芸術だけではなく、教師、医師、看護師、運転士（パイロット）、編集者などの職業に対する適否を決める職業適性もある。

　個人の適性を測定する標準検査を適性検査というが、とくに上級学校での適合性を調べる進学適性検査、種々の職業との適合性を調べる職業適性検査、両者の適合性を一つの検査で調べる進路適性検査がある。適性検査は集団検査が多く、進路適性診断システム、進路クラブ、TK式進路コンパス、進路適性検査わくわく、一般職業適性検査（厚生労働省編）、VPI職業興味検査などがある。

　ところで、ある分野に適合できたかどうか、ある状況において成果を発揮できたかどうかを常に児童生徒の属性のみに還元することはできない。適性は個人的な特性であると同時に個人を取り巻く社会の属性であるとも言える（東、2001）。適性の強さは不変ではないが、仮に適性の強さを固定したとしても、その児童生徒が置かれた状況や処遇により、成果は異なる。この現象は米国の心理学者クロンバックによって提起されたもので、適性処遇交互作用（Aptitude Treatment Interaction：ATI）と呼ばれる。

5　性格検査

　人々を区別する行動、感情、認知などの傾向で、個人を特徴づけるものを性格という。性格を説明する立場には類型論と特性論がある。

　内向的か外向的かのように、類型論は人々の間に見られる共通の傾向に着目して、いくつかの典型的なタイプに人々を分類する。古くはクレッチマーの体型類型論、シェルドンの発生的類型論、ユングの内向型―外向型の類型論などがある。類型論は大まかに性格を捉えるので直感的に納得できるが、典型的な

▷6　形成的評価
授業中や単元が終わるごとに狭い学習範囲について、児童生徒のつまずきの有無を確認するために行う評価である。

▷7　特　性
身長や体重のように個人の間で量的に異なる性質を特性という。身長や体重のように直接的に測定できない知能、学力、性格などが特性であるが、未知なる特性なので、潜在特性と呼ぶこともある。

タイプへすべての人々を分類することはできないので，多数の人が典型から除かれてしまうであろう。

一方の特性論は人々があらゆる性格特性をもち，その強さが個人間で量的に異なるとする立場である。その代表的な理論がゴールドバーグによって提唱されたビッグ・ファイブ（Big Five）理論である。研究者によって一部の特性名が異なるが，この理論によれば，文化圏が異なっても個人差を説明する特性が神経症傾向，外向性，開放性（知的好奇心），協調性，誠実性の五つに集約されるという。

性格検査（人格検査）は質問紙法，投影法，作業検査法に分類される。

質問紙法は多数の質問文を提示し，その内容に対してあてはまる程度を3段階ないしは7段階で求め，回答を特性ごとに集計し，特性の強さを測定する（コラム⑥参照）。質問紙法は実施手順，集計方法，結果の解釈法が定まっているので，手引き書どおりに行えば誰も客観的に実施することができる。しかし，児童生徒が社会的に望ましい人物像を描くように偽って回答することができるので，回答が歪んでしまうことがある。そのため，社会的望ましさ反応や虚偽の反応による回答の歪みをチェックする社会的望ましさ尺度や虚偽尺度，さらに，一貫した態度で回答している程度を調べる一貫性尺度などが質問文のなかに密かに挿入されている。

質問紙法の性格検査としてMMPI新日本版（Minnesota Multiphasic Personality Inventory），YG（矢田部ギルフォード）性格検査，MG（本明ギルフォード）性格検査，主要5因子性格検査などがある。

投影法は質問紙法とは対照的に，意味が曖昧な多義的図版や文章を提示して，自由な回答を求めて深層心理を探る検査法である。投影法は提示刺激が曖昧であるから児童生徒が測定目的を推測しづらいが，解釈する際に検査者の主観が入りやすい。そのため，検査の実施と結果の解釈には熟練が必要となる。

投影法の性格検査にはロールシャッハ検査法，TAT（絵画統覚検査：Thematic Apperception Test），PFスタディ（絵画欲求不満テスト：Picture-Frustration study），K-SCT（構成的文章完成法検査：Sentence Completion Test）などがある。また，白色用紙に自由に木を描画するバウムテスト（樹木画テスト），家屋，樹木，人物を順に描画するHTPテスト（House-Tree-Person Test：家屋—樹木—人物画法テスト）も投影法の一種である。

また，作業検査法として内田クレペリン精神検査があり，受検者は一定の時間内で隣り合う二つの数を素早く加え，解の1桁目の数を記入していく。作業法は作業量の時間的な変化（プロフィール）を通して性格や検査に取り組む態度を測定する。また，ベンダー・ゲシュタルト・テスト（Bender Gestalt Test, BGT）は，図形の模写作業を通して性格を測定する。

▷8 社会的望ましさ反応
社会的規範や道徳的価値観を基準として，他者へ自分を好ましい人物であると見せかける反応であり，入学試験や入社試験で強く表れることが多い。

▷9 虚偽尺度
質問紙法の検査へ回答者が正直に回答しているかを調べるために用意された一組の項目である。例えば「少額のコインでも，拾ったら交番へ届け出る（あてはまる）」「これまで友人へ嘘を言ったことはない（あてはまる）」などで構成される。

▷10 一貫性尺度
一つの質問紙のなかで同一の項目あるいはきわめて類似した項目，肯定文である項目とそれを否定文へ書き換えた項目を提示して，一貫した態度で回答しているかを調べる一組の項目である。

6　学級状態検査

　教育相談では学校・学級生活への不適応，不登校，いじめ被害などが大きな問題となる。Q-Uアンケート（Questionnaire-Utilities）は，こうした学級集団の状態を児童生徒の学級生活の満足度と意欲・充実感から測定する。この検査は不登校になる可能性の高い児童生徒，いじめ被害を受けている可能性の高い児童生徒，意欲が低下している児童生徒を発見でき，満足度の分布状態から学級崩壊の可能性を予測し，予防に必要な情報を収集できる（河村，2006）。

2　心理検査の標準化

1　標準化の意味

　心理検査の標準化とは，検査の測定目的，検査の実施方法と児童生徒への教示，検査の実施に要する時間，回答・解答方法，採点方法，評定基準，検査結果の解釈など，検査の実施要領を規格化する手続きである。標準化された検査は標準（化）検査と呼ばれる。代表的な標準検査として知能検査，標準学力検査，性格検査などがある。標準検査の大きな特徴は，検査の実施から結果の解釈に至るまで，検査者の主観が排除されるところにある。標準化は心理検査の公平性，客観性，信頼性，妥当性を確保するために必要な作業である。標準検査の主な特長は表6-1のとおりである。

　標準検査と対照的な検査が教師自作学力検査や質問紙である。

表6-1　標準検査の特長

・測定目標・内容が詳細に検討されているので，測定できることとできないことが明確である。
・実施手引き書どおりに実施することにより，誰でも同一条件で検査を実施することができる。
・検査の信頼性と妥当性が確保されているので，結果を適切に解釈することができる。
・実施方法から採点方法までが規格化されているので，結果の客観性が高く，公平である。
・偏りのない基準集団が抽出されているので，解釈の基準が明確である。
・素点が解釈しやすい値（偏差値，標準得点，評価点など）へ変換されている。
・相対評価を行う標準検査でも，個人内評価が可能なように工夫されているので，個々の児童生徒の特徴を知ることができる。
・他の標準検査と合わせて実施することにより，多面的かつ経年的に児童生徒の特徴を知ることができる。
・学級・学校レベルで検査結果を分析できるので，結果を指導に有効活用することができる。

出所：宮島（2003），日本テスト学会（2007），服部（2014）などをもとに作成。

2　標準化の手続き

　標準化の手続きは次のとおりである（服部，2014）。

① 測定目標の設定
　検査を利用する目標を明確にしたうえで測定内容に関する検討を十分に行い，検査の実施時間，測定方法，項目（問題）数などを決定する。
② 項目作成
　測定目標と検査の実施形式に合わせて検査項目を作成する。測定目標と項目内容との対応，理論的な背景を十分に検討しておくことが必要である。
③ 予備調査の実施
　予備調査を行い，不適切な言い回しが見つかれば，それを修正する。
④ 項目分析
　平均値や正答率が極端に大きい項目や小さい項目，標準偏差（得点分布の広がりを表す統計量）が極端に小さい項目，微妙な個人差を検出できない（項目識別力が小さいという）項目を修正する。
⑤ 実施手引き書の編集
　誰が実施しても同一の条件で実施，採点できるように手引き書を作成する。
⑥ 基準集団の抽出
　母集団を正しく代表する基準集団を抽出する。
⑦ 本調査の実施
　基準集団から抽出された標本へ本調査を実施する。
⑧ 信頼性と妥当性の検証
　標準検査が満たすべき要件として検査の信頼性と妥当性がある。
　信頼性とは，同一条件のもとで同一受検者に対して繰り返し同一のテストを実施した時，一貫して同一の得点が得られる程度をさす。実際には反復調査はできないので，内的一貫性（内的整合性）と再検査に基づく得点の安定性の観点から信頼性の高さを検証し，信頼性係数として手引き書へ報告する。
　妥当性とは，検査の得点から導かれる解釈の正当性や有意味性のことである。妥当性の高さはほかの検査との相関関係の大きさに基づいて検討されることが多い。妥当性の高さを示す証拠により，妥当性は内容的妥当性，基準関連妥当性，構成概念妥当性などに細分化される。
⑨ 基準の設定
　素点をパーセンタイル順位，T得点（偏差値），評価点，標準得点，5段階評定などへ変換する。
⑩ 手引き書の編集
　検査の測定目的，依拠した理論モデル，実施方法と教示，実施に要する時間，回答もしくは解答方法，採点方法，評定基準，検査結果の解釈，検査の作成過程，信頼性と妥当性などを記した手引き書を作成する。

▷11　信頼性係数
心理検査の測定値には誤差がともなうので，統計的に真の得点の分散を推測し，測定値の分散に占める真の得点の分散の大きさを信頼性係数という。最小値は0，最大値は1であるが，心理検査は0.8ないしは0.9以上の信頼性係数を有することが要請される。

3 検査結果の表示方法

1 素点とその変換の必要性

　何も手を加えていない測定値を素点（粗点）という。それでは，学力検査の素点が80点であるとき，どのように解釈したらよいか。もし平均値が65点であると知れば学力が相対的に高いこと，平均値が90点であれば，80点を取れていても学力が相対的にやや低いことがわかる。しかし，素点分布の広がりが不明のままでは，児童生徒全体における相対的な位置や順位はわからない。つまり，素点には絶対的な意味はなく，素点だけでは検査の結果を解釈できない。

　そのため，標準化された学力検査，知能検査，性格検査などでは，個々の素点をほかの数値へ変換したうえで検査結果を解釈する。ここでは標準検査で利用されている主な数値を説明する。教育相談では標準検査の結果を使用して保護者へ説明することが求められるので，基本的な数値の意味を理解しておかなくてはいけない。

2 正規分布

　標準検査の結果を解釈する際に重要な役割を担う分布が正規分布である。この分布は変数の平均値と標準偏差によって分布の形が定まる理論分布である。図6-1（石井，2018）の最上段に示す曲線が正規分布を表し，横軸のμが平均値，σが標準偏差である。μとσはさまざまな値を取り，例えば，μを50，σを10とすると，$\mu-3\sigma$は$50-3\times10=20$，$\mu+2\sigma$は$50+2\times10=70$である。

　μとσの値がどのような値であっても図中のパーセントは変わらない。例えば，パーセント欄に示す値から，$\mu-3\sigma$からμまでの間に入る児童生徒が49.87パーセントを占め，5段階評定で3（$\mu-0.5\sigma$から$\mu+0.5\sigma$まで）の児童生徒が全体の38.29パーセントを占めることなどがわかる。

　以下では，図6-1に基づいて標準検査で利用される基本的な数値を説明する。

3 基本的数値

① パーセンタイル順位

　素点を小さい方から大きい方へ並べ，素点の順位をパーセントで表した値をパーセンタイル順位という。例えば，素点の80点よりも小さい人が全体の93パーセントを占めている時，80点のパーセンタイル順位は93である。

② z得点

　平均値を0，標準偏差を1とする得点へ変換した値である。

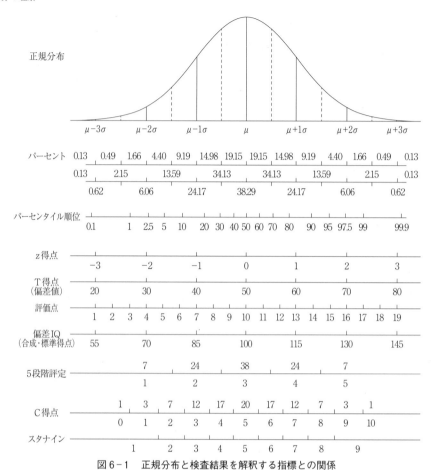

図 6-1　正規分布と検査結果を解釈する指標との関係
出所：石井（2018）をもとに作成。評価点は筆者が追加した。

③　T得点（偏差値）

平均値が50，標準偏差が10の正規分布となるように変換された値である。T得点は偏差値とも呼ばれるので，集団知能検査ではT得点へ変換した総合得点を知能偏差値と呼んでいる。

④　評価点

ウェクスラー式知能検査やKABC-IIは下位検査▷12の得点を平均値が10，標準偏差が3となるように変換している。この値を評価点と呼ぶ。

⑤　偏差IQ（合成得点，標準得点）

近年の知能検査は総合得点を平均値が100，標準偏差が15の正規分布に近似するように変換している。この値は，古いIQ（知能指数：Intelligence Quotient）の定義と区別するために偏差IQと呼ばれる。なお，これをウェクスラー式知能検査は合成得点，KABC-IIは標準得点と呼んでいる。

⑥　5段階評定

$\mu-1.5\sigma$ 未満の素点を1，$\mu-1.5\sigma$ 以上 $\mu-0.5\sigma$ 未満の素点を2，$\mu-0.5$

▷12　下位検査
一つの検査を構成するいくつかの問題群を下位検査という。例えば，WISC-IVには類似，単語，理解など総計15の下位検査，また，KABC-IIには数唱，語の配列，手の動作など総計20の下位検査がある。

σ 以上 $\mu+0.5\sigma$ 未満の素点を3，$\mu+0.5\sigma$ 以上 $\mu+1.5\sigma$ 未満の素点を4，$\mu+1.5\sigma$ 以上の素点を5として表示する値である。

このほかにはスタナイン得点（1から9），ステン得点（1から10）などがある。

4 知能の構造——知能観の変遷

心理学における知能研究の一つは知能の測定である。これは検査で収集した大量データへ因子分析[13]と呼ばれる統計解析法を適用して，知能の構造を実証的に探るものである。ここで，最新の知能構造理論へ至るまでの理論を紹介する（岸本，2013；小安，2016）。

① スピアマンの2因子理論

1904年に因子分析を用いて古典，仏語，英語，数学，音の弁別，音楽の検査得点を分析し，検査が共通して測定する一般知能因子と各検査が独自に測定する特殊因子の知能があるとした。

② サーストンの多因子理論

因子分析の数学的整備を進めて57種類の検査得点を因子分析し，言語理解，語の流暢性，数，空間，連想記憶，知覚速度，帰納的推論という七つの知能因子を抽出した（1938年）。

③ ヴァーノンの階層的群因子理論

階層的群因子理論は階層の最上位にスピアマンの一般知能因子を置き，その下へ言語・教育的能力因子と空間・機械的能力因子という二つの大群因子を置く（1950年）。大群因子の下にはそれが支配する限定因子と特殊因子を置く。限定因子として言語的，数的，推論，注意，語の流暢性，空間的，精神運動的，反応時間，描画，手作業，技術的などが置かれた。

④ キャッテルとホーンの流動性知能と結晶性知能

キャッテルは多数の知能因子を流動性知能と結晶性知能に大きく分けた（1963年）。流動性知能は推論能力や単純な課題をすばやく正確に解く能力であり，20歳代をピークにして減衰していく。結晶性知能は語彙や知識のように教育や文化の影響を受けて発達し，この知能は20歳代を過ぎても衰退しないと言われる。さらに，ホーンはキャッテルの理論を拡張し，視覚的処理や処理速度などの知能因子を抽出した（1966年）。

⑤ キャロルの3階層理論

Carroll（1993）は先行研究のデータ（461セット）を階層的因子分析により再分析し，3階層理論を提案した。このモデルは最上位に一般知能因子，中間層に8の広範的能力因子，最下層に広範的能力因子を分離した69の限定的能力因子を置く。その後，キャロルは2003年に流動性知能（Gf），結晶性知能（Gc），

▷13 因子分析
複数の検査が共通して測定している個人の特性を探る統計解析法の一つである。因子分析では，その特性を因子もしくは潜在変数と呼ぶ。

視覚的知覚・処理（Gv），短期記憶（Gsm），長期記憶（Glr），処理速度（Gs），反応時間／決定速度（Gt），聴覚的処理（Ga），量的能力（Gq），読み書き能力（Grw）という広範的能力因子からなるモデルを提案した。さらに，マグルーは広範的能力因子へ領域固有の一般知識（Gkn），触覚能力（Gh），運動感覚能力（Gk），嗅覚能力（Go），精神運動能力（Gp），精神運動速度（Gps）を追加した（2005年）。

キャロルの3階層理論とキャッテルとホーンの理論には共通点が多いため，3者の理論は1990年代末に統合され，認知能力のキャッテル-ホーン-キャロル理論もしくはCHC理論と呼ばれるようになった（Flanagan & Harrison, 2012）。

5　知能検査の実際──日本版 WISC-IV と日本版 KABC-II

1　日本版 WISC-IV

日本版 WISC-IV と日本版 KABC-II は教育相談で利用されることの多い個別知能検査である。日本版 WISC-IV は主に認知的能力を測定し，日本版 KABC-II は認知的能力に加え，読み，書き，算数，語彙などの習得度も測定する。

日本版 WISC-IV はウェクスラーが開発したウェクスラー・ヴェルビュー知能検査（1939年）をベースとして発展してきた知能検査である。数度の改訂を経て，米国版 WISC-IV（Wechsler Intelligence Scale for Children-Fourth Edition）

表6-2　日本版 WISC-IV の指標得点と下位検査

全検査IQ	指標得点（略記号） （CHC理論に基づく分類；注1）	下位検査名 （*：補助検査）	下位検査の内容（注2）
全検査 （FSIQ）	言語理解（VCI） （Gc）	類　似	2つの語が表す概念の類似点を説明する。
		単　語	絵の名称を言うか，単語の意味を言う。
		理　解	一般原則に関する質問に答える。
		知　識*	一般的知識に関する質問に答える。
		語の推理*	一連の手掛かりから共通概念を答える。
	知覚推理（RTI） （Gf）	積木模様	紅白の積み木を使って指定された模様を作る。
		絵の概念	共通の概念に一致する絵を選択する。
		行列推理	行列内で欠けている部分を埋める項目を選ぶ。
		絵の完成*	絵を見て欠けている部分を埋める。
	ワーキング メモリー（WMI） （Gsm）	数　唱	言われた通り，もしくは逆に数を復唱する。
		語音整列	提示された数と文字を指定された順に並べ替える。
		算　数*	口答で提示された算数の問題に答える。
	処理速度（PSI） （Gs）	符　号	数に対応した図形を素早く書き写す。
		記号探し	見本と同じ記号の有無を判断する。
		絵の抹消*	不・規則的に配置された絵のなかで，指定された絵をマークする。

注1：繁桝・リー（2013）を参考にして筆者が分類した。　注2：WISC-IV の手引き書を参考にして筆者が簡潔に説明した。
出所：筆者作成。

は2003年に標準化され，日本版 WISC-IV は2010年に標準化された。

第3版までのウェクスラー式知能検査は，言語性知能（VIQ）と動作性知能（PIQ）を測定する知能検査として国内外で広く知られていたが，WISC-IV において，それまでの知能概念を大きく変え，全検査 IQ（FSIQ），言語理解指標（VCI），知覚推理指標（PRI），ワーキングメモリー指標（WMI），処理速度指標（PSI）という指標得点を中心とする知能検査となった。WISC-IV は全検査 IQ（FSIQ）を算出するが，四つの指標得点とその乖離を手掛かりとして，児童生徒の知的発達を多面的に理解するところに大きな特徴がある。

WISC-IV の4指標と CHC 理論との関係（繁桝・リー，2013），また，4指標を構成する下位検査を表6-2に示す（Wechsler, 2010）。WISC-IV は5歳0か月〜16歳11か月の子どもを対象として実施できる。

［2］ 日本版 KABC-II

日本版 KABC-II を構成するカウフマンモデルに基づく尺度名，CHC モデルに基づく尺度名，尺度を構成する下位検査名とその内容（カウフマン，A. S.・カウフマン，N. L. 2013）を表6-3に示す。

表6-3 日本版 KABC-II の尺度名と下位検査

カウフマンモデルの尺度名		CHC モデルの尺度名（記号）	下位検査名	下位検査の内容（注）
認知	継次	短期記憶（Gsm）	数唱	言われた通りに数を復唱する。
			語の配列	検査者が言った順番通りに物を指さす。
			手の動作	検査者が示す手の動作をまねる。
	同時	視覚処理（Gv）	顔さがし	指定された人物の顔写真を選ぶ。
			近道さがし	最も少ない動作で到達できる経路を見つける。
			模様の構成	三角形のチップを見本通りに組み合わせる。
		―	絵の統合	欠損のある絵が表す物の名称，機能を説明する。
	計画	流動性推理（Gf）	物語の完成	欠けた部分を絵や写真で埋めて物語を完成させる。
			パターン推理	ある規則に従う刺激パターンの欠けた部分を適切に埋める。
	学習	長期記憶と検索（Glr）	語の学習	絵とその名称を対連合学習する。
			語の学習遅延	「語の学習」を終えた一定の時間後に，指定された名称の絵を指差す。
習得	語彙	結晶性能力（Gc）	表現語彙	絵や写真を見て名称を答える。
			なぞなぞ	なぞなぞに答える。
			理解語彙	単語の意味を表す絵を選ぶ。
	読み	読み書き（Grw）	ことばの読み	ひらがな・カタカナ・漢字を読む。
			文の理解	文を読んで，それが示す動作を行う。
	書き		ことばの書き	ひらがな・カタカナ・漢字を書く。
			文の構成	単文を構成する。
	算数	量的知識（Gq）	計算	計算を行う。
			数的推論	数的問題を解く。

注：KABC-II の手引き書を参考にして筆者が簡潔に説明した。
出所：筆者作成。

KABC-II (Kaufman Assessment Battery for Children Second Edition) はカウフマン夫妻 (A. S. Kaufman と N. L. Kaufman) によって2004年に米国で標準化された。日本では米国版をベースとして日本独自の下位検査を加え，2013年に日本版 KABC-II として標準化された（カウフマン，A. S.・カウフマン，N. L., 2013)。第2版の日本版 KABC-II は，第1版と同様に継次・同時処理という認知処理過程の観点から知的機能の水準を測定することができるが（習得度と合わせてカウフマンモデルと呼ばれる），最新の CHC 理論に依拠して結果を解釈することもできる（CHC モデルと呼ばれる)。日本版 KABC-II は 2 歳 6 か月から18歳11か月までの子どもを対象として実施できる。

Exercise

① 本章で学んだ内容を問う5肢択一式問題を3問作成し，その内容的妥当性を複数名で検討してみよう。
② 心理検査の標準化の手順を参考にして，学力検査を自作する際に留意すべき事項について検討してみよう。
③ 学校内で暴力的行為が目立ち，逸脱行動が頻繁に見られる中学3年生を担任する教師から相談を受けたとする。指導と支援に必要な情報をどのように収集したらよいかを検討してみよう。

📖 次への一冊

松原達哉編『臨床心理アセスメント［新訂版］』丸善出版，2013年。
　　書名は臨床心理アセスメントであるが，教育相談で活用される知能検査，人格検査，進路適性検査，職業適性・興味検査などの内容と実施方法を具体的に解説している。
村上宣寛『「心理テスト」はウソでした。』日経ビジネス，2005年。
　　良い心理検査の要件は高い信頼性と妥当性である。本章で紹介した心理検査を含め，著名な心理検査の信頼性と妥当性について批判的に論じている。
森田健宏・吉田佐治子編著『教育相談（よくわかる！　教職エクササイズ）』ミネルヴァ書房　2018年。
　　教育相談全般について簡潔にわかりやすく説明し，各章にはディスカッション課題と復習課題を設け，採用試験の過去問を紹介している。教員採用試験を目指す人に適している。
竹内健児編『事例でわかる心理検査の伝え方・活かし方』金剛出版，2009年。
　　家庭内暴力を振るう中学生のアセスメントや中学進学を前にして知能検査を実施した事例をはじめ，福祉心理臨床，司法心理臨床，産業心理臨床などの立場から心理

アセスメントのあり方を論じている。『心理検査を支援に繋ぐフィードバック──事例でわかる心理検査の伝え方・活かし方［第2集］(2016年)』もある。

渡部洋編著『心理検査法入門──正確な診断と評価のために』福村出版，1993年。
　第1部では心理検査を開発するために必要な統計解析法とテスト理論を詳述し，第2部ではウェクスラー式知能検査，YG性格検査，VPI職業興味検査，ロールシャッハ・テストなどの実施方法，結果の解釈，検査の限界を実践的に論じている。

引用・参考文献

東洋『子どもの能力と教育評価［第2版］』東京大学出版会，2001年。

Carroll, J. B., *Human cognitive abilities: A survey of factor-analytic studies*, Cambridge University Press, 1993.

Colman, A. M., *Dictionary of Psychology*, Oxford University Press, 2001.

Flanagan, D. P., & Harrison, P. L.（Eds.）, *Contemporary Intellectual Assessment: Theories, Tests, and Issues*（3rd edition）, Guilford Press, 2012.

石井秀宗『統計解析ソフトRのスクリプト集［Ver. 8.0β］』名古屋大学大学院教育発達科学研究科・教育学部計量心理学研究室，2018年。

藤永保・仲真紀子監修『心理学辞典』丸善，2010年。

橋本重治『2003年改訂版　教育評価法概説』図書文化社，2003年。

服部環「教育・心理検査の特長──標準化とは」『指導と評価』60(4)，2014年，39～41ページ。

カウフマン，A. S.・カウフマン，N. L.『日本版 KABC-II　マニュアル』丸善出版，2013年。

河村茂雄『学級づくりのためのQ-U入門──「楽しい学校生活を送るためのアンケート」活用ガイド』図書文化，2006年。

岸本陽一「知的能力の個人差」二宮克美・浮谷秀一・堀毛一也・安藤寿康・藤田主一・小塩真司・渡邊芳之編『パーソナリティ心理学ハンドブック』福村出版，2013年，152～158ページ。

子安増生「知能」田島信元・岩立志津夫・長崎勤編『新・発達心理学ハンドブック』福村出版，2016年，377～386ページ。

松原達哉・楡木満夫共編『臨床心理アセスメント演習』培風館，2013年。

宮島邦夫「資料収集のための技法（2）──教師自作テストと標準検査」橋本重治『2003年改訂版　教育評価法概説』図書文化社，2003年，72～82ページ。

文部科学省『生徒指導提要』文部科学省，2010年。

日本テスト学会編『テスト・スタンダード』金子書房，2007年。

繁桝算男・リー，S.『日本版WISC-IV テクニカルレポート#8　CHC理論と日本版WISC-IVの因子構造──標準化データによる認知構造の統計学的分析』日本文化科学社，2013 年。https://www.nichibun.co.jp/documents/kensa/technicalreport/wisc4_tech_8.pdf（2017年8月1日閲覧）

辰野千壽『知能検査基本ハンドブック』図書文化，1995年。

ウェクスラー，D.『日本版WISC-IV　理論・解釈マニュアル』日本文化科学社，2010年。

コラム⑥

Big Five 尺度を体験する

　和田（1996）はビッグ・ファイブ（Big Five）理論に基づき，性格特性用語を用いた Big Five 尺度を作成した。さらに，齊藤ら（2001）は国立大学2校，私立大学1校，私立短期大学1校の大学生を対象として和田の Big Five 尺度を実施し，尺度を標準化した（有効回答は男子375人，女子523人）。

　この Big Five 尺度は「外向性，神経症傾向，開放性，調和性，誠実性」を測定する総計60の性格形容語から構成されるが，以下に「神経症傾向」と「開放性」を測定するそれぞれ12項目と回答方法（7件法）を示す。

神経症傾向	開放性	回答方法（7件法）
不安になりやすい	多才の	1：非常にあてはまらない
悩みがち	進歩的	2：あまりあてはまらない
傷つきやすい	頭の回転の速い	3：どちらかといえばあてはまらない
心配性	独創的な	4：どちらともいえない
弱気になる	洞察力のある	5：どちらかといえばあてはまる
動揺しやすい	飲み込みの速い	6：わりとあてはまる
気苦労の多い	想像力に富んだ	7：非常にあてはまる
悲観的な	臨機応変な	
神経質な	好奇心が強い	
緊張しやすい	美的感覚の鋭い	
憂鬱な	興味の広い	
くよくよしない（＊）	独立した	

＊：逆転項目

　上記の7件法で正直に24項目へ回答し，神経症傾向を測定する12項目と開放性を測定する12項目の合計点（素点）を求めてほしい。ただし，「くよくよしない」は逆転項目であるから，1を7へ，2を6へ，……7を1へ変換してから，他の11項目の得点と合計する。そして，特性ごとに「合計点」を次式へ代入して偏差値を求めると，正規分布（図6-1）のパーセント欄もしくはパーセンタイル順位欄の値から，自身の神経症傾向と開放性の高さを大学生を基準として知ることができる。

■神経症傾向

男子：偏差値 $= \dfrac{合計点 - 54.86}{13.88} \times 10 + 50$

女子：偏差値 $= \dfrac{合計点 - 56.22}{12.44} \times 10 + 50$

■開放性

男子：偏差値 $= \dfrac{合計点 - 53.56}{11.85} \times 10 + 50$

女子：偏差値 $= \dfrac{合計点 - 49.53}{10.74} \times 10 + 50$

引用・参考文献

　齊藤崇子・中村知靖・遠藤利彦・横山まどか「性格特性用語を用いた Big Five 尺度の標準化」『九州大学心理学研究』2，2001年，135～144ページ。

　和田さゆり「性格特性用語を用いた Big Five 尺度の作成」『心理学研究』67，1996年，61～67ページ。

第Ⅲ部

子どもの抱える困難さへの対応

第7章
反社会的行動の理解と対応

〈この章のポイント〉
　反社会的行動は，子どもが発達していく過程に寄り添う学校教育においては，避けては通れない課題である。本章では，反社会的行動の様相を知り，その行動の背景を理解するとともに，法的制度と具体的な対応方法について解説する。さらに，予防的方策として，チーム支援，ユニバーサル教育（予防教育），保護者との協働による対応を学ぶ。

1　反社会的行動とは

1　現代の子どもを取り巻く反社会的行動における問題

　反社会的行動とは，社会的規範から逸脱した行動のことである。社会の法律，習慣，ルールやマナーに反する問題行動のことをさすため，その範囲は非常に広い。『生徒指導提要』（文部科学省，2010）においては，具体的な反社会的行動として，喫煙，飲酒，薬物乱用，少年非行，暴力行為，いじめ，インターネット・携帯電話にかかわる問題行動，性にかかわる問題行動があげられている。そのほかにも，授業妨害，怠学，校則違反，深夜徘徊，家出など，学校で問題となる反社会的行動は多岐にわたる。

　これら反社会的行動について，統計資料から近年の傾向を見てみる。まず，「暴力行為」については，文部科学省の調査（2018）によると，2016年度における1000人あたりの発生件数は，小学校で3.5，中学校で8.8，高校で1.8となっており，学年では中学校第1学年と第2学年が多くなっている。ここ数年の傾向としては，中学生はやや減少しているが，小学生の増加が目立つ。「いじめ」については，文部科学省の同調査（2018）によると，1000人当たりの認知件数は，小学生で36.6，中学生で20.8，高校で3.7となっている。図7-1に示したとおり，ここ数年の傾向は，小・中学校とも増加傾向であるが，とくに小学校の増加傾向が見て取れる。「少年非行」については，警視庁の発表した傾向（警視庁生活安全部少年育成課，2017）によると，刑法を犯した非行少年は2010年から7年連続で減少している。しかし，小学生のみ増加傾向にあり，小学生の占める割合は，2007年に比べ約5倍に増加している。このほか，喫煙，

▷1　暴力行為
文部科学省が毎年実施している「児童生徒の問題行動・不登校等生徒指導上の諸課題に関する調査」において，暴力行為は，「自校の児童生徒が，故意に有形力（目に見える物理的な力）を加える行為」として調査。なお，本調査においては，「当該暴力行為によってけががあるかないかといったことや，けがによる病院の診断書，被害者による警察への被害届の有無などにかかわらず，暴力行為に該当するものを全て対象とすること」としている。

▷2　いじめの定義
文部科学省は，「いじめ」とは，「児童生徒に対して，当該児童生徒が在籍する学校に在籍している等当該児童生徒と一定の人的関係のある他の児童生徒が行う心理的又は物理的な影響を与える行為（インターネットを通じて行われるものを含む。）であって，当該行為の対象となった児童生徒が心身の苦痛を感じているもの」とする。なお，起こった場所は学校の内外を問わない，としている。

また、個々の行為が「いじめ」にあたるか否かの判断は、表面的・形式的に行うことなく、いじめられた児童生徒の立場に立って行うものとしている。

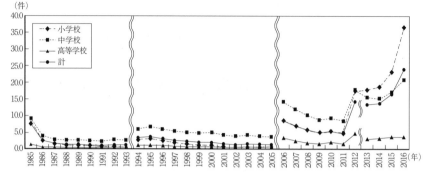

図7-1　いじめ認知（発生）率の推移（1000人当たりの認知件数）
出所：文部科学省（2017）。

飲酒、深夜徘徊、怠学などで補導された少年（不良行為少年）も、2009年から連続減少しているが、薬物乱用少年の検挙・補導状況においては、とくに大麻使用によるものが増加傾向となっている（警視庁生活安全部少年育成課、2017）。これら反社会的行動の傾向は、時代背景、社会情勢に多分に影響を受けることに留意する必要がある。

学校現場においては、ちょっとしたルール違反や粗暴な行動など、これら統計には表れない反社会的行動による問題が常に生じている。つまり、反社会的行動は、特別な問題なのではなく、教師が日々対応していく問題なのである。

2　非行・不良行為

未成年者の反社会的行動に対しては、「非行」という言葉も使われる。非行は、より狭義の意味では、法律に違反する行為のことをさし、この非行を犯した少年を非行少年という。非行少年は、表7-1に示したように、少年法第3条に規定される3種類に分けられる。もう少し広く捉えたものに、非行少年には該当しないが、補導の対象とする不良行為少年がある。

表7-1　非行少年・不良行為少年の分類

非行少年	犯罪少年	14歳以上で犯罪を行った少年
	触法少年	14歳未満で犯罪少年と同じ行為、つまり刑罰法令に触れる行為を行ったが、年齢が低いため罪を犯したことにならない少年
	ぐ犯少年	犯罪や触法まで行かないが、具体的な問題行為があって今後犯罪少年や触法少年になる可能性が高い少年
不良行為少年		非行少年に該当しないが、飲酒、喫煙、深夜はいかいその他自己または他人の徳性を害する行為をしている少年

出所：少年法第3条をもとに作成。

▷3　教育的手段
3種類の保護処分（少年院送致、児童自立支援施設又は児童養護施設送致、保護観察）や児童福祉法上の措置のほか、試験観察そのほかさまざまな中間的な教育的な措置がある。

非行少年の処遇の流れを図7-2に示した。少年法は、「教育的手段」によってその非行性を矯正し、更生を図ることを目的としているため、教育的手段によって処遇することができない場合に限り刑罰が科せられることになる。これを、保護主義という。そして、少年事件は、すべて家庭裁判所に送致され審査

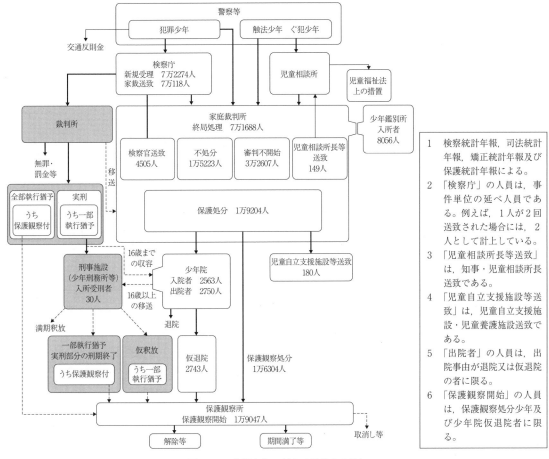

図7-2 非行少年に対する手続きの流れ

出所：法務省（2017）。

されたうえで処分が決まることになっており，これを全件送致主義という。

　家庭裁判所は，非行少年について非行事実の有無を確定し，その性格，環境の問題点に応じて，少年院送致等の保護処分か刑事処分かを選択する。

　少年法は，2000（平成12）年に刑事罰対象年齢が16歳から14歳に改正され，犯罪被害者への配慮の充実が図られた経緯がある。2007年の改正では，触法少年であっても，おおむね12歳以上であれば，少年院送致が可能となった。2008年の改正では，一定の重大事件について犯罪被害者が少年審判を傍聴できるようになった。これらの背景には，1997年の「酒鬼薔薇聖斗」を名乗る14歳少年による神戸連続児童殺傷事件をはじめとした凶悪犯罪があるとされる。このような動きがあると，少年の犯罪が増え，凶悪化しているように感じてしまう。しかし，実際には，少年犯罪は減少しており，凶悪犯罪もけっして増えているわけではない。教師としては，社会的な動向を正確に把握するとともに，少年法の理念である非行少年の健全育成という目的を忘れてはならない。

2 反社会的行動の背景

1 反社会的行動に対する理解

　ルールを破ったり，人に迷惑をかけたりする反社会的行動は，学校ではとてもやっかいな問題である。わがまま放題に行動しているように見えるため，非社会的行動と比べ，その行動の背景にある真の問題に目を向け，親身になって指導しにくいといえるかもしれない。しかし，そのわがままに見える行動自体が，その児童生徒の真の問題を示していることはまずない。したがって，その行動だけを厳しく矯正しようとしても，それは根本的な問題解決にはつながらない可能性がある。一人ひとりが抱える個別の課題を把握し，その児童生徒に応じた指導をしていく必要がある。

2 発達心理的要因

　反社会的行動を理解するための第一のポイントは，まず児童期・青年期の心の発達についてである。児童期は，親との関係から徐々に友人関係へと移行していく時期である。小学校第3学年〜第4学年の頃は，ギャング・エイジと呼ばれ，同性グループで集まり，ちょっとしたいたずらや悪さをしたりするようになる。この時期を通して友人との親密さを経験していくため，発達上，とても大切な時期である。しかし，自分たちなりのルールで行動を決めるため，それが反社会的行動になることもある。またグループ意識が強く，グループ以外の人を排除する傾向があるため，それがいじめにつながりやすいということもある。したがって，この時期に，親や教師を含め周りの大人からの指導が重要であり，それにより社会で認められる善悪の判断を獲得していくことになる。

　そして小学校第5学年〜第6学年ぐらいから，中学生，高校生の頃にかけては，思春期と呼ばれる心身が揺れ動く時期となる。身体の成長にともない，心も親からの自立に向かっていく。その過程で，第二反抗期という親や教師，社会の価値観に反発する時期を経験する。この時期も，心の発達には非常に大切で，親や教師など大人と違った意見をもち，それを主張することで，ほかの人とは違った「自分」というものを確立していく。しかし，その反発が暴力行為になったり，自己主張が社会で認められない形になることもある。教師としては，社会規範を犯す行為に対しては毅然とした態度で指導することも重要であるが，その背景には発達心理上の課題もあることを常に意識し，児童生徒の自分探しに丁寧に付き合う姿勢が求められる。

3　環境要因

　反社会的行動の背景を理解する第二のポイントは，環境要因である。いじめや暴力行為など攻撃性をともなった反社会的行動を理解する理論として，攻撃性は何らかの欲求不満の結果であるという欲求不満─攻撃仮説がある。学校においては，勉強や運動ができることなどが評価されるが，この評価によって欲求を常に満たされている児童生徒は一部である。あるいは，家庭内不和，きょうだい葛藤，貧困など，その子が望む欲求が満たされていない家庭環境にいる児童生徒もいるだろう。そのような欲求不満に耐える力は，発達とともに育ってくるが，子どもはまだ未熟な存在である。大きな欲求不満に長くさらされることで，それに耐えきれなくなり，反社会的行動で発散しようとしてしまうのである。このように何らかの欲求不満を背景とした反社会的行動を不適応性非行という。

　この場合の指導は，単に表面的な行動だけを止めさせるのでは意味がなく，環境をどう整えるか，あるいはその児童生徒の欲求不満をどう解消できるのかも合わせて行っていかなければならない。

　また，非行文化を他者から学ぶことによって自分自身も反社会的行動を起こすことを感染性非行という。反社会的な家族や友人など人から影響を受ける場合と，反社会的なメディアやインターネット，書籍など人以外から影響を受ける場合とがある。

　なぜ非行に走らないのかという視点からの理論に社会的ボンド理論（ハーシィ，1995）がある。社会と個人が絆（ボンド）でつながっている時，非行や犯罪が抑制されるという理論であり，表7-2の4種類に分類される。反社会的行動を起こした子どもにとって，どの絆が弱いのか，あるいは学校生活のなかでどの絆を強めることができるのか，という視点は指導のヒントになる。

表7-2　社会的ボンド理論

アタッチメント	家族や友人，教員，あるいは学校における集団との情緒的つながり
コミットメント	社会で認められている価値やこれまで自分が積み重ねてきたことへのつながり　そこから逸脱することに対する損得勘定
インボルブメント	日常生活の中でさまざまな活動に参加することによって得られるつながり
ビリーフ	社会的な規則・法律・規範の正しさを信じていること

出所：ハーシィ（1995）をもとに作成。

4　個人要因

　最後に第三のポイントは，児童生徒の個人要因である。2017年の調査（法務省，2017）によると，少年鑑別所に入所している少年のうち，約18％に何らかの精神診断が付いており，そのうち最も多いのが発達障害で全体の約8％，つ

いで知的障害で約4％であった。重要なのは発達障害や知的障害という障害そのものが要因なのではなく、その障害があることで家庭や学校で不適応になるという二次障害によって反社会的行動を起こすことが多いということである。障害の可能性がある場合には、専門機関と連携して、まずはしっかりとアセスメントをし、その子の能力に応じた環境を調整する必要がある。

　以上、三つのポイントから背景を説明したが、多くの場合、発達、環境、個人要因が複雑に絡み合っている。よって、要因を家庭環境やあるいは障害のせいにするなど、短絡的な理解は避け、児童生徒を取り巻く状況を包括的に理解し、一つひとつに丁寧に対応していくことが大切である。

3　各反社会的行動の理解と対応

1　喫煙・飲酒・薬物乱用

　喫煙と飲酒は不良行為であり、補導の対象にはなるが、刑罰の対象とはならない。しかし、一般少年の9割以上が経験していないのに比べ、非行少年の約6割が喫煙を、約5割が飲酒を経験しており（内閣府, 2010）、次のステップとなる薬物乱用の入り口になりやすいことから入門薬物（ゲイトウェイドラッグ）とも呼ばれている。薬物乱用は、特別法（刑法以外の犯罪、例えば覚せい剤取締法、大麻取締法など）違反にあたる。圧倒的多数を占めてきたシンナーは1982年のピーク後に激減し、1995年以降、中・高校生の覚せい剤による検挙数が上昇した。近年は、覚せい剤だけでなく、「MDMA」、大麻などが広まりを見せている。また、危険ドラッグは、お香やハーブ、アロマなどの形状で「合法ドラッグ」「脱法ハーブ」などあたかも安全で合法のような名称で売られているため、安易な気持ちで手に取ってしまう危険性がある。

　喫煙、飲酒、薬物乱用は、児童生徒の健康を損なう行為であり、さらには「依存」を引き起こし止められなくなる可能性もある。したがって、重要なことは、とにかくこれらの行為をさせないという予防教育である。新学習指導要領では、小学校では体育の保健、中学校・高等学校では保健体育の保健において、それぞれの発達に応じて、心身の健康や社会生活に及ぼす影響について指導することとなっている。

　児童生徒がこれらの物質を摂取していることが判明した場合には、依存のメカニズムにおける機会摂取の段階なのか、習慣摂取で心身に依存が生じている段階なのかで対応は異なる。短期的な機会摂取の場合は、健康を損なう行為であることを指導するとともに、その背景にある発達・環境・個人要因を探り丁寧に対応することが必要である。依存が生じているような場合には、医療機関

▷4　MDMA
「エクスタシー」「エックス」「バツ」などと呼ばれる合成幻覚剤で、覚醒剤と似た化学構成を有し、麻薬及び向精神薬取締法で麻薬として規制されている。近年、若者の間でファッション感覚的に流行し、これら錠剤型の押収量は年々増加傾向にある。

▷5　依存のメカニズム
喫煙・飲酒・薬物の依存は、機会摂取により多幸感や活力の高進などを感じ、それを求めて習慣摂取するようになり、やがて精神的依存・身体依存へと深刻化していく。精神的依存とは、使用できないと不安や苛立ちなど不快感が生じる状態であり、身体依存とはその物質の摂取を止めると離脱症状（例えば、発汗、手の震え、吐き気、けいれん、幻覚など）が生じる状態である。

による治療が必要となることもある。また，とくに薬物の場合，犯罪組織などのかかわりが想定されること，薬物自体を学校で保管するなどの所持が法的に禁止されていることに留意し，教師個人あるいは学校だけで抱え込まず，警察や児童相談所，精神保健福祉センターに速やかに相談することが必要となる。

［２］ 暴力行為

　暴力行為は，第1節で説明したように，中学生での発生が多いが，小学生で増加していることが近年懸念される傾向である。法律に違反する非行行為となることもあるため，警察，児童相談所などとの連携も重要となってくる。暴力行為はけっして許されるものではないため，学校現場における対応も厳しい処罰がなされる場合もある。よってここでは，学校における反社会的行為などに対する処罰として，懲戒について説明する。

　懲戒は，児童生徒の教育上必要があると認められる時に行われるもので，「事実行為としての懲戒」と「法的効果をともなう懲戒」に分けられる。「事実行為としての懲戒」とは，教師が日々の学校生活で行っている行為であり，児童生徒を叱る，起立させる，居残り掃除をさせるなどのことである。社会的に認められない行為に対して，その行為を厳しく指導することは重要である。しかし，第2節で説明したように，反社会的行為に対して厳しい指導だけをしても，それは真の問題に対するアプローチにはならないことは常に留意しなければならない。また，ここで気をつけなければならないのは，体罰との違いである。体罰は，学校教育法により禁止されている。身体に対する侵害（殴る，蹴るなど）はもちろんのこと，肉体的に苦痛を与える行為（正座・直立など特定の姿勢を長時間保持させるなど）も禁止されている。

　学校教育法施行規則第26条の「法的効果をともなう懲戒」には，退学と停学がある。退学は，児童生徒の教育を受ける権利を奪うものであり，停学はその権利を一定期間停止するものである。退学の要件として，「性行不良で改善の見込がないと認められる者」など四つの事由が定められている。ただし，退学は，公立の義務教育段階の学校では行うことはできない。停学は，処分の期間中は教育を受けることができなくなるため，国立・公立・私立を問わず，義務教育段階では行うことはできないことが規定されている（文部科学省，2010）。

　懲戒とは別に，「出席停止」という制度がある。学校教育法第35条に規定されており，市町村教育委員会は，「性行不良であつて他の児童の教育に妨げがあると認める児童があるときは，その保護者に対して，児童の出席停止を命ずることができる」とされている。この制度は，行為を行った児童生徒本人に対する懲戒ということではなく，他の児童生徒の義務教育を受ける権利を保障するという観点から設けられている。2016年度の出席停止の措置件数は，小学校

第Ⅲ部　子どもの抱える困難さへの対応

4件，中学校14件であり，理由別では，対教師暴力12件，生徒間暴力5件であった（文部科学省，2018）。停止期間中も，学校は教育委員会の指示を受けながら，児童生徒に対し学習指導など教育上必要な措置を取らなければならない。また，その児童生徒が，学校生活に戻って適応できるようにするために，反社会的行動に対し，ソーシャルスキルトレーニングやアンガーマネジメントなどの個別対応もしていく必要がある。

▷6　アンガーマネジメント
怒り感情をコントロールして適切に対処するためのスキルのことをいう。怒りは，よくない感情で抑えなければいけないと考えられがちである。しかし，怒りは自分の身を守るために必要であり，あるいは適切な行動へのモチベーションともなる非常に重要な感情である。また，怒りは第二次感情と言われ，怒りの背景には，悲しみ，辛さ，恥ずかしさ，不安などの別の感情がある。アンガーマネジメントは，自分の怒り，そしてその背景にある感情をしっかりと感じることから始め，そう感じた時にどのように行動したらよいかを学んでいく。小学校の第1学年〜第2学年から，身につけさせたいスキルである。

3　いじめ

文部科学省（2010）は，いじめはどの子どもにも，どの学校にも起こりうるものであり，だれもが被害者にも加害者にもなりえるものであるという認識を示しており，もはや特別な問題ではなくなってきている。そして，2013年には「いじめ防止対策推進法」が公布され，「いじめの防止等のための対策に関する基本的な方針」について国および学校は策定の義務，地方公共団体は策定の努力義務が定められた。

いじめが起こるメカニズムとしては，まず心理的な発達傾向があげられる。児童生徒は，小学校第3学年〜第4学年頃からギャンググループ，その後のチャムグループと呼ばれる集団を形成するようになる。これらの集団は，仲間との親密性を高めるという重要な機能をもっているが，自分たち以外の人を排除する傾向も強く，それがいじめにつながることがある。少しでも自分たちと違った価値観（例えば，違うアニメやアイドルグループが好きなど）をもったり，ほかのグループと仲良くしたりすると，ルール違反となり，無視されるなど罰が課せられることになる。いじめ行動を形作るものとしては，社会的学習理論という考え方もある。子どもは，他者を観察することで攻撃行動を学習する。夫婦喧嘩が絶えない親，虐待をする親，子どもを怒ってばかりいる教師，暴力を容認するメディアなどは，子どもの行動の悪いモデルとなっている可能性が

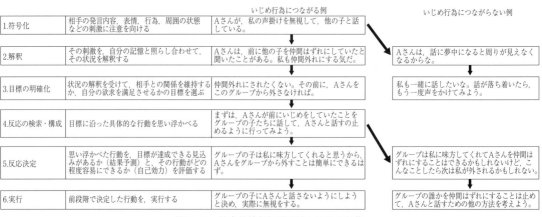

図7-3　社会的情報処理理論といじめ行為

出所：濱口（2001）をもとに作成。

ある。また、人が相手に対する行動を起こす際のプロセスを説明した社会的情報処理理論からもいじめを説明できる（図7-3）。からかわれたら仕返しをするなど自分を守るための反応的攻撃行動をとりやすい人は、このプロセスの前半部分（とくに符号・解釈）に、人を支配するためなど自分の目標達成のための能動的攻撃行動をとりやすい人は、このプロセスの後半部分（とくに反応決定）に問題があることが明らかにされている（濱口, 2001）。

　森田・清永（1994）によると、いじめ集団の構造は、加害者と被害者だけではなく、それを取り巻く第三者から成り立っている。第三者には、いじめ行為を見てはやし立てたりして積極的に認める「観衆」、見て見ぬふりをすることで暗黙的にいじめを支持している「傍観者」がいる。いじめを止めようとする「仲裁者」が現れると、いじめがエスカレートするのを抑止する。しかし最近では、自分がターゲットにならないために、「加害者」や「観衆」「傍観者」でいようとする児童生徒が多くなっている。いじめの怖いところは、被害者という自分よりも下の者を作り出すことで、一時的に優越感というプラスの報酬が得られるところにある。このプラスの報酬が行動を強化するために、いじめ行為が継続してしまうことになる。

　いじめか否かの判断は、定義（▷2参照）にもあるように、被害者の主観が重視される。よって、対応としては、まずは被害者から丁寧に話を聞くことになる。その際には、客観的事実とともに、被害者の精神的な苦痛や辛さをしっかりと受け止めることで、教師は味方であることを伝える必要がある。「たいしたことないじゃないか」「もっと強くなれ」など、教師の不用意な言葉がさらにその子を傷つけることがある。本人の気持ちに寄り添って共感的に聞くことが求められる。いじめにより深刻な精神的被害を受けた場合には、スクールカウンセラーとも連携し、より専門的なケアを受けさせる必要がある。

　加害者グループのなかには、リーダー格の子ども、積極的に関与している子ども、悪いと思っていながら関与している子どもなど、いろいろな心情の子どもがいる。加害者に指導する時には、グループを一度に呼んで集団で指導することはせず、基本は一人ひとり別々に話を聞き、指導することが重要である。話を聞く時には、被害者と同様、客観的事実とともに、加害者の置かれた状況や気持ちもしっかりと聞くようにする。いじめという行為は絶対に悪いことで厳しく指導すべきである。しかし、ただ厳しく叱責するだけでは、加害者の新たな欲求不満を生むだけに終わる可能性がある。加害者の満たされていない欲求は何か、発達心理や対人関係、問題解決の未熟さはどこにあるのか、その後の指導のなかでこれらの視点をもつことが必要となる。「重大事案」と判断された場合には、策定が義務づけられている「いじめ防止基本方針」に基づき、教育委員会と連携し、支援体制を整え、詳細な調査を行ってくことになる。

▷7　いじめの重大事態
「いじめにより当該学校に在籍する児童等の生命、心身又は財産に重大な被害が生じた疑いがあると認める」事態（自殺等重大事態）および「いじめにより当該学校に在籍する児童等が相当の期間学校を欠席することを余儀なくされている疑いがあると認める」事態（不登校重大事態）と定義されている。自殺等重大事態とは、「生命被害」「身体被害」「財産被害」「精神被害」に分類される。不登校重大事態の相当の期間とは、不登校の定義を踏まえ、年間30日が目安とされている（文部科学省, 2017）。

4 反社会的行動を未然に防ぐためには

1 教育相談体制の確立によるチーム支援

　生徒指導は主に集団に焦点をあてるのに対し，教育相談は主に個に焦点を当て，面接などを通して個の内面の変容を図ろうとするものである（文部科学省，2010）。不登校など非社会的な問題に対しては，個別相談などの教育相談で対応がなされることが多いが，「反社会的行動はとかく厳しい指導のみに終始してしまう傾向」がみられる。例えば暴力的な児童生徒の背景には，親からの虐待，学級での不適応，学力不振，不良仲間との交友，生活のリズムが整っていない，発達上の偏りがあるなどさまざまな要因が絡んでいることが考えられる。よって，厳しい指導だけをしても，根本的な解決にならないのは明白である。個に焦点をあてた教育相談において，児童生徒あるいは保護者から丁寧に話を聞き，まずは抱えている問題を見立てることが必要である。その見立てに基づいて，本人との個別相談だけでなく，虐待の問題は児童相談所と連携，生活リズムについては保護者との面談，学力や発達傾向の問題に対しては専門機関につないで心理検査を実施するなど，きめ細やかに対応していくことになる。重要なことは，全教職員が全児童生徒の表情や見かけ，行動などのちょっとした変化を捉え，その情報が教育相談部にスムーズにあげられる仕組み，雰囲気があることである。問題が大きくなりそうな時には，早期に養護教諭，特別支援教育コーディネーター，スクールカウンセラー，スクールソーシャルワーカーなど，より専門性をもった人と連携し，早期対応につなげることが大切である。

▷8　ゼロトレランスとPBIS（Positive Behavior Intervention and Support）　ゼロトレランスとは，「規則違反は例外なく処分の対象とする」という「無寛容」の生徒指導の方法である。一方，PBISとは，ポジティブな働きかけで適応行動の増加を図り，結果的に問題行動を減らす生徒指導のアプローチ（栗原，2018）である。どちらもアメリカで開発され広まった方法であるが，PBISはゼロトレランス方式の罰則強化を批判していることもあり，その理念は両極端である。日本でも，近年，PBISの考え方や実践が導入され広まりつつある。

2 ユニバーサル教育（ソーシャル・エモーショナル・ラーニング）

　現在，ソーシャル・エモーショナル・ラーニング（Social and Emotional Learning：SEL）という予防教育が注目されている。SELは「自己の捉え方と他者との関わり方を基盤とした，社会性（対人関係）に関するスキル，態度，価値観を育てる学習」（小泉，2011）と説明され，さまざまな学習プログラムが開発されている。例えば，都内の公立小学校でも導入されたセカンドステップ（井部，2013）は，「相互の理解」「問題の解決」「怒りの扱い」の三つのプログラムで構成され，自分と他者の感情の理解から，問題解決や怒りの扱いの具体的なスキルまで発達に応じて学べる内容となっている。このような構造化されたプログラムでなくても，構成的グループエンカウンター，アサーショントレーニング，ストレスマネジメント教育，ピア・サポートプログラムなど，これまで日

本の学校現場で行われていたものを組み合わせて、年齢や学級の状態に合わせて実施することもできる。また、近年では「レジリエンス教育」も注目されている。教師が、年齢や学級の状態に合わせて、これらの予防教育を積極的に取り入れていく意識をもち、教えられる知識やスキルを習得しておくことが、予防には最も重要である。

3 保護者との協働による対応

海外の研究では、予防教育を効果的にするためには、保護者向けのプログラムも合わせて実施することが効果的であることが明らかになっている。例えば、オーストラリアのFriendly Schools Friendly Familiesといういじめ予防プログラムでは、いじめに対する正確な知識や態度、子どもをいじめから救えるという効力感、社会性を育みいじめを予防する子どもとのコミュニケーションという保護者向けのプログラムが開発されている。日本においても、いじめ防止対策推進法において保護者の責務が明記された。スクールカウンセラーなどと連携し、保護者向けの配布物や保護者会などの機会を利用し、保護者に対しても予防教育を行っていくことが求められてきていると言えるだろう。

▷9 レジリエンス教育
レジリエンスとは、困難な状況から立ち直る心の弾力性のことである。すなわち、何か辛いできごとがあったり、強いストレスにさらされても、それを乗り越えて立ち直っていく心のしなやかさ、精神的な強さである。子どもでも大人でも、ストレスのない人生はない。そのストレスに立ち向かえる心を育てるのがレジリエンス教育である。反社会的行動の背景にも強いストレスがあり、不適切な行動に走ることで心のバランスを必死にとっていると考えられる。そのような行動をとらなくても、ストレスにうまく対処していけるように、レジリエンスを高めることが予防につながるだろう。

Exercise

① 過去に起こった少年事件について一つ取り上げ、その処遇がどのようになったのかを調べてみよう。
② 現在、少年の間で「流行っている」非行は何か、新聞、インターネット、書籍などから調べ、その傾向を把握してみよう。
③ 本章であげた予防教育について一つ取り上げ、その構成、内容、実施の仕方をまとめてみよう。

📖 次への一冊

五十嵐哲也・杉本希映編著『学校で気になる子どものサイン』少年写真出版社、2012年。
　子どもたちが学校で出す気になるサインについて、その背景を多角的に捉え、どう対応したらよいかをフローチャートで具体的に知ることができる。

深谷昌志監修、深谷和子・上島博・子どものレジリエンス研究会『「元気・しなやかな心」を育てるレジリエンス教材集1──主に小学校低学年〜高学年向き』明治図書出版、2015年。
　レジリエンス教育を行うにあたって、学級で使える豊富な教材が紹介されている。道徳教育やちょっとした隙間時間に導入しやすい。

栗原慎二編著『ポジティブな行動が増え，問題行動が激減！ PBIS実践マニュアル＆実践集』ほんの森出版，2018年。
　PBISによる生徒指導アプローチについて理論だけではなく，実践方法も紹介されている。

ウォルター・ロバーツ Jr., 伊藤亜矢子監訳，多々納誠子訳『いじめっ子・いじめられっ子の保護者支援マニュアル　教師とカウンセラーが保護者と取り組むいじめ問題』金剛出版，2015年。
　教師―保護者―スクールカウンセラーのチームワークと問題解決スキルでいじめ問題に取り組むマニュアル本である。

山田勝之・戸田有一・渡辺弥生編著『世界の学校予防教育』金子出版，2013年。
　世界で行われている予防教育について広く知ることができ，自分の学級でどう取り入れられるかというヒントが得られる。

引用・参考文献

濱口佳和「子どもと攻撃行動――社会的情報処理の視点から」杉原一昭監修『発達臨床心理学の最前線』教育出版，2001年。

ハーシィ, T., 森田洋司・清水新二監訳『非行の原因』文化書房博文社，1995年。

法務省「平成29年版犯罪白書」2017年。http://hakusyo1.moj.go.jp/jp/64/nfm/mokuji.html（2018年3月1日閲覧）

法務省「少年矯正統計表」2017年。https://www.e-stat.go.jp/stat-search/files?page=1&layout=datalist&lid=000001187224（2018年3月1日閲覧）

井部文哉編『キレない子どもを育てるセカンドステップ』NPO法人日本こどものための委員会，2013年。

警視庁生活安全部少年育成課「少年非行の傾向平成28年度」2017年。http://www.keishicho.metro.tokyo.jp/about_mpd/jokyo_tokei/kakushu/hiko.files/hikou.pdf（2018年3月1日閲覧）

小泉令三『社会性と情動の学習の導入と実践』ミネルヴァ書房，2011年。

文部科学省『生徒指導提要』教育図書，2010年。

文部科学省「いじめの重大事態の調査に関するガイドライン」2017年。www.mext.go.jp/component/a_menu/education/detail/__icsFiles/afieldfile/2017/03/23/1327876_04.pdf（2018年3月1日閲覧）

文部科学省「平成28年度『児童生徒の問題行動・不登校等生徒指導上の諸課題に関する調査』」2018年。http://www.mext.go.jp/b_menu/houdou/30/02/__icsFiles/afieldfile/2018/02/23/1401595_002_1.pdf（2018年3月1日閲覧）

森田洋司・清永賢二『いじめ――教室の病』金子書房，1994年。

内閣府『第4回非行原因に関する総合的研究調査の概要』2010年。http://www8.cao.go.jp/youth/kenkyu/hikou4/pdf_index.htm（2018年3月1日閲覧）

斎藤環『ヤンキー化する日本』角川書店，2014年。

杉本希映「教育相談で知っておくべき子どもの問題と対応（2）いじめ」渡辺弥生・西山久子編著『必携：生徒指導と教育相談――生徒理解，キャリア教育，そして学校危機予防まで』北樹出版，2018年。

コラム⑦

ヤンキー文化の魅力

　「ビーバップハイスクール」「湘南爆走族」「岸和田少年愚連隊」「ごくせん」「クローズ」「ROOKIES」「ドロップ」「今日から俺は」……。CAROL,横浜銀蝿,氣志團,EXILE……。世代によって異なるだろうが,どれかは「観たことがある！」「聞いたことがある！」という人が多いのではないだろうか。もうお気づきだと思うが,これらは反社会的な様相をもった映画や漫画,音楽グループである。世代がばれるが,筆者自身も中学生の頃に「ホットロード」といういわゆる暴走族の少年少女を描いた漫画にはまったことがある。時代は変われども,反社会的なテーマを扱った作品や音楽グループは常に存在し続ける。これら映画や漫画は暴力にあふれており,もちろん法律に触れる内容ばかりである。常識やモラル,法律に反する作品なのに,なぜ,こんなにも若者に人気があるのだろうか。

　『ヤンキー化する日本』を書いた精神科医の斎藤環は,Wikipediaのヤンキーの解説が簡潔にまとまっているとしている。その定義とは「周囲を威嚇するような格好をして,仲間から一目おかれたい少年少女」なのだそうだ。齋藤は,「ヤンキーという場合,それは不良や非行のみを意味せず,むしろ彼らが体現しているそのバッドセンスな装いや美学と,『気合い』や『絆』といった理念の下,家族や仲間を大切にするという一種の倫理観とがアマルガム的に融合したひとつの"文化"を指すことが多い」としている。バッドセンスな装いや美学＝コミットメント,「気合い」＝インボルブメント,「絆」＝アタッチメント。これは,まさに本章で触れた社会的ボンド理論ではないだろうか（さすがに「ビリーフ」はあてはまらないが）。原田曜平が提唱した,地元に根ざし,同年代の友人や家族との仲間意識を基盤とした生活をベースとする若者をさす「マイルドヤンキー」という言葉も一時期よく耳にした。そのマイルドヤンキーがよく聞くのがEXILEだという。どちらも,絆や仲間意識がキーとなっている。先にあげた映画も,絆や仲間意識を扱ったものが多い。どの時代の若者も,いわゆる普通の友だちとの関係より,不良グループの熱くて濃い関係に魅力を感じ,そのような作品に惹かれるのかもしれない。もちろん,作品が好きなことと,実際に不良グループに入り反社会的行動を起こすこととはイコールではない。しかし,学校における人間関係は,クラスは,部活は,ヤンキー文化よりも魅力があるものになっているのだろうかと考えさせられてしまう。教師になり年を取ってくると,そのような若者に人気がある映画や音楽に触れなくなってしまう。だが,流行っている不良系の作品をあえて見ることで若者が求めていることを知り,自分が担当する学級や部活において足りてないことを検討してみるなどということも,ちょっと面白いのではないだろうか。

第8章
非社会的行動の理解と対応

〈この章のポイント〉
　非社会的行動は，個人の特質として理解できよう。その傾向が望まれる行動規範から外れる程度により，問題や不適応とみなされる。しかし，当事者にとっては生存に必要な選択である場合もある。したがって，望ましい方向へ向かわせるだけではなく，現状を丁寧に理解し積極的に評価することも必要である。対応においては柔軟性を確保し，目標設定，対応方法，対応する者の選定と対応者への支援，実施と評価等の吟味が望まれる。また，ほかの問題などが併存する場合もある。本章では，非社会的行動の理解，問題性，対応およびその周辺について学ぶ。

1　非社会的行動の理解

1　非社会的行動とは

　健康の定義として，世界的に最も認められているものはWHO（世界保健機関）憲章前文に記されたものであろう。そこには「健康とは，肉体的，精神的及び社会的に完全に良好な状態であり，単に疾病又は病弱の存在しないことではない」とある。ここに，社会性が健康にとって重要な要件であることが示されている。

　社会性とは，社会への参加や協調，貢献，そこから成長や健康，幸福などを得ることと集約できよう。この社会性の不具合の一つとして非社会的行動があり，社会性の低減や欠如として考えられる。そして，その程度あるいは状況の困難さによっては，非社会的問題行動と呼ばれる。

　文部省は「生徒の問題行動に関する基礎資料」（生徒指導資料・生徒指導研究資料）において，非社会的問題行動を「他人に危害を加えたり，迷惑をかけたりすることがなくても，自己の健康や徳性を害し，健全な発達を妨げる行為がある。これらは，一般に非社会的問題行動と言われている」（文部省，1979，5ページ）とし，いくつかの具体例として，極端な無口，引っ込み思案，投げやりな生活態度，仲間からの孤立，登校拒否，家出，自殺の企て，睡眠薬や覚せい剤の濫用，シンナー等の吸引などをあげている。これらのうち，家出や薬物濫用などは，今日では反社会的問題行動とされるが，以上から，非社会的行動

▷1　WHO（世界保健機関）
国際連合の専門機関の一つ。1948年設立。World Health Organizationの頭文字を取ってWHOと表記される。憲章は，WHO設立に先立ち1946年に世界保健会議で採択された。

▷2　生徒指導資料・生徒指導研究資料
文部省が1963年度以後，生徒指導の充実，強化を重点施策とし，その一環として編集，公刊されている。

第Ⅲ部　子どもの抱える困難さへの対応

あるいは非社会的問題行動とは具体的にどういうことなのか，概略が理解できよう。

生徒指導や教育相談において，文部省・文部科学省は，基本書として『生徒指導の手引（改訂版）』[3]（1981年）およびその進化版ともいえる『生徒指導提要』[4]（2010年）を著している。「手引」においては，ほとんど非社会的行動には触れられていないが，「提要」においては，「学校生活で友人もほとんどなく，学級活動・ホームルーム活動，学校行事にもほとんど参加せずに，他人への関心をもたず自分の殻に閉じこもっている児童生徒も要注意です」（文部科学省，2010，164ページ）とし，不登校や発達障害[5]への配慮など，個別の課題への対応として取り上げている。

このように，非社会的行動は以前から認識されてはいたが，今日では引きこもりの問題なども含めて，さらに注目され，対応が求められている。乱暴な行動が目立つことは少ないだけに，見逃されることがないよう気をつけなければならない。

２　非社会的行動における適応性と不適応性

適応とは，文字通り応じて適することである。簡単に言うと「うまく付き合うこと」である。適応には，いわば二つの方向性がある。一つは自己への適応であり，もう一つは社会への適応である。

自己適応とは，自分とうまく付き合えることである。それは，自己肯定や自己受容，自己尊重，自己効力感[6]の自覚，そして適切に自己を守ることなどである。自己不適応とは，自己否定や自己嫌悪，自己否認，自己卑下，無力感などである。

社会的適応とは，周囲とうまく付き合っていけることであり，周囲の種類や規模は成長にともないさまざまに変化していく。社会的適応とは社会への参加，協調，協働，共存などが適切に実現されていることであり，社会的不適応とは，孤立や非協力，攻撃や敵対などといえよう。

すでに述べたとおり，非社会的行動は社会性の低減や欠如の一形態であるので，その程度による不適応は容易に想定できよう。社会や他者とうまく交流できないということや，そもそもそういった状況から逃避するなど，関係性の構築の不調が背景にあると考えられる。それが周囲から口数の少ない静かな人，おとなしい人，従順な人などと見られていても，本人なりの自己適応や社会的適応にそれほどの問題がなければ，本人の生き方として尊重すべきであろう。臆病だったり用心深かったり，多少の消極性や神経質さも，それはその人の個性と見ることも重要である。しかし，程度によっては看過しがたいことも少なくない。

▷3　『生徒指導の手引（改訂版）』
1965年に公刊された「生徒指導の手びき」の改訂版で1981年に公刊された。生徒指導の基本書として，生徒指導と教育課程，生徒指導体制，青少年非行の現況と課題などの改定が行われている。

▷4　『生徒指導提要』
『生徒指導の手引（改訂版）』の進化版。小学校から高等学校段階までの生徒指導の理論や考え方，指導の実際などについてまとめられた，生徒指導の基本書とされている。

▷5　発達障害
生まれつきの脳機能障害で，ASD（自閉スペクトラム症），ADHD（注意欠陥多動性障害），LD（学習障害）が重なり合うと説明されることがある。さまざまな適応が促進される可能性はある。

▷6　自己効力感
カナダの心理学者，アルバート・バンデューラ（A. Bandura）が提唱した概念。ある行動を，自分が十分に遂行できるという確信をいう。

第8章 非社会的行動の理解と対応

登校拒否や不登校[7]、場面緘黙を含む緘黙[8]、親などへの過度の依存、引きこもりなどの極端な孤立、頻繁に起こる対人関係の不調など、本人も何らかの改善を求めていることもある。こういった場合は、適切な適応に向けての支援や教育が求められる。

他方、一見、不適応的であっても、それは無理な適応あるいは不適切な適応から自分を守るがゆえの行動であることもある。自身を害するほどの重大な消耗から自分を守っているのである。状況に応じて、自他を害することなくうまく付き合っていくことは必ずしも容易ではない。時には、やむなく自分を大切にすることを優先せざるをえない場合もあるだろう。そういった行動に対して、一見不適応的であっても、そこに自己を守るための適応性を見出す必要がある。

③ 避難もしくは生存（サバイバル）としての非社会的行動

避難とは危険を避けることであり、ここでいう生存（サバイバル）とは困難を避けもしくは乗り越え、生きのびることをいう。

ある不登校児は授業についていけず、「先生の話はさっぱりわからない」と言った。そんな自分が情けなくなり、自信もなくなった。同級生からは茶化され、時にバカにされ、居場所ももてずにいたが、誰からも「学校は行くものだ」と言われ、我慢して頑張って行っていた。しかし、ある時、ふと休んでしまった。そして休みが続いた。本人にかかわることになったカウンセラーは本人にきいてみた。「我慢して、頑張って学校に行っていたのは偉いね。でも、きついこともあったみたいだね。もし君がもっと頑張って学校に行っていたら、だんだんいいことも増えてきて、元気が出るようになっただろうか。それとも、どんどん元気がなくなってしまっただろうか。どっちもちょっとずつあるかもしれないし、どっちもないかもしれないね」。その時の本人の気持ちは、行けば行くほどボロボロになってしまいそうな感覚だった。ふと学校を休んだことや休みが続いたことは、逃避ではなく避難だったと思われた。少なくとも、避難とみる見方は成り立つと思われた。カウンセラーは、今の状況を、避難すなわち生きていくための選択として学校を休んでいると見立て、そのように本人に伝えた。本人がどのように受け止めたかは定かでないが、落ち着きは取り戻したように見られた。

この不登校児へのかかわり方には、さまざまな方途があろう。それらについて検討することは必要である。しかし、基盤となる見方において、問題や不適応と見るか、避難や生存と見るかは、当の本人が適応感をもてるか、不適応感につつまれてしまうかの境目になるだろう。非社会的行動には自分を守るという側面があると思われる。このことを忘れず、避難や生存の視点をもつことが

▷7 登校拒否・不登校
統一された定義はない。文部科学省は「何らかの心理的、情緒的、身体的、あるいは社会的要因・背景により、児童・生徒が登校しない、あるいはしたくともできない状況にある者（ただし、「病気」や「経済的な理由」による者を除く。）」としている。

▷8 緘黙
器質的な問題がなく、極端に話さない症状。どのような場面でもほとんど話さない場合を全緘黙と呼び、特定の場面で話さない場合を場面緘黙と呼ぶ。心因性の不適応とされる。

重要である。

非社会的行動は、本人の個性や生き方として尊重すべき面がある。他方、何らかの支援や教育が必要と思われる面もある。その境界や、あるいは問題性や不適応性を検討する際には、その非社会的行動を多面的に理解する必要がある。それは端的に言うと、状況を問題に直結させないことである。状況がどのような問題や利益を生んでいるのかを探るのである。

2016年、「義務教育の段階における普通教育に相当する教育の機会の確保等に関する法律」が成立し、同時に一部先行施行された。これにあわせて、2017年、「義務教育の段階における普通教育に相当する教育の機会の確保等に関する基本指針」が策定され公表された。そこには「不登校は、取り巻く環境によっては、どの児童生徒にも起こり得るものとして捉え、不登校というだけで問題行動であると受け取られないように配慮し、児童生徒の最善の利益を最優先に支援を行うことが重要である」（文部科学省，2017，2ページ）とある。

非社会的という状況が直接的に問題なのではない。状況自体が問題であることに執着すると、理解も対応も見誤ることになりがちである。その状況の意味を多面的に探究することが求められる。

2　非社会的行動の問題性

1　誰にとっての「問題」か

ある場面緘黙児は、小声ではあったが家庭ではとくに困ることもなく話せていた。しかし、登校するとほとんど口をきくことはなかった。担任教師とは二人きりなら多少の会話はできた。一人きりでいることが目立つが、それで困った様子は認めにくかった。成績は目立たない程度に良いほうであった。両親は本人の学校での様子をある程度は承知していたが「緘黙」という認識はなかった。同居する祖母も同様であったが、心配はしていたようであった。同じ学校に通うきょうだいは、本人のことをあれこれと聞かれ、若干参っていた。同級生は、とくに仲間はずれにしているわけでもなく、さりとて積極的に誘うこともなかった。担任教師は「場面緘黙」ではないかと考え、スクールカウンセラーに対応についての示唆を求めた。スクールカウンセラーは授業を参観させてもらい、数名の同級生から話を聞いた。たしかに「場面緘黙」と思われた。きょうだいにも話を聞き、両親や祖母とも連絡を取り合った。

例えばこのような時、誰にとってどのような問題を考えられるだろうか。本人は、ちょっとさびしいかもしれないが、あまり困っていないのかもしれない。家庭や学校で、親や教師とはなんとか話せているようである。本人にとっ

▷9　義務教育の段階における普通教育に相当する教育の機会の確保等に関する法律（教育機会確保法）
不登校の子どもに学校外での多様な学びの場を提供することを目的とした法律。教育を受ける機会を確保するための施策を国や自治体の責務として、必要な財政上の措置を講じることを求めている。

▷10　義務教育の段階における普通教育に相当する教育の機会の確保等に関する基本指針
教育機会確保法第7条に基づき策定された。同法の施策を推進するための基本的な指針。不登校児童生徒への支援が適切に行われるよう配慮を求めている。

▷11　きょうだい
事例を公にする場合、守秘の観点から同胞の性別を明示せず表記する際に使われる。兄弟と表記すると男性と判断できるが、きょうだいであれば性別は明示されないとして、慣例的に使用される。

ては，なんとか話せているのではなく，じゅうぶんに話せているのかもしれない。きょうだいは同胞のことであれこれ聞かれ，参っているようであるが，緘黙の心配はそれほどでもないのかもしれない。同級生は，無口で静かで一人が好きな子，くらいに思っているようで，あまり気にしているようではない。両親は，家では普通に思え，成績も問題ないので，問題という感覚がないようである。しかし，祖母は「困ったことになりはしないか」と案じているようである。担任教師とスクールカウンセラーは協調関係にあり，互いに協力的である。担任教師は，至急の問題とは思っていないが，何らかの対応を要するのではないかと考えている。スクールカウンセラーは，家庭と学校での様子から，心因性の場面緘黙ではないかと考えた。

▷12　心因性
何らかの症状における心理的，精神的原因。原因を考える際，体質や遺伝などの内因や外傷などによる外因がある。

このように，非社会的行動の問題は，本人と本人を取り巻く人々において，さまざまに「問題」となる。先に述べたように，状況を問題に直結させないかかわりを丁寧に進め，誰にとってどのように問題なのかを把握することが重要であろう。また，次の例に見られるように，問題自体の整理が必要となることもある。

　ある不登校児は，学校に行くよう強く言われることが責め苛まれるようで苦痛であった。母親は夫から「家庭のことは任せているのにこんなことでは困る」と突き放され，子どもの将来への不安と夫への不満で一杯であった。夫はふがいない子どもと頼りない妻への不満で一杯であった。同居する祖父母は世間体を気にした。担任教師は，自分の学級から不登校児が出たことを不名誉なことと思い，苦々しく思っていた。

　極端な例と思うかもしれないが，似たような状況は少なくない。ある状況において，どのように困っているかは人それぞれなのである。

2　「問題」による利益と不利益

　人々が「問題」という時，無自覚のうちに使い分けていることがある。非社会的行動に限られることではないが，この無自覚な「問題」の使い分けを自覚することが，「問題」へのアプローチを明確にすることがある。その使い分けとは，困ったことや苦悩としての，いわばトラブルとしての「問題」と，「〜ということ」と置き換えることのできる出来事としての「問題」である。

　まず，困ったことなのか，出来事なのか，区別できるならば区別すべきであろう。区別する過程において，「問題」から距離を置き，冷静に「問題」について検討することもできる。

　非社会的行動は，当面，本人にとっては難局から離れられることになる。避難ならばなおさらであるが，逃避であっても，ほっと一息はできるだろう。できなければ，一息つけるように支援するのである。そうした時間は，次の対応

に向けて動き出す余裕を生み出すことがある。いわば、立てなおしの態勢作りといえよう。その行動を周囲が気づくことによって周囲が本人の難局を認識することにつながる。そして、対応への要請が生まれる。

困ったことであれ出来事であれ、本人にとどまっているのではなく周囲がかかわることで、必要な対応が促進されるだろう。リスクマネジメント▷13の考えを援用するならば、できるだけ少ないコストで効果的な働きかけを可能にする、ということにつながっていくと言えるだろう。さらに、働きかける側の体制作りにも貢献する。

他方、非社会的行動には不利益もある。人間関係の不調、学力の損失、将来への不安や展望のもちにくさ、孤立感や置いてけぼり感▷14などさまざまである。

こういった不利益は本人にとっての不利益であるだけではない。将来にわたる社会参加の不足や欠如は、生産性の縮小や納められる税金などの減少など、大げさかもしれないが、社会にとっても損失なのである。こうした社会的損失も、さまざまな非社会的行動から予測される不利益を考える時に忘れてはならないことであろう。

③ 非社会的行動の問題性の特徴

非社会的行動は、程度によってはとくに困ったことでも気がかりでもない場合でも、ひとたび問題行動もしくは不適応行動のレッテルをはられると、問題行動等としてひとり歩きしてしまうことがある。つまり、本人はたいして困っていないのに困ったことだとされてしまう傾向がある。

例えば、内気であることや口数が少ないことは、本人がそういう自分に適応しているのならば、ことさら問題視する必要はないのである。それを、もっと外交的かつ社交的にふるまわねばならないとか、もっと積極的に発言し交流すべきであると半ば強制することは、そのほうが問題である。あるいは、気がかりでなかったことが問題視されることによって気がかりになってしまうこともある。困ったことなのかどうなのか、注意を払うべきである。

非社会的行動が問題視される時、本人だけの問題にされやすい傾向が見受けられる。不登校や緘黙、引きこもりなど、非社会的行動が問題となる時、本人に問題があるのだとされることは少なくない。本人がしっかりすべきであるとか、本人の意思ややる気が一番大事なのだとか、本人が動き出さないと何も始まらないとか、とかく本人に問題が集約されてしまうのである。

非社会的行動は、本人だけが頑張ったからといって単純に変化が見込めるわけではない。本人の働きは、変化への重要な側面ではあるが、変化はそれだけから得られるものではないのである。本人の状況、本人を取り巻く状況、そして、時には何らかの疾患や障害が潜んでいることもある。本人さえ云々、と何

▷13 リスクマネジメント
リスク（危険）をマネジメント（組織的管理）する考え方の体系。危険の回避や減少を目指している。リスクアセスメントとリスク対応からなる。

▷14 置いてけぼり感
置いてけぼりにするとは、置き去りにすること。孤立感や孤独感、仲間や本来は近しく交流する人たちとの縁遠い感覚をさす。

もかもを本人に集約することは危険でさえある。

　また，非社会的行動の問題は，本人と周囲のごく限られた範囲に集約される傾向がある。非社会的行動はその非社会性ゆえに目立った形で表面化しにくく，困ったこととしては本人だけか，その周囲のごく限られた範囲にとどまることも少なくない。長期化することも少なくなく，支援や援助につながることが容易でないこともある。例えば不登校は，卒業や退学など学校から離れると，社会的不適応状況は変わらないまま，不登校ではなくなる。そうすると，学校や教師のかかわりは途絶えるか，著しく制限されるだろう。継続した支援をいかに維持するかは，大きな課題である。

　非社会的行動には，何らかの疾患との関連があることもあるようである。ある医療機関では，不登校児に見られる腹痛などの症状の診断と治療を試みている。その結果，多くの症例において症状が改善し登校に至ったことが報告されている。担当医師は「きちんと診断し治療することが不登校から抜け出すきっかけになる」と語っている。

　また，文部科学省は「自閉症[15]，学習障害（LD）[16]，注意欠陥多動性障害[17]（ADHD）などの発達障害のある児童生徒の場合，自己の興味関心へのこだわりが強すぎることや他人への配慮に欠けることがあり，極端に友人が少なかったり，集団になじめないなどの状況になっている場合があります。このような児童生徒に対して，教員は特段の注意を払わない場合が少なくありません。しかしながら，将来，自立が困難であったり，社会とうまくかかわることが困難な状態になる可能性が大きいことから，これらの児童生徒に対しては，特段の配慮が必要です」（文部科学省，2010，164ページ）と，非社会的行動の背景に何らかの障害が考えられることを示している。

　このように，非社会的行動には，「こころの問題」だけに終始しないかかわりも要請されよう。

　他方，非社会的行動は，乱暴であったり，規則を守らなかったり，飲酒や喫煙などの非行，すなわち反社会的行動に比して問題視されにくい傾向がある。文部省『生徒指導の手引（改訂版）』（1981年）では，非行は取り扱われているが，登校拒否などの非社会的行動を扱う章は設けていない。また，後の文部科学省『生徒指導提要』（2010年）においても，自殺と不登校が取り上げられているが，反社会的行動に比して少ない。

　ことさらに問題視することには慎重であらねばならないが，同時に，見過ごすことのないような配慮も必要である。

▷15　**自閉症**
今日，自閉スペクトラム症（Autism Spectrum Disorder：ASD）と表記される。社会的コミュニケーションや社会的相互作用の持続的な欠陥と，限定された，反復的な行動，興味，または活動の様式を中核症状とする。

▷16　**学習障害**
LD（Learning Disability）。全般的な知的発達に遅れはないが，聞く，話す，読む，書く，計算する，推論する能力などのうち，特定のものの習得と使用に著しい困難を示すさまざまな状態をさす。

▷17　**注意欠陥多動性障害**
ADHD あるいは AD/HD（Attention Deficit/Hyperactivity Disorder）。注意欠陥・多動性障害と表記されることもある。多動性や衝動性，不注意を主な症状とする。

3 非社会的行動への対応

1 支援目標の設定

　支援の要請に応えるにあたって，どこへ向かって，何をどのようにしていこうとするのか，本人や支援者の間でできるだけ納得したうえで，柔軟に設定することが望ましい。そのためには，まず，上質な関係を築き，保持することが求められる。この基盤となるのが，傾聴と対話である。

　聴くことには大きく二つの意味がある。一つ目は情報収集のための傾聴である。支援者にとってよりよくかかわっていくために必要な情報を得るのである。例えば，必要なパズルのピースを集めるようなイメージである。また，よりよくかかわっていくには，支援者側がより多種多様なかかわり方を備えていることが重要である。「これしかできません」というのでは心もとない。二つ目は，本人が話したいことや伝えたいことを聴くことである。これは，必ずしも支援者にとって，今まさに知りたいことではないことかもしれない。しかし，本人にとっては，話したいこと，伝えたいこと，表現したいことが丁寧に受け取られることが，相手が，そして自分自身が「自分にしっかりとかかわっている」ことを確認することにつながる。つまり，信頼と安心のある関係性を築くことに貢献する聴き方である。例えば，パズルのピースが一見無作為に与えられ，なかなか形にならないようなイメージである。

　また，聴くだけでなく，対話することも重要である。本人は支援者のことを知りたいと思っている。単に聴いてもらうだけでなく，聴きたいとも思っている。対話がともなうことで，傾聴自体が有力なかかわりにもなっていく。

　目標設定のポイントは可能性とわかりやすさにある。目標は，本人や本人を取り巻く人々のそれぞれにおいて，さまざまに考えられよう。そのなかから優先されるべきことや，まず取りかかれることなどを考慮して設定することになる。その際，必ずしも最終目標としての望ましいと思われる適応のあり方とは異なるかもしれない。どういう行動や思考，感じ方，自己感などをどのように変容させていこうとするのかを考える時，できる程度に，わかりやすい言葉で記述できるように設定することが望ましい。

2 支援方法の選定

　支援方法は，目標達成への道程として考えられよう。方法選定においては，ある程度状況が望ましい方向へ変化したことを想定し，仮のその状況から振り返って「何があったからこうなれたのか」を検討してみると考えやすくなる場

▷18　上質な関係
支援を受ける者と支援者の関係性については，しばしば信頼関係が重視される。しかし，この時の信頼は支援を受ける者が支援者を信頼することと理解されている場合が少なくない。上質な関係とは，こうした一方通行的な信頼関係ではなく，相互の信頼関係がある関係をいう。支援者も，支援を受ける者を信頼している関係である。

第8章　非社会的行動の理解と対応

合がある。それは，今，何が求められているのかを明らかにすることにつながるからである。今，何が求められているのかの見当がつけば，それを実現するための方法を選びやすくなる。選ぶためには，可能な方法をいくつかもち合わせていることが望ましい。

また，かかわり方としては以下のような方法が考えられよう。

・気づきや自発性を促す方法

本人や本人を取り巻く人々にある程度の洞察力が期待され，ある程度の対話が成り立っている時に適用できる。対話によって自己の内面を探求し，気づきを促し，適応的行動へ向かわせようとする。背景に力動論◁19をもつ。

・行動や思考の実際的変化を促す方法

この方法では，変化を目指す非社会的行動をある程度具体的に書き出すことができ，どういう状況（環境）において，先行するどのようなことが起こった時に見られ，短期的ではあっても本人が何らかの利益を得ることがある程度わかっている時に適用しやすい。環境や先行する状況，その受け取り方，利益などをコントロールすることによって変化を得ようとする。背景に行動論◁20がある。

・関係形成と語り合うこと自体を目指す方法

気づきにつながるような対話はまだまだこれからというような時，あるいは具体的な行動変容の様子を描きにくい時でも適用できる。本人の主体性を尊重し，傾聴を主とする対話と援助的にかかわる関係自体を作ろうとする。安心のなかで尊重される体験から，自らの生きる道を見出していく。背景にPCA◁21がある。

・本人ではなく本人を取り巻く環境に働きかける方法

本人への接触が容易ではない時，あるいは環境への働きかけのほうが可能な時，問題は必ずしも症状を呈している本人ではなく環境にあるとも考えられる時に適用できる。周りが変われば本人も変わる，あるいは本人の状況の意味が変わると考える。本人を改善／支援の対象と端的に見ることから離れ，本人を取り巻く状況や環境に視野を広げ，問題がその環境などとの何らかの相互作用があるなら，その環境などに働きかけようとする。背景にシステム論◁22がある。

・これらの混合や統合した方法

実際のかかわりにおいて，単一の方法が十分に機能することは考えにくい。必要に応じて，あるいは限られた適用可能性のなかで，以上にあげたさまざまな方法を臨機応変に組み合わせて適用する柔軟性も求められる。

3　支援者の選定・協働と支援者支援

支援者を選定する際，担当を1人にしないことが勧められる。中央教育審議

▷19　力動論
精神分析を起源として発展してきたさまざまな心理療法群。未だ十分に意識化されていない自己の内面の探求を重視する。

▷20　行動論
経験を通して行動に一貫した変化が起こるという学習理論に基づく。行動には体の動きだけではなく情緒的反応や認知的反応なども含む。

▷21　PCA
パーソン・センタード・アプローチ（Person Centered Approach：PCA）。アメリカの心理学者，カール・ロジャーズ（C. R. Rogers）による来談者中心療法に起源をもつ。援助者の仕事は，相手の自己実現傾向を促進する条件を整えることとする。

▷22　システム論
システムとは「秩序だったまとまり」である。システム論では，そのまとまりに属する者の問題はそのシステムにおいて何らかの機能を果たしていると考える。したがって，そのシステムに関与することで問題にかかわろうとする。

第Ⅲ部　子どもの抱える困難さへの対応

▷23　中央教育審議会
文部科学大臣の諮問機関として文部科学省に置かれている審議会。文部科学大臣の諮問に応じ，教育や学術，文化にかかわる政策を審議して提言する。

▷24　チーム学校
2015年の「チームとしての学校」に関する中央教育審議会の答申において用いられた。教員の指導力が発揮できる教育環境整備の一環として，さまざまな専門性や経験をもつ専門的スタッフを学校に配置し，教員と教員以外の者がそれぞれ連携して学校組織全体が一つのチームとして力を発揮することで学校組織全体の総合力を高めていこうとする。

▷25　バーンアウト（燃え尽き症候群）
意欲を持って取り組んでいた活動に対し，まったく魅力を失ってしまう状態。心因性のうつ病の一種でもある。

会は文部科学大臣からの諮問を受け，2014年にチーム学校に関する答申を出している。そこにも「個々の教員が個別に教育活動に取り組むのではなく，校長のリーダーシップの下，学校のマネジメントを強化し，組織として教育活動に取り組む体制を創り上げるとともに，必要な指導体制を整備することが必要である」とし，「生徒指導や特別支援教育等を充実していくために，学校や教員が心理や福祉等の専門家（専門スタッフ）や専門機関と連携・分担する体制を整備し，学校の機能を強化していくことが重要である」（中央教育審議会，2015，3ページ）と明記されている。

　また，本人に直接接する者は，可能な限り本人の希望に沿うことが望ましい。支援にあたる者の力量や余力，そこに向けられる期待の適切性なども考慮すべきことがらである。

　また，非社会的行動への対応に限らないが，支援において忘れられがちなことが，支援者支援であろう。援助職のバーンアウト（燃え尽き症候群）は，支援を担う者の熱意や誠実さ，真面目さ，責任感，そして優しさなどが災いして起こる。力を使い果たし，精根尽き果てるだけでなく，ミスを起こし，自傷他害に至ることもある。支援者が人知れず孤立して頑張りすぎていないか，支援者自身の悩みや苦悩は適切に対応されているか，特定の支援者に過重な負担がかかっていないかなど，支援者への心配りは，支援活動の質を維持・向上させるだろう。

4　支援の実行と評価

　支援の目標設定や方法，支援者の選定は，必ずしも順次，段階的に行われるわけではない。実際は，多少の時間的ずれをもちながら，かなりの部分で重なりながら同時進行的に行われる。目標を確定してから次に進むのではなく，目標を決めつつ，方法を思案しつつ，担当者を決めつつかかわり始めながら進めていく場合が多い。そうでなければ，目標の共有ばかりにいたずらに時間を消費してしまうからである。この並行的なかかわりをより可能にするためにも，チームとしてかかわりが重要になるだろう。

　支援の評価においては，視覚化された表面的な評価にならないよう留意する必要がある。非社会的行動の変容は，はっきりと見える形にはなりにくい場合も少なくないからである。例えば，不登校児がちょっと学校のことも考え始めた，などという「こころの変化」は，それを感じ取ることができた人には「変わってきたかな」と思えるが，具体的な証拠は示し難い。費用対効果や時間対効果などはひとまず棚上げし，小さな変化や感覚的な変化も尊重されるべきであろう。

　また，支援者の主観的評価や本人がどのように考えたり感じたりしているか

第8章 非社会的行動の理解と対応

も重要な観点である。評価というととかく客観性が重視されるが，当の本人にとってどうなのかという主観的評価も，同様に重視されるべきであろう。

実践的取り組みの評価としてしばしばその拠りどころとなる考えが，PDCAサイクル[26]であろう。PDCAサイクルの考えは，Plan（計画）→ Do（実行）→ Check（評価）→ Act（改善）を繰り返すことでさまざまな取り組みの継続的な改善が可能であるとしており，おおいに参考になろう。

▷26 PDCAサイクル
管理業務を円滑に進める方法として，第二次世界大戦後頃から考案された。管理業務に限らず，さまざまな取り組みの点検・評価に応用されている。

4 非社会的行動の周辺

1 いくつかの非社会的行動の併存

いくつかの非社会的行動が併存[27]することは少なくない。それぞれの非社会的行動間の因果関係は明確ではないが，相互に影響しながら，いくつかがともにあるのである。例えば，不登校で引きこもりでもある場合や，引っ込み思案で無口であること，極端に消極的で依存的で頻繁に責任転嫁するなど，さまざまな併存が考えられる。

併存する非社会的行動は，どちらかが他方を引き起こしたのかもしれないし，同根の一つのこととしてみなしうるかもしれない。非社会的行動としていくつかの不適応行動を呈する場合，問題が複雑であったり深刻であることもある。本人のQOL[28]を考え，本人の要望や能力，意欲などもよく理解していくことが望まれる。

▷27 併存
二つかそれ以上のものが同時にあること。病気や症状について考える際に，合併症が，ある病気が原因になって起こる病気であることに対し，因果関係に関係なく同時に複数の症状があることとして用いられる。

▷28 QOL
クオリティ・オブ・ライフ（Quality of Life：QOL）。生活の質や人生の質をさす。人間らしさや自分らしさ，生きがいや幸福感などを重視する考え方。

2 反社会的行動の併存

反社会的行動は，非社会的行動と行動の方向性がまったく逆であるように見える。しかし，両者が併存することもある。

非社会的行動を内面への逃避とするならば，反社会的行動は外側への反抗というかたちで現れると考えられるだろう。つまり，本人にとってのストレスフルな状況やその蓄積などへの反応として併存することがある。例えば，引きこもりであり家庭内暴力が絶えない場合，不登校であるが夜間徘徊や飲酒・喫煙をする場合などさまざまである。どちらかというと行動化[29]しやすい環境や対象に向けて現れるように思われる。つまり，意図的な反抗や暴力，わかっているうえで迷惑をかけようとするのではなく，無意図的な行動としての反社会的行動である場合が少なくない。

▷29 行動化
アクティングアウトとも言う。衝動を抑えられなく行動に移してしまうためにこう呼ばれる。セルフコントロールを失った状態で，行動化された行動は破壊的であることが多い。

3 環境や状況により出現する非社会的行動

非社会的行動は，状態的であるとは限らない。不登校や引きこもりなどはほ

ぼ常にそういう状態であることが多いが，なかには時々外出したり，たまに登校する場合もある。場面緘黙は緘黙場面以外では話せるので，緘黙が常態化しているわけではない。内弁慶などと呼ばれる傾向も，「外」では引っ込み思案で消極的であっても「内」では活気的に行動できる。このように，非社会的行動は必ずしも常態化しているわけではない。非社会的行動について語る時に，まるでいつもそうであるかのように見てしまうことや，そのことでその人のほとんどを語りえたように思うことには注意が必要である。

　また，非社会的行動は成長により変化する場合も少なくない。幼少期には人見知りが強く，なかなか友人もできなかったが，長じてごく普通に対人関係がもてるようになることは珍しくない。言葉かけや挨拶の仕方，仲間入りする時の作法などがよくわかっていなかった時には孤立的であっても，それらが身についてくると孤立することがなくなることもある。

　不登校は卒業や退学などで学校との縁が切れると，もはや不登校ではなくなる。これは問題の形が変わることであって，非社会性の解消ということではない。しかし，不登校ではないこととしての受け止め方や考え方，対応などを考えていく可能性が開かれることでもある。学校文化への適応は困難であったが，学校から離れることによって適応の可能性が広がることがある。あるいは，高校ではうまくいかなかったが，大学では適応的な場合もある。状況や環境が変われば，非社会的行動の様態も変化することも知っておきたい。

　あるいは，特定の条件が影響することもある。例えば，一人では対人関係がとり難く孤立してしまうが，母親がそばにいれば仲間遊びができる場合がある。母親でなくても，特定の友人が一緒であれば，一人でいる時とずいぶん違う対人関係のもち方ができる場合もある。逆に，何らかの特定の条件の下ではうまくいかないこともあるだろう。このように，ある条件が整えば，もしくはある条件がなければということは，その非社会的行動の社会化を促していくかかわりを検討するうえで活用できよう。非社会的行動を見ていく時には，その非社会性だけではなく，不十分ではあっても，社会化されている部分に目を向けることも重要である。

Exercise

① 自分に潜む，あるいは自覚する非社会的行動もしくは非社会性を取り上げ，それらはどのような対応を欲しているか——あなたがどうしたいかではなく——どうされたがっているかを，「非社会的行動や非社会性の立場」から考える，もしくはディスカッションしてみよう。

② 任意の避難もしくは生存（サバイバル）としての非社会的行動を想起し，

そのような状況に至った過程を思いめぐらせてみよう。
③　世界各国に見られる非社会的行動情報をかき集め，それらの現状や問題性，文化・社会的背景などについて比較検討してみよう。

📖 次への一冊

小柳晴生『ひきこもる小さな哲学者たちへ』日本放送出版協会，2002年。
小柳晴生『大人が立ち止まらなければ』日本放送出版協会，2005年。
　　同じ著者の新書を2冊並べて薦める。今日の日本は豊かな社会へと成長してきたが「豊かさ」は必ずしも生きやすさに結びつかず，物や情報の洪水に溺れそうになることもある。この2冊は，そうしたなかで苦悩する子どもたちや若者たちに寄り添ったカウンセラーの渾身の呼びかけである。
駒込勝利『子どもの心を育てる──児童の問題行動の理解』ナカニシヤ出版，2003年。
　　著者の学生相談や教育相談の体験から，子どもの心を育てるための「理解」の重要性を説き，さまざまな「問題行動」をどのように理解し対応を試みるか，事例とともに紹介されている。
増井武士『不登校児から見た世界──共に歩む人々のために』有斐閣，2002年。
　　不登校児と心の辛苦をともにし，それにそった著者の理解と援助的実践についてまとめられている。「不登校児は逃避しているのではなく，どこにも逃げ場がない子なのです」といった表現は，まさに不登校児から見た世界を言語化したものである。
田嶌誠一『現実に介入しつつ心にかかわる──多面的アプローチと臨床の知恵』金剛出版，2009年。
　　面接室だけでなく，本人をとりまく生活空間全体を見渡し，ネットワーク作りや居場所作り，家庭訪問など「現場」へのかかわりを駆使し，幅広い援助を試みる著者の実践が公開されている。
樽味伸『臨床の記述と「義」──樽味伸論文集』星和書店，2006年。
　　33歳で亡くなった精神科医の論文集である。支援者の自覚を持って他者とかかわろうとする者の臨床についての熟考を促し，豊かにしてくれる。その豊かさは，教育相談について学ぶ者の支えにもなるだろう。

引用・参考文献

中央教育審議会「チームとしての学校の在り方と今後の改善方策について（答申）」2015年。
文部科学省『生徒指導提要』教育図書，2010年。
文部科学省「義務教育の段階における普通教育に相当する教育の機会の確保等に関する基本指針」2017年。
文部省『生徒の問題行動に関する基礎資料』大蔵省印刷局，1979年。
文部省『生徒指導の手引（改訂版）』大蔵省印刷局，1981年。

コラム⑧

非社会性の内側

　非社会性について語る時，望ましい形での社会参加や対人関係への消極的，回避的，逃避的，あるいは拒否的な行動として語られることは少なくない。たしかに，外から見るとそのように語られなくもない。しかし，その内面も同様に語りえるものだろうか。

　ある青年は，無口で不愛想と人から言われていた。自分でもその自覚はあったが，けっして消極的だのなんだのということではないと言った。例えば，休日の午前10時頃，町で知り合いとすれ違った時のことである。彼は知り合いを認め「挨拶しなきゃ」と思った。時間は10時。「おはようでは遅いし，こんにちはではまだ早いか」「えっと，どう言えば」などと忙しくあれこれ思案しているうちに，相手はもう面前にいた。相手は快活に「こんちわっ」と声をかけてきたが，彼は軽く頭を下げ「え，あ」とまるで言葉にならなかった。またしてもろくに挨拶もできない奴と思われただろうなと彼は思いながら，どうしてあれこれ考えないでさっさと挨拶しなかったのだろうと，心のざわつきはいつまでも治まらなかった。

　外から見たら，ろくに挨拶もできないことには違いない。しかし，その内側はかなり騒々しく，どうしようどうしようと答えの見つからない対話が充満しているようだ。そういう時，何でもいいからとにかく挨拶するんだといった助言は，「それができればそうするよ（こいつは何にもわかっちゃいない）」という反応を起こさせることが関の山だろう。それより，せめて「あれこれ考えが出てきてしまって，なかなかすうっと言葉にならないみたいな……」と，彼の内面を多少なりとも想像しながら対話することの方が，どれほど彼をほっとさせるだろうか。彼の内面は，知り合いとつながるための言葉を，積極的に探しに探していたのである。たしかに，消極的だのなんだのということとは違う。

　それにしても，彼はなぜそこまでして挨拶の言葉を探したのだろうか。それは，飛躍するかもしれないが，彼が彼自身であろうとしたからであろうと，私には思われる。自分自身がきちんと自分に関与することを，彼は欲していたのだろう。それは「自分でありたい」という，かなり根源的な願いを想起させる。

　何らかの不適応性をともなう非社会的行動に接するたびに思う。彼ら彼女らに消極的云々というところは確かにある。しかし，その内面は，自分が自分でありつつ，外界にいかにかかわろうかと四苦八苦しているのではないだろうかと。

　彼は「不器用なんです」と自分を語った。しかし，自分を情けなく思うひびきはなかった。そこには，やはり「自分でありたい」という願いが込められているように思われた。

第9章
特別な支援を必要とする
子どもの理解と対応

〈この章のポイント〉
　特別な支援を必要とする子どもたちを理解するためには，行動が生じる文脈で理解することが重要である。子どもの適切な行動を引き出せるように，先行する環境を調整し，子どもの行動を強化するように後に続く環境をアレンジすることが，このような子どもの支援において重要である。本章では特別な支援を必要とする子どもたち，とくに発達障害のある子どもたちの理解と対応の方法について学ぶ。最初に，自閉スペクトラム症，注意欠如多動症，学習障害の特徴を説明する。次いで，特別な支援を必要とする子どもの理解の方法を説明する。

1　特別な支援を必要とする子どもとはどんな子どもたちか

　特別な支援を必要とする子どもたちは，どんな特徴を有する子どもたちだろうか。ここでは主に発達に障害のある子どもたちを取り上げて，その理解と対応について考えていく。
　発達障害者支援法（2005（平成17）年施行，2016（平成28）年改正）において発達障害は，「自閉症，アスペルガー症候群その他の広汎性発達障害，学習障害，注意欠陥多動性障害その他これに類する脳機能の障害であってその症状が通常低年齢において発現するものとして政令で定めるものをいう」（第2条）と定義されている。そして同法において，発達障害を有する人は，「発達障害を有するために日常生活又は社会生活に制限を受けるもの」と定められている。
　この定義にあるように，発達障害は，脳機能の障害あるいは偏りから生じる器質的な障害であり，その症状は幼児期や学齢期の初期に現れてくる。発達障害に対する理解が広まっていなかった時代には，本人の「心の問題」や家庭が原因で発達障害が生じると思われていたこともあったが，それは誤った理解であるという認識が進んできている。
　文部科学省は，2002年に「通常の学級に在籍する特別な支援を必要とする児童生徒に関する全国実態調査」を実施した（文部科学省，2002）。その調査では，公立小・中学校の担任教諭に，読み・書き・計算といった特定の分野が極端に苦手だったり，授業中に立ち歩くなど集団に馴染めなかったりする質問項

目に当てはまる児童生徒が担任する学級にいるかどうかを尋ねた。その結果，学習障害のように学習面に困難のある児童生徒が4.5％，注意欠陥多動性障害や自閉症のように行動面に困難のある児童生徒が2.9％，そのいずれかもしくは両方に困難のある児童生徒が6.3％の割合で小・中学校の通常の学級に在籍していると報告された。この調査では，その児童生徒に特定の障害の診断があるかどうかではなく，発達障害のある児童生徒の示す行動上の特徴を示して，そのような特徴が現れる児童生徒がいるかどうかを尋ねている。したがって，この調査で示された数値が，発達障害のある児童生徒の実態を直接表しているとは言えないものの，何らかの特別の支援の必要のある児童生徒の現状を表しているものと考えられる。文部科学省は2012年にも同様の調査を行い，学習面や行動面で著しい困難のある児童生徒が6.5％の割合で小・中学校の通常の学級に在籍していると報告され，10年前の調査とほぼ同じ結果となった（文部科学省，2012）。この調査結果の割合から推測すると，特別な支援を必要とする児童生徒は，40人学級には2人ないし3人在籍しているという計算になる。

　しかしながら，発達障害とひとくちに言っても，行動上の困難の現れ方はさまざまであり，その程度も，少し偏りがあるようなものから，明らかに「障害」とわかるような重篤なものまで多様である。

2　発達障害のある子どもの特徴

1　自閉スペクトラム症／自閉症スペクトラム障害

① 自閉スペクトラム症とは

　自閉スペクトラム症／自閉症スペクトラム障害（Autism Spectrum Disorder：ASD）は，社会的コミュニケーションと対人的相互反応の持続的な困難，および，行動・興味・活動の限定された反復的な様式を主な症状とする障害である。このような症状を示す障害に対して，以前は，自閉性障害，アスペルガー障害（アスペルガー症候群），広汎性発達障害，高機能自閉症などいくつかの用語が用いられてきたが，2013年に公表されたDSM-5[1]からは，これらの名称が統合され，自閉スペクトラム症／自閉症スペクトラム障害という名称が用いられることになった（American Psychiatric Association, 2013）。

　文部科学省は，2003年に公表された「今後の特別支援教育のあり方について（最終報告）」において，自閉症を「3歳位までに現れ，他人との社会的関係の形成の困難さ，言葉の発達の遅れ，興味や関心が狭く特定のものにこだわることを特徴とする行動の障害であり中枢神経系に何らかの要因による機能不全があると推定される」と定義している（文部科学省，2003）。そしてこれら症状を

▷1　DSM
アメリカ精神医学会が作成した「精神疾患に関する診断統計マニュアル」の略号であり，1952年に初版が作成され，2013年に第5版が作成された。

第9章 特別な支援を必要とする子どもの理解と対応

表9-1　DSM-5における自閉スペクトラム症／自閉症スペクトラム障害の診断基準

A．複数の状況で社会的コミュニケーションおよび対人的相互反応における持続的な欠陥があり，現時点または病歴によって，以下により明らかになる。
　(1)相互の対人的—情緒的関係の欠落で，例えば，対人的に異常な近づき方や通常の会話のやりとりのできないことといったものから，興味，情動，または感情を共有することの少なさ，社会的相互反応を開始したり応じたりすることができないことに及ぶ。
　(2)対人的相互反応で非言語的コミュニケーション行動を用いることの欠陥，例えば，まとまりのわるい言語的，非言語的コミュニケーションから，視線を合わせることと身振りの異常，または身振りの理解やその使用の欠陥，顔の表情や非言語的コミュニケーションの完全な欠陥に及ぶ。
　(3)人間関係を発展させ，維持し，それを理解することの欠陥で，例えば，さまざまな社会的状況に合った行動に調整することの困難さから，想像上の遊びを他者と一緒にしたり友人を作ることの困難さ，または仲間に対する興味の欠如に及ぶ。
B．行動，興味，または活動の限定された反復的な様式で，現在または病歴によって，以下の少なくとも2つにより明らかになる。
　(1)常同的または反復的な身体の運動，物の使用，または会話。
　(2)同一性への固執，習慣への頑なこだわり，または言語的，非言語的な儀式的行動様式。
　(3)強度または対象において異常なほど，きわめて限定され執着する興味。
　(4)感覚刺激に対する過敏さまたは鈍感さ，または環境の感覚的側面に対する並外れた興味。
C．症状は発達早期に存在していなければならない。
D．その症状は，社会的，職業的，または他の重要な領域における現在の機能に臨床的に意味のある障害を引き起こしている。
E．これらの障害は，知的能力障害（知的発達症）または全般的発達遅延ではうまく説明されない。知的能力障害と自閉スペクトラム症はしばしば同時に起こり，自閉スペクトラム症と知的能力障害の併存の診断を下すためには，社会的コミュニケーションが全般的な発達の水準から期待されるものより下回っていなければならない。

注：例や注などは省略してある。
出所：American Psychiatric Association（2013），髙橋・大野監訳（2014）。

示すもののうち，知的発達をともなわないものを高機能自閉症と定めている。自閉症の原因としては，「中枢神経系に何らかの要因による機能不全があると推定される」（文部科学省，2003）としている。

② 自閉スペクトラム症／自閉症スペクトラム障害の特徴

　ASDのある人はどのような特徴を示すだろうか。表9-1はDSM-5におけるASDの診断基準である。ASDのある人は，社会性の発達に関する特徴的な症状がある。他者と会話をしたり，興味のあるものを共有したりすることに関心がないように見える。また，視線を合わせたり，身振り手振りを使ったり，理解することが困難である。言葉の遅れがある場合が多く，言葉があっても，他者と会話を続けることが困難だったりする。話し方にも特徴をもっていることがある。例えば，会話にほとんど抑揚がなく，一本調子で感情がこもっていないような印象をもたれたり，非常に高いトーンで話したりする。また，他者との関係を築くことにも困難があり，他者の気持ちを理解したり，友人を作ることにも困難がある。相手の気持ちを察することができないために，相手の嫌がることを悪気なく言ってしまうことがある。

　ASDのある人は，いわゆる「こだわり」が強いという症状を示す。同じ動作を繰り返したり，日常生活での変化を極度に嫌う人もいる。特定の対象に非常に強い興味をもち，それに没頭することもある。興味をもったものに対しては，非常に細かく記憶していたり，固執したりする。例えば，電車の形式を事細かに覚えていたり，ある路線の駅名をすべて覚えていたりする。感覚に関し

ては，過度に敏感だったり，反対に過度に鈍感であったりすることもある。感覚が過敏な人は，日常生活での生活音が過大な負荷となり，外出が過剰な負担になってしまう人もいる。

2 注意欠如多動症／注意欠如多動性障害

① 注意欠如多動症／注意欠如多動性障害とは

注意欠如多動症（Attention-Deficit/Hyperactivity Disorder：ADHD）は，不注意と，多動性―衝動性を主な症状とする障害である。文部科学省は，ADHD を，「年齢あるいは発達に不釣り合いな注意力，及び／又は衝動性，多動性を特徴とする行動の障害で，社会的な活動や学業の機能に支障をきたすものである。また，7歳以前に現れ，その状態が継続し，中枢神経系に何らかの要因による機能不全があると推定される」と定義している（文部科学省，2003）。

ADHD の原因については，未だ特定されてはいないが，脳の中枢神経系の機能不全が推定されている。近年では，大脳の前頭前野の実行機能の障害や

表9-2　DSM-5における注意欠如多動症／注意欠如多動性障害の診断基準

A．(1)および／または(2)によって特徴づけられる，不注意および／または多動性-衝動性の持続的な様式で，機能または発達の妨げとなっているもの：
 (1)不注意：以下の症状のうち6つ（またはそれ以上）が少なくとも6カ月持続したことがあり，その程度は発達の水準に不相応で，社会的および学業的／職業的活動に直接，悪影響を及ぼすほどである
　(a) 学業，仕事，または他の活動中に，しばしば綿密に注意することができない，または不注意な間違いをする。
　(b) 課題または遊びの活動中に，しばしば注意を持続することが困難である。
　(c) 直接話しかけられたときに，しばしば聞いていないように見える。
　(d) しばしば指示に従えず，学業，用事，職場での義務をやり遂げることができない。
　(e) 課題や活動を順序立てることがしばしば困難である。
　(f) 精神的努力の持続を要する課題に従事することをしばしば避ける，嫌う，またはいやいや行う。
　(g) 課題や活動に必要なものをしばしばなくしてしまう。
　(h) しばしば外的な刺激によってすぐ気が散ってしまう。
　(i) しばしば日々の活動で忘れっぽい。
 (2)多動性および衝動性：以下の症状のうち6つ（またはそれ以上）が少なくとも6カ月持続したことがあり，その程度は発達の水準に不相応で，社会的および学業的／職業的活動に直接，悪影響を及ぼすほどである
　(a) しばしば手足をそわそわ動かしたりトントン叩いたりする，またはいすの上でもじもじする。
　(b) 席についていることが求められる場面でしばしば席を離れる。
　(c) 不適切な状況でしばしば走り回ったり高い所へ登ったりする。
　(d) 静かに遊んだり余暇活動につくことがしばしばできない。
　(e) しばしば"じっとしていない"，またはまるで"エンジンで動かされているように"行動する。
　(f) しばしばしゃべりすぎる。
　(g) しばしば質問が終わる前に出し抜いて答え始めてしまう。
　(h) しばしば自分の順番を待つことが困難である。
　(i) しばしば他人を妨害し，邪魔する。
B．不注意または多動性-衝動性の症状のうちいくつかが12歳になる前から存在していた。
C．不注意または多動性-衝動性の症状のうちいくつかが2つ以上の状況において存在する。
D．これらの症状が，社会的，学業的，または職業的機能を損なわせているまたはその質を低下させているという明確な証拠がある。
E．その症状は，統合失調症，または他の精神病性障害の経過中にのみ起こるものではなく，他の精神疾患ではうまく説明されない。

注：例や注などは省略してある。
出所：American Psychiatric Association (2013), 高橋・大野監訳 (2014)。

ワーキングメモリーの障害が指摘されていて、これらの仮説はまだ検証段階にあるものの、脳科学やその他関連諸科学の進歩により解明されてきており、今後の研究の発展が期待される。

② 注意欠如多動症／注意欠如多動性障害の特徴

ADHDのある人はどのような特徴を示すだろうか。表9-2はDSM-5におけるADHDの診断基準である。ADHDのある人は、不注意と、多動性および衝動性という症状がある。不注意では、特定の対象に注意を持続させることが困難なことと、さまざまなことに注意を配分することの困難がある。それによって、学習場面で他のものに注意が向いてしまって学習に集中できなかったり、教師の話を聞いていなかったり、頻繁に忘れ物をするといった症状が見られる。

多動性では、手足を動かしたりそわそわしたり、授業中に歩き回ったりしゃべり続けたりするなどさまざまな程度の症状が見られる。年長になると、目に見える多動性は落ち着いてくるものの、体を動かしたい気持ちにさいなまれる人もいる。衝動性では、軽はずみな行動をしたり、順番を待てなかったり、整列できなかったりするような症状が見られる人がいる。声の調子も、抑揚やトーンを抑えることができずに、抑揚がなく叫ぶような声を出したりする症状が見られる人もいる。

3 学習障害

① 学習障害とは

知的能力に問題はないが、読むこと、書くこと、計算することなどのうち、特定の能力に著しい困難さを抱える障害は、学習障害（Learning Disabilities：LD）と呼ばれている。文部科学省は、「学習障害に対する指導について（報告）」において、「学習障害とは、基本的には全般的な知的発達に遅れはないが、聞く、話す、読む、書く、計算する又は推論する能力のうち特定のものの習得と使用に著しい困難を示す様々な状態を指すものである。学習障害は、その原因として、中枢神経系に何らかの機能障害があると推定されるが、視覚障害、聴覚障害、知的障害、情緒障害などの障害や、環境的な要因が直接の原因となるものではない」と定義している（文部科学省、1999）。DSM-5では、限局性学習症／限局性学習障害（Specific Learning Disorder：SLD）となっており、特定の能力の困難であることを強調する名称となっている。LDの原因は、文部科学省の定義にあるように中枢神経系の機能障害であることが推定されていて、その他の障害や、生育環境や本人の性格によるものではないことを理解することが大切である。

表9-3 DSM-5における限局性学習症／限局性学習障害の診断基準

A．学習や学業的技能の使用に困難があり，その困難を対象とした介入が提供されているにもかかわらず，以下の症状の少なくとも1つが存在し，少なくとも6カ月間持続していることで明らかになる
　(1)不的確または速度が遅く，努力を要する読字
　(2)読んでいるものの意味を理解することの困難さ
　(3)綴字の困難さ
　(4)書字表出の困難さ
　(5)数字の概念，数値，または計算を習得することの困難さ
　(6)数学的推論の困難さ
B．欠陥のある学業的技能は，その人の暦年齢に期待されるよりも，著明にかつ定量的に低く，学業または職業遂行能力，または日常生活活動に意味のある障害を引き起こしており，個別施行の標準化された到達尺度および総合的な臨床評価で確認されている。17歳以上の人においては，確認された学習困難の経歴は標準化された評価の代わりにしてよいかもしれない。
C．学習困難は学齢期に始まるが，欠陥のある学業的技能に対する要求が，その人の限られた能力を超えるまでは完全には明らかにはならないかもしれない。
D．学習困難は知的能力障害群，非矯正視力または聴力，他の精神または神経疾患，心理社会的逆境，学業的指導に用いる言語の習熟度不足，または不適切な教育的指導によってはうまく説明されない。

注：例や注などは省略してある。
出所：American Psychiatric Association (2013)，髙橋・大野監訳 (2014)。

② 学習障害の特徴

LDのある人はどのような特徴を示すだろうか。表9-3はDSM-5におけるLDの診断基準である。診断基準にあるように，LDのある人は，読み，読みの理解，スペリング，書字表出，数学の概念，推論のいずれかに極端な偏りが見られる。例えば，友だちとおしゃべりしている時は，流暢にしゃべっている人が，本を音読する時になると，一文字ずつの拾い読みになる人がいる。また，文字の読み書きには何ら支障はないのに，数学の計算になると極端に困難を示す人もいる。このように学業面の遂行に著しい偏りがあるので，周囲から学習意欲がないと誤解されたり，叱責されたりすることも多い。

3　特別な支援を必要とする子どもの理解の方法

1　行動のABC分析

　特別な支援を必要とする子どもたちの行動を，どのように理解したらよいだろうか。このような子どもたちの行動は，学校の活動に参加していなかったり，授業の進行を妨げたり，指示に従わなかったりするように見える。そして，それらの行動をやめさせようとして，注意したり，直させたりするが，しばらくするとまた同じ行動を示すことがある。このような場合，その時その場所で表れている行動だけに注目するのではなく，その行動と，本人を取り巻く環境との相互作用を理解することが重要である。

　個人と環境の相互作用を理解する枠組みとして，行動のABC分析があげられる（図9-1）。これは，個人と環境の相互作用を，先行事象，行動，結果事

▷2　これは，学習の心理学の一つである応用行動分析（Applied Behavior Analysis：ABA）で用いられている方法である。応用行動分析は，スキナーのオペラント条件づけの行動の原理から実験的に引き出されたものである（Skinner, 1953）。行動分析学では，先行事象，行動，結果事象の関係を，三項随伴性と呼んでいる。

象の三つの要素から整理して見ていこうとするものである（Cooper et al., 2007）。先行事象（Antecedent）とは，個人の行動よりも時間的に先行して生じる環境上の出来事である。これには，教室や机などの物的環境と，人やその人の行動のような人的（社会的）環境が含まれる。その先行事象に続いて個人が自発する行動が，二つ目の要素である行動（Behavior）である。三つ目の要素は，個人が自発した行動の後に生じた環境上の出来事という結果事象（Consequence）である。行動の直後に起こった結果事象は，その直前の行動に影響して，将来その行動が再び生起するか，それとも生起しなくなるかの要因となる。このように，先行する出来事と後続する出来事が，行動に影響を与えている。

図9-1　行動のABC分析
出所：筆者作成。

　学校の教室における授業場面を例にして考えてみよう。教室は在籍する教室か特別教室か，時間は1時間目か帰りの会か，教科は国語か理科か音楽か，教師は担任教師か他の教師か，などが考えられるだろう。さらに，そこでどのような活動が行われていたかも先行事象に含まれる。教師が教科書を読んでいる，黒板に計算問題を板書している，「わかった人は手をあげて」と言う，「机の上の物を片づけてください」と言うなどの行動も同様に，先行事象に含まれる。これらの先行事象に続いて子どもは何らかの行動を自発する。その自発された行動に続いて生じる環境上の出来事が結果事象である。教師の「手をあげて」に続いて子どもが挙手したら，教師は「○○さん」と指名する。「片づけて」に続いて子どもが机の上を片づけたら，教師はその子どもの目を見てうなずくなどは結果事象と見ることができる。

2　行動の機能を理解する──注目要求，回避，具体物の要求

　ABC分析で，それぞれの要素の行動を特定したら，次は，行動の機能についての仮説を立て検証していく。先行事象のなかで，子どもの行動を引き起こしている出来事や行動は何か，子どもの行動の手がかりになっている出来事や行動は何か，そして子どもの行動の変化にかかわりの深い結果事象を特定する。この場合注意しなければならないことは，結果事象で特定すべき行動が，その行動の変化に実際に関与した行動でなければならないことである。子どもが片づけをして教師が「よくできたね」と言ったとしても，子どもが次の機会で片づけを行わなかったとしたら，その結果事象は子どもの行動に影響があっ

たとは言えない。同様に、子どもが片づけをしなくて教師が「ダメです、ちゃんとやりなさい」と注意したとしても、その子どもが次の機会でも片づけをしなかったとしたら、その教師の注意も実際に影響があったとはみなされない。

分析の対象となる行動が社会的（対人的）な場面で生じている行動である場合、その行動はコミュニケーションの目的をもった行動であることがわかっている（Carr & Durand, 1985）。不適切な行動を維持していると仮定される行動の機能は、大人の注目、望まない状況や難しい指導からの回避、具体的事物と好きな活動の要求、そして感覚強化（自己刺激）である。ABC分析を行うことによって、その行動がどんな機能（目的）を持った行動かを理解し、支援につなげていくことが大切である。

4　特別な支援を必要とする子どもへの支援

1　標的行動の決定

ABC分析に続いて、子どもの支援をどう進めていくかを考えることになる。最初に、どのような行動を支援するかを決定する。このような、支援する行動を標的行動と呼ぶ。標的行動には、現在はあまり生起していないが、さらに伸ばすことが望まれるスキルや行動と、現在の困難な状況を作り出している、できれば減らすことが望ましい行動の二つが考えられる。発達障害のある子どもたちは、工夫された環境で処遇されることによって、定型発達の子どもたちと同じように学習することが可能であることが証明されている（Heward, 2003）。

2　先行事象の調整

望ましい行動を引き起こす先行事象は、さまざまなものが考えられる。学校の教室の授業場面であれば、教師のさまざまな行動を工夫することによって、望ましい行動を引き起こすことが可能になる。教師が明瞭に話す、言いよどみなくはっきり話す、言い回しを変えずに一貫した言葉で話す、無駄なく明確で裏のない言い方で話す、子どもの方を向いてちょうどよい声の大きさで話すなど、教師の話し方を調整することが可能である。教材の提示の仕方では、板書は読みやすい字で大きく濃く書く、板書だけでなく模造紙・フラッシュカード・絵カードなどさまざまな提示方法を活用する、授業に関係のない提示物は取り去っておくことなど多様な方法を用いることができる。

先行事象の調整による方法の一つに、発達障害のある人の視覚機能の優位性に合わせた視覚的物理的構造化があげられる。これはアメリカ、ノースカロライナ大学のショプラー（E. Schopler）らによって開発されたTEACCHモデル

実践で行われているものである（佐々木，2008）。環境を構造化する場合には，場面，時間，課題の側面から構造化が行われる。場面の構造化では，固定された場所で固定された活動が行われる。例えば，国語と算数はこの場所，給食はこの場所というように，活動の場所を固定する。時間の構造化では，一日のスケジュールが写真やタイマーを用いて視覚的に提示される。課題の構造化では，これから行う課題の手順が写真などを用いて視覚的に提示される。TEACCHは，発達障害のある人の特質に合わせて支援を行うことを重視する方法である。

▷3 TEACCHは，Treatment and Education of Autistic and related Communication handicapped CHildrenを略したもの。TEACCHは，子どものニーズにあわせた個別のプログラムを作成して子どもを指導するとともに，周囲の人々の，障害のある子どもたちへの見方を修正して，子どもを受け入れる社会を実現することを目的にしている。

3　結果事象の調整

　行動の生起に続いて生じる結果事象は，その前の行動に影響を及ぼす。行動に続いて起こる出来事が，その行動に対して好ましい出来事であれば，その行動が将来も生起する確率を高める。このことを心理学では強化と呼ぶ。そして強化をもたらす出来事や刺激のことを強化子という。発達障害のある人の学習を促進するためには，子どもが適切な行動を自発したら，好ましい出来事がそれに続いて起こるように環境をアレンジすることが重要になる。「ほめて育てる」ことが大切だと言われる。この「ほめる」ことが結果事象の調整で最も重要なことである。

　強化子には，どんなものがあるだろうか。「ほめる」言葉には，いろいろな言葉がある。「よくできたね」「いいぞ」「オーケー」など多くのバリエーションがあるだろう。さらに言葉だけではなく，ハイタッチやグータッチのような行動や，視線合わせやうなずきなどの動作や，丸をつけたりシールをあげることや，好きな本を読むことや外で遊ぶことのような好きな活動なども強化子になりうる。注意すべきことは，子ども一人ひとりによって，またその子どもの状態によっても強化子は変わってくるということである。何が強化子になるかを，常に注意しながら選択することが大切である。

　結果事象の操作では，即時的に強化子を与えることが大切である。望ましい行動が生起したら，間髪を入れずに強化子を与えるようにする。そうすることによって，標的行動が安定して生起するようになる。

　では標的行動がなかなか生起しない場合はどうすればよいだろうか。その場合は，標的行動が起こりやすいように手助けをする。これをプロンプトという。子どもが自力では標的行動を自発できない場合，言葉や，視覚的手がかりや，モデル提示や，身体的なガイドによって，標的行動が起こりやすいように促し，手助けを受けて生じた行動をすかさず強化する。こうして手助けを受けてでも，標的行動を自発すれば強化される経験を積み重ねることによって，自力で標的行動を自発できるように支援していく。子どもが自力でできるように

なったら，プロンプトは徐々に減らしていく。

4　不適切な行動への対応

　不適切な行動は，その行動を減少させるか，または適切な行動と同じ結果をもたらすより適切な代替行動へと置き換えるよう操作される。最近の研究動向は，不適切な行動を減らすことよりも，不適切な行動と同じ機能をもつプラスの代替行動を促進することに焦点が当てられている（Koegel & Koegel, 2006）。適切な行動が増えることによって，不適切な行動はそれと反対に減少していくことになる。

　適切な行動を支援する一方で，不適切な行動には注目せずに一貫して無視するという対応を取る（消去）。このような手続きを行うと，一時は行動が激しくなるものの，しだいにその行動は起こらなくなるという経緯をたどる。望ましい行動への支援と，不適切な行動への一貫した無視を組み合わせることによって，効果的に支援を行うことができる。

　パニックなどのように不適切な行動の程度が激しい場合は，いったんその場から離して別の場所で落ち着かせるような方法をとる（タイムアウト）。パニック状態にある子どもにかかわっている状態は，それがその行動を制止しようと意図した場合でも，その子どもにとっては強化子を得ている事態になっていることがある。また，かかわっている状態が，さらにその子どものパニック状態をエスカレートさせることもある。そのようなことを避けるために，すみやかにその場から離すことが子どもを早く落ち着かせることになる。この場合，どの場所がその手続きのために利用できるかをあらかじめ用意しておくことも大切である。

▷4　消　去
消去事態におかれている行動は，その直後にはいったん生起頻度が増加するが，しだいに生起頻度が低下するという変化が見られる。

▷5　タイムアウト
問題行動を起こすことで得られていた強化子を止めることによって行動を減少させようとする。この手続きの利点は，嫌悪的な刺激を使わずに行動を減少させることができることである。

5　特別な支援を必要とする子どもの保護者への対応

　保護者との信頼関係を構築することは，特別の支援を必要とする子どもの支援においても重要になる。学校と家庭の相互理解のもとで，共通した対応をすることによって，特別な支援を必要としている子どもの成長と発達を促進することができるようになる。

　特別な支援を必要とする子どもの保護者の場合には，いくぶん配慮を要するであろう状況も存在する。一つは保護者にゆとりがない場合があることである。学校において特別な支援の必要のある子どもは，家庭においても同様または学校とは別の困難な状況があるかもしれない。子どもは学校よりも家庭にいる時間の方が長いので，それに対応する保護者は息を抜く余裕がなく，時にはかなり追い詰められているかもしれない。そのような場合，保護者が攻撃的

になったり非協力的に見えることもあるだろう。しかしながらそのような言葉や態度の背後には、疲れ、悩み、葛藤があることを感じながら、保護者を受け止める態度が必要になることもある。

　保護者の抱えている問題の重さを受け止めることも大切である。ことに発達に障害のある子どもの場合には、問題が簡単には改善されないため、保護者と教師のどちらにも焦り、苛立ち、将来への不安などを抱えやすい。難しい問題に立ち向かっていることをお互いに認め合い、根気強く問題に取り組んでいくことが大切である。

　その場合、子どもの問題は障害があるためであるという視点をもつことも重要である。本人はふざけてやっているのではなく、障害ゆえにそういう行動をしているという認識をもつことが大切である。だからこそ特別な支援の対象となっていると捉えることで、子どもへの向き合い方も変わってくることがある。そして寛容であることも大切である。問題は簡単に対処できるような容易な問題ではないことが多い。よかれと思って実行したこともうまくいかなかったり、なかなか結果が出ないこともある。そのような時に、必要以上に自分を責めないようにして、また次の機会に、新たな対応をすればよいと考えることも必要である。

Exercise

① 発達障害の病理や状態を理解するために、脳機能、とくに前頭葉機能の働きが重要であることが明らかになっている。このような脳機能の働きについて調べてみよう。
② 近年、発達障害のある人が、自分の困難な状態について自ら情報を発信するようになってきた。このような当事者からの報告を調べてみよう。
③ 発達障害のある人への支援では、就学前の早期発達支援が有効であることがわかっている。このような実践や研究を調べてみよう。

次への一冊

坂上貴之・井上雅彦『行動分析学――行動の科学的理解を目指して』有斐閣、2018年。
　行動分析学に興味をもった人、行動分析をはじめて学ぶ人に向けた概説的テキストである。行動分析学の基礎理論と臨床や日常場面への応用を結びつけた内容になっている。
ヒューワード, W. L., 中野良顯・小野次朗・榊原洋一監訳『特別支援教育――特別な

ニーズをもつ子どもたちのために』明石書店，2007年。
    特別支援教育にかかわる幅広い領域について，専門的実践と科学的研究に基づいたエビデンスベースの研究で構成されている書籍である。
山本淳一・池田聡子『できる！　をのばす行動と学習の支援──応用行動分析によるポジティブ思考の特別支援教育』日本標準，2007年。
    特別支援教育において子どもたちのできるところや得意なところを見つけ，伸ばしていくことに焦点を当てた実践的方法が紹介されている。
自閉症教育推進プロジェクトチーム『はじめての自閉症学級──新たな自閉症教育の取組』ジアース教育新社，2005年。
    全国ではじめての自閉症の子どもだけの学級が東京都立中野養護学校に開設された。この本では自閉症学級開設までの経過，自閉症学級における実際の指導実践が考察されている。
佐々木正美『自閉症児のためのTEACCHハンドブック』学研，2008年。
    自閉スペクトラム症のある子どもの療育や成人の就労や職場での支援などのTEACCHの実践事例を紹介している入門書である。

引用・参考文献

American Psychiatric Association, *Diagnostic and statistical manual of mental disorders*, 5th edition, Washington, DC; Author, 2013（髙橋三郎・大野裕監訳『DSM-5　精神疾患の診断・統計マニュアル』医学書院，2014年）.

Carr, E. G., & Durand, V. M. "Reducing behavior problems through functional communication training," *Journal of Applied Behavior Analysis*, 18, 1985, pp. 327-383.

Cooper, J. O., Heron, T. E., & Heward, W. L., *Applied behavior analysis*, 2nd edition, Upper Saddle River, NJ: Pearson/Prentice Hall, 2007（クーパー，J. O.・ヘロン，T. E.・ヒューワード，W. L.，中野良顯訳『応用行動分析学』明石書店，2013年）.

Heward, W. L. *Exceptional* children: An introduction to special education, 7th edition, Upper Saddle River, NJ: Merrill / Prentice Hall, 2003（ヒューワード，W. L.，中野良顯・小野次朗・榊原洋一監訳『特別支援教育──特別なニーズをもつ子どもたちのために』明石書店，2007年）.

Koegel, R. L., & Koegel, L. K., *Pivotal response treatment for autism*, Baltimore, ML: Paul H. Brookes, 2006（ケーゲル，R. L.・ケーゲル，L. K.，氏森英亞・小笠原恵監訳『機軸行動発達支援法』二瓶社，2009年）.

文部科学省「学習障害児に対する指導について（報告）」1999年。

文部科学省「通常の学級に在籍する特別な支援を必要とする児童生徒に関する全国実態調査」2002年。

文部科学省「今後の特別支援教育の在り方について（最終報告）」2003年。

文部科学省「通常の学級に在籍する特別な支援を必要とする児童生徒に関する全国実態調査」2012年。

佐々木正美『自閉症児のためのTEACCHハンドブック』学研，2008年。

Skinner, B. F., *Science and human behavior*, New York, NY: Free Press, 1953（スキナー，B. F.，河合伊六・長谷川芳典・高山巌・藤田継道・園田順一・平川忠敏・杉若弘子・藤本光孝・望月昭・大河内浩人・関口由香訳『科学と人間行動』二瓶社，2003年）.

コラム⑨

「障害」をめぐる用語の動向

　特別な支援の必要な子どもたちへの教育は，特別支援教育と呼ばれている。特別支援教育という用語は，以前は特殊教育と呼ばれていた。障害の種類や程度によって，特別な場を設けて行う教育という意味だった。それが，視覚障害，聴覚障害，知的障害という伝統的な障害種別に発達障害も加えて，一人ひとりのニーズに応じて，適切な場で，適切な指導，援助を行う特別支援教育へと，その教育的な概念が大きく変わったのである。

　この章で扱った「障害」であるが，この言葉の表記にもさまざまな意見や議論がある。「障」は，じゃまをする，ふさぐ，さまたげる，間に立ちふさがってじゃまになる，というような意味がある。「害」も，さまたげる，じゃまをするという意味であるが，そのほかに，そこなう，わざわいという意味もある。また「害」が使われる熟語には「公害」「損害」などのように，社会的によくない印象があり，マイナスのイメージの強い語である。それゆえに「障害」という用語の使用に強い違和感や拒否するような感情をもつ人も相当いることも事実である。

　この「障害」であるが，以前は「障碍」と表記されていた。それが戦後，当用漢字が決められた時，当用漢字に「碍」の字がなく，その代わりに同音の「害」という字が充てられたという経緯があったそうある。「碍」について，例えば「碍子（がいし）」という用語は電線を電柱に付ける際に使われる絶縁体のことであるように，さまたげるという意味であるが，マイナスの意味はない。それゆえに「障害」ではなく「障碍」の方がよりふさわしいと考える人もいる。

　「障害」は，わが国では「発達障害者支援法」でも用いられているように法律で用いられている用語である。戦後，「障害」に関わる法律が制定された時に，「障害」が採用され，現在まで法律上の表記は「障害」が用いられてきた。

　しかしながら「障害」の表記も少しずつ変化が見られてきている。2009年に内閣府に「障がい者制度改革推進本部」が置かれ，わが国の障害者制度の改革を行うための「障がい者制度改革推進会議」が設置された。国の正式な委員会に「障害」ではなく「障がい」という漢字仮名交じりの表記が使われたはじめての例である。国会では，「障害」の表記をめぐる議論も行われているようである。他にも，地方公共団体のホームページを見ると「障がい」という表記を用いているものも見受けられるようになってきている。

　「障がい」という表記がふさわしいだろうか。「害」を使わないだけでほかは何も変わっていないという意見もある。新しい表記の提案もあるようである。言葉は，それが使用される歴史や文化のなかで変化していく。これから議論が進んでいくなかでよりふさわしい表記が見出されていくことであろう。

第10章
教育相談に生かせるカウンセリングの理論

〈この章のポイント〉
　学校教育場面で教師は日常的にそれとは知らずにカウンセリングの技法を使っている。例えば，児童生徒のノートや作品に「大変よくできました」などのスタンプを押し，やる気を高めている。これは行動療法の技法そのものである。また，生活面で問題のある生徒に対して「君の考え方は甘い」「それでは社会に出てから通用しない」などと，生徒の考え方を変えようと指導する。これは論理療法を実践していることになる。本章では，日ごろ教師が何気なく指導で用いている行動療法と論理療法の基礎的な考え方や技法について解説する。

1　行動療法とは

[1]　意図的学習と偶発学習

　われわれが何らかの経験によって新しい行動を身につけることを「学習」という。ここでいう「行動」とは外から見てわかるいわゆる「行為」だけでなく，感情・情動，思考，ものの考え方，生理学的反応など，外からは見えない内的な反応も含む。例えば，イヌにほえられてからイヌが恐くなった子どもの場合，イヌにほえられたという経験によって，恐怖という情動を学習したという。さらに，道を歩いていてイヌが近づいてくると恐くて心臓がドキドキするという生理学的反応を学習することもある。

　学習には意図的な練習・訓練と無意図的な偶発学習とがある。学校での勉学，自動車の運転免許をとる教習などは意図的学習である。これに対して，意図的な練習・訓練をしないのに通学経路の電車の駅やバス停の名前を覚えてしまうのは偶発学習である。言葉が身につくのを考えてみても，英会話教室で英語を話せるようになるのは意図的学習で，「ものすごくおもしろい」の意味である「チョー，うけるゥ」などの流行り言葉が身につくのは偶発学習であるし，次のような事例も偶発学習によるものである。

　小学校4年生のA子は学校で給食の時間になると，気持ち悪くなり給食が食べられない。事の発端は6月の林間学校でのある出来事だった。林間学校2

▷1　感情と情動
一般的に感情（feeling）の強いものを情動（emotion）という。情動は，「喜び」「怒り」「悲しみ」などの表現からもわかるように，比較的強い心の動きで，筋緊張や心拍数の上昇などの身体的表出あるいは生理的変化が認められる。これに対して感情は，強度や身体表出が小さく，快―不快の次元で捉えられる心の動きをいう。

日目の夕食で食べ過ぎて嘔吐してしまい，周囲から「きたねぇー」「気持ち悪い」と囃し立てられた。翌日の林間学校最終日，朝食・昼食は気持ちが悪く食べずに，そのまま林間学校は終了した。すると，翌日から学校の給食時間に，気持ち悪くなり，また吐くのではないかと思い，給食が食べられなくなった。それ以降家庭ではとくに問題なく普通に食べることができるが，学校では給食は何も食べず，3時ころ帰宅してから食べている。夏休みが終わって10月になっても症状は変わっていない。9月に小児科に受診したが「そのうち治るでしょう」と言われただけだった。

この事例の場合，問題となるのは学校の給食場面だけで，それも林間学校が終わってから見られるようになったこと，家族や親戚との食事は家庭や外食場面でもとくに問題はないこと，A子の性格や生育歴にとくに問題となることは見当たらないことなどから考えると，林間学校での出来事によって，学校でクラスメイトのみんなとの食事場面で食べられないという行動を，意図しないのに学習してしまったと考えるのが妥当である。

2 学習に基づく心理療法

給食時間に気持ち悪くなり給食が食べられなくなったA子も，イヌにほえられてからイヌが恐くなった子どもも，通勤途中の駅の名前を何となく覚えてしまったサラリーマンも，いずれも同じ偶発学習である。つまり，不適応行動・問題行動のなかには，無意図的に偶発的に学習されてしまったものがある。また，「早寝早起きの習慣がしつけられていないために，学校で授業中，寝ていることがある」といったように，望ましい適応行動を学習していないために生じる不適応行動・問題行動もある。

ということは，不適応行動・問題行動の解決や軽減のためには，今，身についている不適応行動を修正したり（学習しなおしたり），新しく適応行動を学習すればよいということになる。このように，カウンセリングに学習という考え方を取り入れることによって，クライエント（来談者）の問題解決を目指そうとするのが行動療法である。

今日，心理療法の種類はかなりの数がある。たいていの場合，その基礎理論によって分類されるが，目標とするところによって以下のように分類することができる。

① 気づく

クライエントの問題に関係している欲求不満，葛藤，憎しみ，誤った思考様式などの心理的な原因についてクライエント自身が気づくことを目標とする。その原因に気づくことによって問題の解決や軽減が図られる。クライエントの無意識のなかに形成された葛藤を明らかにしようとする精神分析療法や，自己

▷2 葛藤
解決できない心理的な問題のこと。例えば，幼児期後期には異性の親の愛情を独占しようとするが，そうなると同性の親はライバルになり，敵意や憎しみすら感じるようになる。しかし，同性の親も好きだから，「好きだけど嫌い」という両価的（アンビバレント）な感情に悩む。このような解決できない心理的な問題を葛藤という。

▷3 精神分析療法
精神分析理論（第2章を参照）に基づく心理療法のこと。

洞察や自己受容を促すために受容的で非支持的な方法をとる来談者中心療法はこのカテゴリーに分類される。

② 表現する

問題に関係している心理的原因に気づくのではなく，それを遊ぶ，絵を描くなどの方法によって解放，発散することを目標とする。解放，発散させることで問題行動・不適応行動が消失する。遊びを取り入れた遊戯療法，描画など創作活動を取り入れた芸術療法などがこれにあてはまる。

③ 学習する

実際的な訓練や経験によって，不適応行動を変容させたり，適応行動を身につけたりすることを目標とする。今回取り上げる行動療法や論理療法はこれにあたる。

2　学習理論

1　古典的条件づけ

ある行動をどのように身につけていくのかを示す考え方を学習理論という。クライエントの問題を解釈したり，解決したりするための基礎となる学習理論はいくつかあるが，代表的なものが連合理論（条件づけ理論）である。これは，学習によって外界の何らかの刺激と人の反応（行動）との間につながりができる（連合する）というものである。連合理論には，古典的条件づけとオペラント条件づけの2つの理論がある。

古典的条件づけとは，パブロフに始まる条件反射理論のことである。条件反射というのは生理学の言葉で，「反射」という生理学的な反応を重視する。これに対して，心理学ではどのようにしてその反射が身についたかという，獲得のプロセスを重視するので，「条件づけ」という言葉を使う。条件づけとは心理学用語で，ある刺激とある反応が結びつく（連合する）ことをいう。

イヌが恐く，イヌを見ただけでお母さんの陰に隠れる子どもの例で考えてみる。この子どもが赤ん坊の頃はイヌをまったく恐がらなかったとする。この場合のイヌという刺激を「中性刺激」という。しかし，幼稚園の時，イヌに噛みつかれてから，ものすごくイヌが恐くなったとする。この時の恐怖反応はイヌに噛みつかれた人であれば誰でも無条件に生じるので「無条件反応」とう。また，イヌという刺激は無条件反応を引き起こすので「無条件刺激」という。このような経験によって，イヌの姿を見ただけで恐くなる。この場合の恐怖反応は，イヌに噛みつかれたという特別の条件の人（特別の経験をした人）に起こるので条件反応といい，イヌという刺激は条件反応を引き起こすので条件刺激と

▷4　自己洞察
洞察とは気づくこと。人は自分の感情や気持ちなど，自分の内面を知ろうとして，自分の内面を観察する。それで知ることができればいいが，自分自身の気持ちや感情についての内的な手がかりが弱かったり，曖昧だったりして，自分の内面がよくわからないことがある。その場合，カウンセラーとのやり取りを通じて気づくことができる。これを自己洞察という。

▷5　来談者中心療法
第2章を参照。

▷6　遊戯療法
原則として子どもを対象として，遊びを主なコミュニケーションや表現の手段として行われる心理療法。精神分析理論を創始したフロイトの娘アンナ・フロイトやオーストリアの精神分析家メラニー・クラインが子どもを対象とした精神分析を適用しようとしたことから始まった。

▷7　芸術療法
絵画，音楽，ダンスなどの表現活動を生かした心理療法のこと。表現するものの違いによって絵画療法，音楽療法，箱庭療法，コラージュ療法などの種類がある。

いう。つまり，最初は恐怖とまったく関係のなかったイヌという刺激が，恐怖という反応と結びついてしまったわけである（図10-1）。

```
初めてイヌを見た                    → 恐くない
イヌに嚙みつかれて痛かった（無条件刺激） → 恐怖（無条件反応）
イヌを見る（条件刺激）               → 恐怖（条件反応）
```

図10-1 古典的条件づけの形成
出所：筆者作成。

以上のように，自律神経が関係する不随意な反応（内蔵系，内分泌系，感情の反応）の学習を説明する理論が古典的条件づけである。給食が食べられなくなったＡ子の場合，学校での給食場面という刺激に不安反応が条件づけられたことによって生じたと考えられる。つまり，林間学校でみんなの前で嘔吐してしまったという経験から，学校での給食場面という刺激（条件刺激）と，「嘔吐したらどうしよう」という不安反応（条件反応）が結びついたと説明できる。

2 オペラント条件づけ

オペラント条件づけはスキナーが提唱した理論である。古典的条件づけは自律神経が関係する不随意な（自分の意志で思うようにならない）反応が受動的に学習されるプロセスを説明する理論だった。これに対して，オペラント条件づけは体性神経が関係する随意的な（自分の意志どおりになる）反応（筋・骨格系の反応）が能動的に学習されるプロセスを説明する理論である。

例えば，ある人がある駅に初めて降り立ったとする。時間はお昼時で，お腹が空いていて何か食べたいと感じたとする。そして，あるラーメン店を駅の近くで見つけ，その店でラーメンを食べたところ，大変おいしかったとする。すると，その人が再び食事時にその駅にいるという同じ状況では，またその店に行くことが考えられる。ところが，最初に行った時にラーメンが大変まずかったら，もう二度とその店には行かないだろう。

これは図10-2のように説明される。まず，ある何らかの場面・状況で，何らかの行動をする。それによって本人にとって「快適な」「都合のよい」結果（報酬など）がもたらされれば，その後，同じような刺激場面ではその行動が起こりやすくなる。この場合，その行動に対して報酬などを与えることを「強化する」という。また，反対に「不快な」結果がもたらされれば（これを罰という），その行動は起こりにくくなる。このように，強化したり，罰を与えたりして，行動をコントロールすることをオペラント条件づけという。

```
ある場面・状況 → 何らかの行動 → 快適な結果（強化）
ある場面・状況 → 何らかの行動 → 不快な結果（罰）
```

図10-2 オペラント条件づけの図式
出所：筆者作成。

▷8 自律神経
人間の神経系は，情報処理の役割をする中枢神経（脳と脊髄）と，中枢神経からの指令を筋肉や内蔵，内分泌腺に伝える末梢神経の2つに大きく分けられる。末梢神経はさらに体性神経と自律神経に分けられる。このうち自律神経は，各内臓器の活動（心拍数，血管運動など）を制御し，内部環境（体温，血圧，体液のpHなど）を一定に保つために不随意的に作用する機能である自律機能を制御している神経系である。

▷9 体性神経
末梢神経のうち，体内の情報を脳に伝えるのが自律神経であるとしたら，体外の情報を脳に伝えるのが体性神経である。そのため，大脳皮質と直結しており，五感の情報を脳に伝える感覚神経と，手や足の運動器を随意的にコントロールする運動神経に分けられる。

3 行動療法の実際

1 拮抗制止の原理

ここで，次のような場面を頭に想い浮べてほしい。今，あなたは朝食前であるが，その前に些細なことでお母さんと軽い口論したとする。そして，ブツブツ独り言を言いながら新聞を読んでいる。あなたは，口論の原因はお母さんが悪いと思っている。当然，自分としてはおもしろくない。この時，あなたに起こっているのは小さな「怒り」という感情である。

しかし，ブツブツ言いながら新聞を読んでいると，宝くじの発表が載っており，自分の番号を照合してみると何と100万円当たっていた。もうあなたは大喜びのはずである。この時，あなたに起こっているのは大きな「喜び」という感情（情動）であり，小さな「怒り」という感情はどこかへいってしまった（感じなくなってしまった）はずである。

この例であなたに起こっている心理をまとめると，次のようになる。同時に「怒り」と「喜び」いう二つの相容れない（まったく正反対の）心理的反応が起こった。すると，大きい方の反応である「喜び」だけ感じ，小さい反応である「怒り」の方は感じなくなってしまった。これを一般化すると次のようにいえる。相容れない二つの心理的反応が同時に起こった場合，相対的に大きい反応は小さい反応を制止する（小さい反応は感じなくなる）。このことを拮抗制止の原理という。

2 不安拮抗反応と系統的脱感作法

ある場面で「不安」という反応が起こるとする（図10-3のa）。その時，「不安」より大きく「不安とまったく相容れない反応（不安拮抗反応）」を起こすことができたらどうなるだろうか。拮抗制止の原理にしたがえば，小さい方の反応である「不安」が制止される（感じなくなる）ことになる（図10-3のb）。つまり，特定の場面に過剰な不安が古典的条件づけのメカニズムで結びついてし

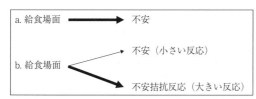

図10-3　給食場面で引き起こされる反応
注：線の太さは結びつきの強さを表す。
出所：筆者作成。

まった場合，拮抗制止の原理を用いて，特定の場面と不安との結びつきを弱め，その場面で不安が起こらないようにすればよい。これがウォルピ（2005）の提唱する脱感作法と呼ばれる技法である。

「不安や恐怖とまったく相容れない反応」である不安拮抗反応としてよく用いられるのがリラクセーション反応である。リラクセーション反応とは筋を弛緩（リラクセーション）することで得られる精神的な安定感のことである。医療場面や心理臨床場面では筋弛緩訓練法（内山，1985）や，筋弛緩に自己暗示を取り入れた自律訓練法（佐々木，1984）などが用いられるが，学校での教育相談場面ではゆっくりとした腹式呼吸でもよい。また，年少児の場合はリラクセーション反応を習得させることが困難なので，楽しいことに熱中させる，母親など安心できる人と接触させる，マンガのヒーローなどを思い浮べるなどの手続きが用いられる。

脱感作を行うにあたって重要なことは，図10-3のbを見てもわかるように，不安反応の方が小さくなければならないということである。そこで，クライエントが問題を感じる状況・場面を弱く感じる順に並べた表を作成する。これを不安階層表という。A子の事例でいえば，普通の給食場面と類似した場面をあげ，それぞれの場面でどの程度不安を感じるか，何も不安を感じない場面を0，最も不安を感じる場面を10として10段階で評定してもらった。この数字をSUDという。こうしてでき上がった不安階層表が表10-1である。

表10-1　不安階層表

No.	場面	SUD
1	家庭科室で放課後，一人で給食のパンを食べる。	1
2	教室で放課後，一人で給食のパンを食べる。	3
3	家庭科室で昼休みに一人で給食を食べる。	5
4	給食の時間，教室でパンだけ食べる。	8
5	給食の時間，教室で給食を食べる。	10

出所：筆者作成。

不安階層表が出来上がったら，脱感作を実施する。A子の事例で手順を説明すると，次のようになる。まず，放課後，家庭科室（空き教室）で椅子に座り，軽く目を閉じて，ゆっくりと深い腹式呼吸を1分間ほど行い，それから表10-1のNo.1の場面を頭のなかに思い浮かべる。とくに不安を感じなかったら，実際に給食のパンを食べる。最初は一口程度で，少しずつ食べる量を増やしていく。No.1の行動をまったく問題なくできるようになったら，次の回（2日後）は自分の教室でNo.2の項目を同じように実施する。まったく問題なくできるようになったら，次の回はまた家庭科室でNo.3の項目を実施する。それができるようになったら，次の回は教室でNo.4の項目を実施する。このようにして，No.5の項目までまったく問題なくできるようになったら相談は終

▷10　脱感作法
「脱感作」（desensitization）とは，「感受性を高める」という意味のsensitization（図10-3のaの状態）にdeがついたもので，感受性を弱める（図10-3のbの給食場面と不安の結びつき）という意味である。なお，医学領域では減感作という訳語が用いられる。

▷11　筋弛緩訓練法
アメリカの精神科医ジェイコブソン（E. Jacobson）が開発した方法で，まず身体の各部位の筋肉を10秒間程度緊張させる。その間，緊張させた部位に注意を向ける。そのまま，一気に筋肉の緊張を緩め，力が抜けている感覚を経験する。これを繰り返して，身体の緊張を緩めるとともに精神的なリラクセーションが得られる。

▷12　自律訓練法
ドイツの精神科医シュルツ（J. H. Schulz）によって創始された心身のリラクセーション法。筋弛緩と自己催眠により意識的にリラックス状態をつくり，自律神経のバランスや安定を回復させ，精神的なリラクセーションを獲得する治療法である。

▷13　SUD
不安階層表の各場面で不安や主観的なつらさの程度を表す数字のことで，自覚的障害単位（Subjective Units of Distress）という。中学生・高校生や成人の場合は最も不安を感じる場面を100として10刻みで評定してもらうのが一般的である。

第10章 教育相談に生かせるカウンセリングの理論

了である。

以上のように，最初は弱い刺激場面で弱い不安を起こさせ，それを不安拮抗反応によって制止する（感じなくする）。弱い刺激場面で不安がなくなったら，徐々に強い不安を起こす刺激場面を呈示するといったように，不安の弱い刺激場面から系統的に（順に）脱感作を行うところから，系統的脱感作法という名称で呼ばれる。

③ 行動変容のための技法

以上は偶発的に身についてしまった不安を消去する技法で，古典的条件づけに理論的な基礎を置いていた。続いては，オペラント条件づけの原理に基づいて望ましい行動を形成したり，今身についている行動を変容させたりする方法である（ミルテンバーガー，2006）。

① 強 化

望ましい適応行動を新たに形成する場合に用いる最も中心的な技法で，オペラント条件づけを教育場面で応用するものである。基本的な手続きは，望ましい行動が現れた時，目標とする行動が遂行できた時に強化刺激を与えて強化していく。ここで用いる強化刺激はどのようなものでなければならないかといった制限はとくにない。お菓子，ジュースなどの物的強化から，言語的賞賛やシールやスタンプなどの社会的強化まで，いろいろなものが利用される。ただ，学校教育場面では物的強化はあまり好ましくないので，社会的強化が多く用いられる。例えば，表10-2はADHDの小学生がどれだけ落ち着いて座っていることができたかの記録表である。「◎＝よくできた」「○＝できた」「△＝あまりできなかった」「×＝できなかった」で教師が評価し，一日の終わり

表10-2 社会的強化（ADHDの小学生に適用した例）

	12日（月）	13日（火）	14日（水）	15日（木）	16日（金）
朝の会	◎	△	○	◎	○
1時間目	○	◎	×	△	◎
2時間目	◎	○	△	△	◎
3時間目	△	○	◎	◎	△
4時間目	○	△	○	◎	×
給食	◎	◎	×	○	○
5時間目	△	△	△	△	○
帰りの会	◎	○	◎	○	○
シール	🐻	🐵	🐰	🐯	🐺

出所：筆者作成。

にシールを貼る。これらの◎や○，あるいはシールが強化刺激となっている。

社会的強化とよく似ているのがプレマックの原理である。プレマックの原理とは，低頻度行動（自発性の低い行動）の結果として，高頻度行動（自発性の高い行動）をさせると，低頻度行動が増加するということである。例えば，毎日コンピュータゲームをする習慣がある生徒が，ゲームを始める10分前に英単語を10個覚えることを心がけると，英単語を覚えるという行動が習慣化される。あるいは，家に帰ったらまず漢字を100字書いてから外に遊びに行くことを徹底させると，家に帰るとまず漢字の書き取りという行動を自発的にするようになる。つまり，自発性の高い行動（好きな行動）が，自発性の低い行動（嫌いな行動）の強化刺激となるということである。

② 罰

ある行動の後で快適な刺激を与えると，その行動の頻度は高くなる。これが強化である。これに対して，ある行動の後で不快な刺激を与えると当然，その行動の頻度は低くなる。この場合，ある行動の後で不快な刺激を与えることを罰という。誤った問題行動が生じた時に，叱る，注意するなどがこれに該当する。

③ 消　去

誤った行動が強化されている場合，強化刺激を取り除くことで，その誤った行動の頻度を減少させようとすることを消去という。例えば，授業中に他の児童に消しゴムを細かく切って投げる，ふざけるなどの行動は注意引き行動の場合がある。本人は注目されたい，注意を集めたいという欲求があるのだが，学業でもスポーツでもあまり注目されない。そこで，目立った行動をとることで注意を引こうとする。この場合，教師が強く注意をすることはむしろ授業妨害的な行動を強化していることになり，その頻度を高めてしまうことになりかねない。ただ，授業中に注意しないわけにはいかないから，とりあえず軽く注意はする。それに加えて，授業中のつぶやきを「いいところに気づいたね」と注目する，グループでの話し合いの結果を発表するときに指名するなど，肯定的な文脈で注目を与えてやる。こうすると，授業中の注意引き行動はそれほど叱らなくても減少していくことが多い。

④ 負の強化

ある行動の後で快適な刺激を与えると，つまり強化するとその行動が学習される。この場合の強化をとくに正の強化という。しかし，ある行動が身につくのはそのように快適な刺激を与える場合だけとはかぎらない。ある行動の後で，それまで与えられていた不快な刺激が取り除かれることによっても，その行動は身につく。例えば，虫歯の痛みがひどい時，しばらく我慢していたが，あまりに痛いので意を決して歯医者に受診したら痛みがなくなった。不快な刺激が取り除かれたわけである。その後，また痛くなったら今度は迷わず受診す

表10-3 強化刺激の与え方

	快適な刺激を	不快な刺激を
与える	強化 （その行動は増加する）	罰 （その行動は減少する）
取り除く	消去 （その行動は減少する）	負の強化 （その行動は増加する）

出所：筆者作成。

ることにする。このように，それまで与えられていた不快な刺激を取り除くことである行動の頻度を高めることを負の強化という。授業中に騒いでいた児童を教室の後ろに立たせ（不快刺激を与え），神妙な面持ちで反省した様子で立っていたので元の座席に座らせる（不快刺激を取り除く）というのは，負の強化の例である。

以上のように，オペラント条件づけでは快適な／不快な刺激を，与える／取り除くことによって，対象となる行動を増加させたり，減少させたりできる（表10-3）。

4 複雑な行動形成のための技法

授業中は席を立たないなどのように，目的とする行動が簡単な時には，その行動が現れた時にオペラント条件づけの原理を用いて強化するだけでよいが，目的とする行動が複雑な場合はその行動を形成するのに工夫が必要となる。学校場面では日常的に行われていることであるが，まったく泳げない児童にクロールを教えるという例で考える。オペラント条件づけの考え方では，その児童がクロールで泳ぐことができた時に強化すればよいわけだが，何しろ「かなづち」であるから，クロールで泳ぐという行動はなかなか出現しない。そこで，最初は水遊び，次の段階では水に浮く，次の段階ではバタ足，次の段階では腕のフォーム，次の段階では息継ぎ……といった具合にいくつかの段階に分け，目標とする行動を徐々に形成していく。これによって複雑な行動を学習することが可能になる。最終目標に到達するまでのプロセスはいくつかの段階に分割されており，各段階の内容はとくに難しくなく，無理なく達成することができる。これをスモール・ステップという。そして，各段階で達成すべき行動（下位目標）に少しでも近い反応をしたら，ただちにそれを強化し，逆に達成すべき行動から遠ざかるような行動をしたら，すぐにそれを修正する。この手続きを分化強化という。このように，オペラント条件づけによって複雑な行動を少しずつ形成する手法をシェイピングという。

4 論理療法の実際

1 個人特有の思考様式

　高校2年生のT男はこのところ，ゆううつで落ち込むことが多い。T男は国立大学医学部を目指しているが，模擬試験の成績がなかなか伸びない。それどころか，1年生の時に比べると少し下降気味で，かなり焦っているというのが現状である。T男は中学生の時から学業成績はよく，高校に入ってからは医者になりたいと考え始めた。それは4歳年上の兄が有名国立大学医学部に入ったからでもある。兄のようになりたいと思う一方で，兄には絶対に負けたくないという気持ちも強い。2年生の夏休み前には部活もやめ，毎日早く帰って勉強しているが，成績は自分の思うように伸びない。試験の結果が思ったほどではないと，「自分はだめな人間だ」「医学部に入れないと人生おしまいだ」と少々ノイローゼのようになり，落ち込む日が続くという。

　この事例を読むと，こんなことが考えられる。ここに知的能力がまったく同じの2人の高校生がいるとする。一方はできるだけ入るのが難しい難関大学に行きたいと考えており，他方は別にどの大学でもかまわない，入れるところでよいと考えているとする。受験勉強が本格化したストレスフルな時期に病気になりやすいのはどちらだろうか。どう考えても前者だろうということは誰でも想像がつく。前者の生徒は模擬試験の結果に一喜一憂するだろうし，睡眠時間を削ってこれでもかと勉強するかもしれない。これに対して，後者の生徒は受験勉強が本格化した時期でも，前者に比べるとそれほどストレスを感じないことが予想される。すなわち，受験シーズンという時期においても，ものの考え方の違いでストレスを強く感じる生徒もいれば，それほど強くは感じない生徒もいるということになる。

　こう考えると，上のT男の場合，ゆううつになり落ち込むというネガティブな感情は，T男がもっている「試験の成績がよくない自分はだめな人間である」「医学部に入れないと人生おしまいだ」というT男特有のものの考え方に起因すると考えられる。

2 ABC図式

　考え方が間違っているから，誤った行動をしたり，ネガティブな感情を感じたりする。ということは，間違った考え方を正しいものに修正すれば，誤った行動も変容するし，ネガティブな感情も感じなくなる。このように考えたアメリカの心理学者エリスは論理療法を提唱した。最近では論理情動行動療法（ま

▷14　論理療法と論理情動行動療法
エリス（A. Eris）は1955年ころ，自分の創始した心理療法を「論理療法（rational therapy：RT）」と呼んでいた。それが1990年代から間違った信念によってネガティブな感情を経験するということで，感情（情動）が加わり論理情動療法（rational emotive therapy：RET）と呼ぶようになった。このころ，邦訳では理性感情療法と訳されることもあった。その後，感情だけでなく行動変容も入れて論理情動行動療法（rational emotive behavior therapy：REBT）と称するようになった。同じように，理性感情行動療法という訳語があてられることもある。

図10-4 ABC図式

出所：エリス（1973）。

たは理性感情行動療法）と呼ばれるが，ここでは論理療法という名称を用いる。

　論理療法の基本的な考え方は次のとおりである。不適応行動，問題行動，ネガティブな感情の背後には，その人特有の誤ったものの考え方，思い込み，信念がある。したがって，その非合理性，非論理性，非現実性を指摘し，合理的，論理的，現実的なものに改めさせることで不適応行動や問題行動は解消，改善する。これをエリス（1973）は図10-4のようなABC図式で説明する。

① A──活性化事象（Activating events）

　まず，失敗した，うまくいかなかったという問題を起こしやすい状況・場面に遭遇する。これを活性化事象という。T男の例でいうと，高校2年生も後半になり，進路も視野に入れ学業に取り組まなければならないという状況である。

② B──信念体系（Belief system）

　その人特有のものの考え方のことである。そのような場面・状況においてものの考え方が合理的な時には問題ないが，非合理的，非論理的，非現実的な時には問題がある。T男の場合でいうと，「兄には絶対に負けてはならない」「自分はだめな人間だ」「医学部に入らなければ人生おしまいだ」というものの考え方をすることである。

③ C──結果（Consequence）

　Aという問題を起こしやすい状況（活性化事象）において起こった感情や行動のことである。T男の例でいうと，試験の結果がよくない時にはノイローゼのようにゆううつになり落ち込むのはこれである。

　つまり，問題となる感情や行動（C）は場面・状況（A）によって起こるのではない。本当の原因は本人がもっているものの考え方（B）にある。場面・状況（A）によって，非合理的なものの考え方（B）が活性化され（活発になり），ネガティブな感情や行動（C）が起こる。

　このABC図式でT男の事例を考えるとこうなる。T男の落ち込むというネガティブな感情（C）は，一見，試験の成績が思わしくなかったというネガティブな出来事（A）によって引き起こされると考えられる。しかし，実際は問題となるネガティブな感情（C）を生むものは刺激場面（A）そのものではなく，その刺激場面に対する受け取り方（B）である。つまり，問題となる感情や行動は，誤った受け取り方，考え方によって生み出される。したがって，こうした誤った非合理的な受け取り方，考え方を変えれば，悩みやネガティブな感情

第Ⅲ部　子どもの抱える困難さへの対応

を軽減することができる。それが次のDである。

④　D——論争（Dispute）

その非合理的なものの考え方に対して論理的に反論し，それを徹底的に論駁し，それが非合理的で誤っていることをしっかりと理解させる過程である。T男の例でいうと，試験の成績が思ったほどよくない時，ノイローゼのように落ち込むというネガティブな感情を経験する。これは「自分はだめな人間だ」「もうおしまいだ」という非論理的・非合理的で誤ったものの考え方のためである。したがって，それを論破し，未来に向かって前向きに生きるためには，今，合理的で理性的なものの考え方を身につけることが求められているのであるということを，しっかりと教え込まなければならない。

以上が論理療法の大枠である。

3　論理療法の技法

論理療法の技法は大きく分けて，認知的技法（誤った考え方を修正する技法），感情的技法（感情を揺り動かす技法），行動的技法（行動を変える技法）の三つの技法がある（國分，1999）。ここでは，T男の場合を例に認知的技法のいくつかについて述べる。

①　反論説得法

不適応行動の根底にある非合理的なものの考え方や信念を論理的に論破することである。そこで，その考え方について次の四つの視点から問いかけて討論することで非合理的な考え方を変えることを試みる。ⅰ)論理的か，ⅱ)柔軟か，ⅲ)現実的か，ⅳ)役に立つか。T男の場合は以下のように助言した。

　ⅰ)論理的か → 模擬試験の成績で「人間としての価値」があるのか，ないのかを決めるのは論理的ではない。

　ⅱ)柔軟か → 模擬試験の成績で「自分の人生はおしまいである」と考えるのは，あまりにも硬直した考え方ではないか。

　ⅲ)現実的か → 医学部に入れないと，本当に人生はおしまいなのか。

　ⅳ)役に立つか →「自分はだめだ」と自分を否定することは何かの役に立つ考え方なのか。

②　自己討論法

T男自身がまず自らの非合理的な考え方を言い，次にそれに対して力強く反論する自己討論を自分で録音する。自分でそれを聴く以外に，担任教師や友人にも聴いてもらい，論理的に反論しているかどうかを評価してもらい，反論の力強さが足りない場合には助言をしてもらった。

以上のような論理療法的なアプローチによって，T男は何のために自分は医学部に行こうとしているのか，本当に人の命を助けたいと思っているのかなど

に目を向けるようになった。

Exercise

① 今の自分の目標，課題をあげ，それができたら自分で自分を強化する（自分にご褒美をあげる）ということをやってみよう。
② 自分の考え方のクセとでもいうべき，特徴的なものの考え方，思考様式，信念をあげて，それがどの程度，論理的か，現実的か検討してみよう。
③ 上の②において，自分のものの考え方が非合理的，非論理的，非現実的と感じた時には，自己討論によってものの考え方を変容させてみよう。

📖 次への一冊

三田村仰『はじめてまなぶ行動療法』金剛出版，2017年。
　行動療法の研究と実践の歴史がわかりやすく解説されている。古典的条件づけ，オペラント条件づけをはじめとして，認知行動療法，マインドフルネスなど最新の研究まで広くカバーして説明されている。

杉山尚子『行動分析学入門』集英社新書，2005年。
　行動分析学とはオペラント条件づけに基礎を置く行動研究の体系で，犯罪や問題行動の原因はその個人の心のなかにあるのではなく，環境のなかにあると一貫して考える。本書は一般向けに書かれた行動分析の入門書である。

岡野守也『いやな気分の整理学——論理療法のすすめ』講談社現代新書，1991年。
　論理療法について初心者でもよくわかるように論じている。非合理的・非論理的な思考を見つけて取り出し，それに対してどうすればよいかを誰もが経験する内容を例にあげて説明されている。

引用・参考文献

エリス，A.『人間性主義心理療法——RET入門』サイエンス社，1973年。
國分康孝『論理療法の理論と実際』誠信書房，1999年。
ミルテンバーガー，L. G.『行動変容法入門』二瓶社，2006年。
佐々木雄二『自律訓練法の実際——心身の健康のために』創元社，1984年。
内山喜久雄『ストレス・コントロール』講談社，1985年。
ウォルピ，J.『神経症の行動療法—新版 行動療法の実際』黎明書房，2005年。

コラム⑩

心の「問題」よりも精神的に支える

　平成の時代が終わろうとしているが，昭和の終わりから平成にかけて私はある大学の医学部に勤務していた。そこで，日本で始まったばかりの認知行動療法について研究していた。研究会ではアメリカ留学でベックと知人になった先生が，新たに出版されるベックの著書のゲラ刷りをベックから送ってもらい，みんなで購読したこともあった。その頃は摂食障害が多くなり，何かいい方法はないだろうかと探していて，認知行動療法もその一つだった。

　その頃，摂食障害の患者は何かしら心の「問題」があるとされていた。例えば，母と娘の関係などである。しかし，本当に心理的に「問題」があるのかは正直疑問だった。確かに摂食障害患者と面接していると，いろいろと「おやっ？」と思うことはあった。しかし，それは他の心身症の患者にも見られるもので，はたして摂食障害と結びついているのか疑問だった。そんななか，ヒステリーの歴史を調べていて次のようなことがわかった。

　今は解離性障害，転換性障害といわれている病気はその頃ヒステリーといっていた。解決できない心理的な問題によって精神症状や身体症状が起こり，突然，声が出なくなる，四肢が麻痺する，記憶がなくなるなどの症状を呈する。古代ギリシャ語で女性の子宮を意味するヒステラがヒステリーの語源といわれているから，古くから女性に多く見られていたらしい。しかしながら，戦後，女性の社会進出が進み，本格的な男女平等社会に近づくと，女性の痙攣発作や意識消失発作などを示す重いヒステリーはなくなっていった。そして，それに代わって増加するのが，それまで稀な病気だった摂食障害である。なぜなのか？　おそらくこんな理由からだろうと思われる。

　摂食障害はほとんどの場合，ダイエットから始まる。しかし，「リバウンドが恐い」と言われるように，減量を維持することは難しいという暗黙の了解が社会には存在している。ということは，ダイエットで大きく減量した体重を維持することは社会的に難しいことができるわけだから，能力があるということになり自信をもつことができる。男尊女卑の社会では能力に自信のある女性はフラストレーションが貯まるからヒステリーを起こしやすく，男も女も同様に有能さが求められる男女平等社会になると，自信のない女性は自信をもとうとしてダイエットをしているうちに摂食障害になりやすい。ということは，摂食障害という病気は社会の在り方とかかわっているのであって，心の「問題」が表面化したのではないのではないかとも考えたくもなる。でも，摂食障害患者は確かに苦しんでいる。この場合，必要なのは心の「問題」に介入することではなく，寄り添い精神的に支えるということかなと思う。

第IV部

教育相談の展開

第11章
チームで行う教育相談

〈この章のポイント〉
　学校における教育相談の焦点は，深刻な問題や悩みを抱える児童生徒に対して，即応的で個別的な指導・援助を届けることにある。その問題や悩みは，児童生徒の生活自体に根ざし，それぞれの生活場面には教職員や保護者，友人などの多様な相談資源が潜在する。チームで行う教育相談は，相談ケースに応じてそれら相談資源を結び，それぞれの特徴を活かして生活のなかで個別の助力と支えを届けていくことである。本章では，チームで行う教育相談の意義と進め方の要点について学ぶ。

1　「チームで行う教育相談」を学ぶ前に

　学校の教育相談活動も，「人格の完成」を企図する学校の教育活動全体の日々の営みのなかで行われる。この教育目的を果たすために，学校には人的，物的，予算的資源が配置され，多様な教育活動が計画される。そして，それぞれの教育活動がその学校の教職員の分担，協働によって進められる。各学校の教職員は，授業や学級／ホームルーム経営を個々に担いながら，自校の教育目標や重点課題などを共有し，計画される種々の教育活動を組織的に展開していく。言わば学校は，1つの大きなチームである。
　このような教育的営み全体のなかで，教育相談活動はどのような役割を担い，誰によって進められているのか。児童生徒の学校生活を支える教職員の活動の様子を見ておこう。

1　児童生徒の問題・悩みと学校生活

　私たちの誰もが，こんなことを思った経験があるだろう。

　　明日，学校に行きたくないなぁ。苦手な数学があるし，社会は班学習するとか言っていたしな……。言い争いになってからというもの，班の仲間と気まずいんだよな。でも，部活には行きたいしな，う～ん。

　学校生活で児童生徒が抱える問題や悩みの領域やテーマは，多岐にわたる。勉強のこと（学業），友達のこと（人間関係／社会性），進学・就職のこと（進

路)，心と身体の健康のこと（保健)，個人情報や身の安全を守ること（安全)，人としての生き方・あり方（道徳性・公民性）など。これらのテーマが問われる場面は，私たちの日常生活のなかに散りばめられている。児童生徒の抱える悩みの実際は，これらのテーマが相互に複雑に関連し，生活のなかで経験される。

それぞれの生活に根ざした多岐にわたるこのような問題や悩み一つひとつにつまずいては立ち止まりながらも，私たちはなんとか生活の歩みを進めていく。楽しい時間が問題や悩みを和らげることもあれば，不器用に自力で解消を試み，痛みを抱えることもある。しかしまた，新たな楽しみと問題や悩みに気を取られるなかで，いつの間にか，その痛みをどこかに忘れる。しかしなかには，深刻なダメージを負いながら，踏ん張って生活している児童生徒もいる。

私たちは，問題や悩みをともなうさまざまな経験を糧に発達という変化を進めていく。その発達の過程は，日々の生活のなかで，それぞれの思いや願いと，この国の社会・文化などを背景とするさまざまな，そして年齢とともに変化する要求・制約によって形作られていく。そうした発達課題に晒されながら，児童生徒は個々に，人生の歩みを進めていく力をゆっくりと養っていく。

個々の児童生徒の生活に目を配り，このような発達の過程を積極的に支える学校の働きを生徒指導という。生徒指導の任務は，学校の秩序を維持するために児童生徒の行動を統制すること以上に，自分らしい人生を歩む力を個々に育てることにある。◁1

私たちの誰もが，思うようにならない学校生活で覚えた苛立ち，抱えた不安や苦悩を少なからず思い起こすことができる。そのような不安や苦悩を大人になって振り返ると，気恥ずかしさをともなって思い起こされることもあれば，なぜあれほどに真剣に，動揺しあるいは苦しんでいたのかと，当時は自分が非力で傷つきやすかったことに気づかされることもある。いま思い起こしても，当時のままの辛い経験が甦る人もいるかもしれないが，何とか乗り越えようとしてきた自分がここにいることも確かである。

しかし，どのような苛立ち，不安や苦悩であれ，誰もが身に覚えのある経験でありながらも，他者の抱える苛立ち，不安や苦悩そのものを誰一人として経験することはできない。言い換えるなら，誰もが同じような苛立ち，不安や苦悩を想像することはできても，その誰かの抱える苛立ち，不安や苦悩そのものをほかの誰かが代わって引き受けることはできない。周囲の誰かにできることは，何らかの助力や支えを届けることである。

このように，学校生活で抱える悩みを思い起こしながらも，私たちが本章で考えなければならないことは，そうした苛立ち，不安や苦悩を現在進行形で経験している児童生徒のことである。さらに，さまざまな生活場面で，一人で抱えることの難しい問題や悩みを抱える児童生徒に即応的で個別的な指導・援助

▷1 生徒指導という用語は，戦後，使用されるようになった専門用語である。その定義は，「生徒指導とは，本来，一人一人の生徒の個性の伸長を図りながら，同時に社会的な資質や能力・態度を育成し，さらに将来において社会的に自己実現ができるような資質・態度を形成していくための指導・援助であり，個々の生徒の自己指導能力の育成を目指すものである。そして，それは学校がその教育目標を達成するために欠くことのできない重要な機能の一つなのである」(文部省，1988) である。生徒指導は校則の取締りなどの管理指導や厳しくしつけることとして，広く受け止められているが，大きな誤解である。

を届けることである。このような学校の教育活動を教育相談という。教育相談は，育てる教育的営み全体のなかでクローズアップされる個別的な指導・援助活動である。

　問題や悩みがその児童生徒の生活に困難や危険をもたらすほどに，その児童生徒に関係する学校内外の人々それぞれが，個別的な配慮を高め，届けることのできる助力と支えを増強する，と同時に，それら助力と支えの方針・目標と役割分担を確認し，その児童生徒の生活環境を調整する必要が高まる。ここに「チームで行う教育相談」の意義が生まれる。

2　組織で行う教育相談

　学校の教職員が引き受けている職務には，各教科の学習活動や，多面的な発達を図る特別活動などの多種多様な教育活動がある。加えて，施設・設備の保守や会計などの管理・事務的な職務もある。こうした雑多な職務で構成される校務全体を学校の教職員が分担（分掌）して，学校は組織的に運営されている。そのようななかでも慣習的に学年のまとまりが強く，偶発的な出来事やトラブルなどに対して，同学年に所属する教員同士で相互に支え合うことが多い。従来から学校では，職務や教育活動の内容に応じて大小さまざまなチームが活動している。しかし，ここで見逃せないことは，一人の教職員がさまざまなチームの構成メンバーを兼ね，二重三重の役割を担っていることである。

　加えて，ほとんどの教職員の1日は，通常，授業や特別活動などの教育活動によって占められている。それら教育活動の間のわずかな細切れの時間を使って，授業準備，提出物のチェック，テストの採点，家庭連絡，各種記録・報告書の作成，教材・物品の発注などの仕事が行われる。各種委員会や学年部会，教科部会，あるいは自分が所属する分掌の会合などを設けるとなると，メンバー間の時間調整が難しく，放課後となりやすい。しかし放課後には，下校指導や部活動指導などの職務もある。優先順位の高い教育相談活動も，こうした事情に制約される。

　このような多種多様な職務をそれぞれに抱える教職員によって，学校の生徒指導は進められる。個々の児童生徒の発達を積極的に支える生徒指導は，教育課程内外において，計画的，組織的に進めることが期待されている。『生徒指導提要』（文部科学省，2010，75～89ページ）には，明確化，具体化された基本方針を全教職員が共通理解し，校長の下，生徒指導主事をリーダーとする効果的な組織（生徒指導体制）を整えて，生徒指導を行うことが示されている。

　また同書では，基本的な教育相談の体制づくりと進め方について，次のように伝える（文部科学省，2010，90～126ページ）。すなわち，生徒指導体制のなかに適切に教育相談を位置づけてその体制をつくり，教育相談担当教員がコー

第Ⅳ部　教育相談の展開

ディネーター役となって体制内の連絡・調整を行うこと，すべての教職員が適時，適切にあらゆる教育活動を通して教育相談的なかかわりを行うこと，および教職員それぞれの立場を活かした多様なかかわりを組織的に進めることである。

　そのなかで，個々の児童生徒の発達を積極的に支える中心的な役割を第一に担っているのは，学級／ホームルーム担任である。なぜなら，多くの場合，学校における児童生徒の生活の場や教育活動の単位が学級／ホームルームだからである。学級／ホームルーム活動は，多岐におよぶテーマを取り上げ，積極的に児童生徒を育てる中核的な教育活動である。中・高校は小学校ほどではないにしても，担任は，多くの時間を担任する児童生徒とともに過ごし，個々を理解しかかわる多くの機会を手にする。担任は，児童生徒理解と信頼関係づくりを進めながら，クラス運営をリードして児童生徒相互の肯定的な影響力を醸成し，学校内外の生活を通じて個々が成長することを願い，彼らの生活の様子に応じて具体的，実際的に助力し支える役割を担ってきた。こうした役割の遂行は，担任個々の自律性とともに，その学年，学校の教職員間の同僚性によって支えられている。

　教育相談においても，担任の役割は重要である。児童生徒の求めに応じて，あるいは，求めがなくとも必要なら，抱えている問題や悩みについて，速やかに指導・援助する。このような気づきや配慮は，児童生徒の学校生活で身近にいて，日常的にかかわるなかで生まれやすい。担任は，問題や悩みの内容，深刻さなどに応じて，生徒指導担当教員や教育相談担当教員，学年主任やそのほか同僚，さらに保護者，スクールカウンセラーやスクールソーシャルワーカー，あるいは外部機関に助言を求め，必要な連携，協力を調整する。

　個々の児童生徒にとっては，学級／ホームルーム担任こそが，教育相談活動の要であり，児童生徒の発達や悩みに対して，具体的，実際的に助力し個々を育てる役割を担っている。このようなことが，日本の学校教育の際立った特徴の一つであり，学年・学級制に基づく学校の組織構造に基づいて，生徒指導，教育相談に限らず，学校の教育的営み全体が学級／ホームルームを中心に混然となって展開されている。

　「チームで行う教育相談」も，以上のような，日常的な教育的営みのなかで進められる。では，普段通りに仕事を進めるなかで教職員は，深刻な悩みを抱え苦しんでいる児童生徒に，どのようにして普段以上に配慮を行い，個別的な助力と支えを届けるのだろうか。その児童生徒は，どのような助力や支えを誰から受け取るのだろうか。次節以降，これらの点を確認する。

▷2　同僚性
一般には，教職員が互いに「報・連・相」を密に，気軽に意見や考えを交換し，それぞれが教育活動を進めていくうえで協働し支え合う関係性を意味する。

2 チームで行う教育相談の進め方

1 相談資源を結ぶ

　ここまで見てきたように，児童生徒の抱える問題や悩みは多様である。その原因や理由も，一様，単一ではなく，複雑に絡まっていることが多い。それら問題や悩みの多くは，彼らの生活自体に根ざしているゆえに，その生活のなかで解決されることが期待される。

　その生活上のさまざまな場面では，教職員や保護者など多様な人々がそれぞれの役割を担って過ごしている。学校生活で言えば，友人や同級生，その他の児童生徒，学級／教科担任などの教職員，あるいはクラブ／部活動のメンバーや顧問などの人々がいる。家庭や地域での生活を見渡すと，保護者をはじめ，塾や地域のクラブ・サークルなどで接する，直接，間接にかかわる多様な人々の存在が視野に入ってくる。そうした人々は，教育相談活動を展開するうえで，個別的な配慮，助力と支えを提供することのできる潜在的な相談資源となる。しかし反対に，問題や悩みの原因や背景にかかわっている可能性もある。

　さらに，児童生徒の抱える問題や悩みの内容と深刻さによっては，警察や児童相談所などの地域の専門的な施設・機関が相談資源として，考慮されなければならないだろう。

　これらの人々から相談活動に得られる理解と協力は，それぞれの立場・役割や個人的事情，あるいは学校や家庭，地域の状況などに左右される。多様な人々がかかわる生活環境を背景に，ある児童生徒に即応的で個別的な助力と支えを届けるためには，その児童生徒の問題や悩みと生活場面に応じて，さまざまな相談資源を適切に結びつけてチームを編成し，個別の教育相談活動を計画することが有効である。私たちは，現実のさまざまな条件・制約のなかで，ケースごとに必要な相談資源を組み合わせて調整しながら，教育相談活動を展開していかなければならない。

2 多様な相談資源とその特徴

　児童生徒の周囲には，さまざまな立場や役割を担い，日常的にかかわる人々がいる。そうした人々は，問題や悩みを抱える児童生徒にとって，潜在的な相談資源である。しかし，立場や役割によって，届けることのできる助力と支えには違いがある。友人には友人の，担任には担任の，あるいは保護者には保護者の，それぞれに独自の特徴を備えている。

　まずは，ある児童生徒の相談資源となる人々を，学校生活，家庭生活，およ

▷3　相談資源
教育相談に活用される人的，物的資源の総称。助力や支えを提供できる人々や施設・機関，あるいはそこで提供されるサービスや各種活動（自然体験など）。

第Ⅳ部　教育相談の展開

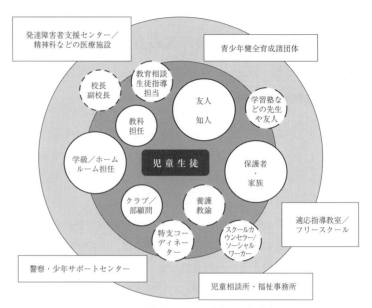

図11-1　児童生徒の周囲に潜在する相談資源
出所：筆者作成。

び地域生活の生活場面ごとに確認してみよう（図11-1）。それぞれの人々は，どのような相談資源としての特徴を備えているか，考えてみよう。

① 学校生活

児童生徒が学校生活で接する主な人々は，友人と教職員である。学校生活のなかでも，友人と過ごす時間が多い。次いで担任となるが，小学校と中・高校では，期待される担任の役割は変わらないものの，過ごす時間に大きな差がある。そして，教科担任，クラブ・部活動顧問の教員が続く。学校にはこのほかに，校長などの管理職，生徒指導／教育相談担当教員などの分掌上の職務を担う教職員，保健室で働く養護教諭，配置の進むスクールカウンセラーやスクールソーシャルワーカーなどの非常勤の専門職員などがいる。

(1) 友　人

多くの児童生徒は，信頼する親しい友人から，苦手で疎遠な友人まで，さまざまな友人との多様な関係性を学級・学校生活のなかで形成している。友人とのかかわりは，児童生徒にとって肯定的にも否定的にも強く影響する。友人関係は，他者の視線が過剰に気になる思春期の児童生徒にとってはとくに，重大な心配事（テーマ）となりやすい。それゆえに，友人からの助力と支えが得られることは，強力な相談資源となりうる。抱えている問題や悩みを親身に聴いてくれる，その解決のための実際的で何気ない手助けをしてくれる，あるいは自分の存在を認め受け入れてくれる友人の存在は，その児童生徒を学校生活のなかで支え，教職員や保護者では代替できない特徴を備えている。

(2) 学級／ホームルーム担任

　どの児童生徒にとっても担任は，重要な相談資源である。担任は，個々の学習，生活，進路などさまざまな側面について具体的に指導援助する役割を担っている。そのため，所属する児童生徒個々に直接的にかかわる機会が多いだけでなく，継続的に児童生徒を理解する機会に恵まれ，加えて，多様な情報が担任のもとに寄せられる。

　さらに担任は，学校生活の基盤である学級／ホームルームを運営することから，学級／ホームルーム内の雰囲気や児童生徒間の関係性に働きかけたり，友人からの理解と協力を引き出したりすることができる。とくに小学校では，担任が教科学習も指導することから，このような相談資源としての特徴が際立つ。

(3) 教科担任・クラブ／部活動顧問

　教科担任制を基本とする中・高校では，生徒にかかわる教職員が教科ごとに変わるために，教科担任の相談資源としての重要性が増す。教科による関心や得意／不得意に応じられるだけでなく，協同的な学習活動などに配慮することができる。また，クラブ／部活動顧問の教員も，担任には見えない児童生徒の様子に触れる機会がある。顧問教員のかかわりの下，先輩や後輩との関係を広げていく。そのようなクラブ／部活動のなかで形成される信頼関係に基づいて，活動中の様子に目を配ったり，肯定的な人間関係の構築に努めたりするなど，相談資源としての顧問教員の役割も期待される。

(4) 養護教諭

　養護教諭は児童生徒にとって，成績評価をしない，心身の不調に応対してくれる，教職員のなかでもユニークな立場にある。そのため，他の教職員とは異なった関係性を基礎に，児童生徒とかかわることができる。学級・学校生活に不安を抱え，居場所を見失いそうになっている児童生徒が，不定愁訴を理由に保健室を利用することも少なくない。養護教諭は，心身の状態を話題にしながら，そうした児童生徒の心の内に触れ，個々にかかわる機会を有している。

(5) 生徒指導／教育相談担当教員とスクールカウンセラー／ソーシャルワーカー

　生徒指導／教育相談担当教員は，教職員のなかでも教育相談に関する専門性を備える相談資源と見なされ，多方面に及ぶ教育相談活動をリードする役割が期待されている。スクールカウンセラー／ソーシャルワーカーは，その配置の経緯からもわかるように，不登校などの深刻な問題や悩みを抱える児童生徒や保護者への対応や，その際の外部機関や社会福祉サービスなどとの橋渡しを主な役割としているが，教職員とともに予防的，発達的な教育活動を企画，実施する，それぞれの専門性を活かした研修の機会を教職員や保護者に提供するなどの貢献も，今後ますます期待されていく。

▷4　スクールカウンセラー
不登校などの問題行動等の改善に当たり，心理学に関する知識や臨床経験を有する専門職，児童生徒や保護者にとって，知られたくない悩みや不安を安心して相談できる存在，および教職員にとって，児童生徒やその保護者と教育員の間を仲介する第三者的役割を期待されて，1995年から配置され始めた。

▷5　スクールソーシャルワーカー
不登校などの問題行動等の背景には児童生徒の置かれている環境の問題もあることから，その環境に働きかけて問題状況を改善する役割を主に担う，学校と関係機関をつなぐ福祉の専門家として，2008年から配置され始めた。

児童生徒とのかかわりを考えるなら，彼らの存在は，児童生徒にとって非日常的なものに映るかもしれない。教育相談室は深刻な問題や悩みのある人が行くところとして，児童生徒は構えるかもしれない。しかし，教育相談室の利用ルールや広報，室内の家具などの配置，興味を惹く備品（図書や玩具など）などの工夫によって，そうした構えを取り払うことも可能である。教育相談担当教員やスクールカウンセラー／ソーシャルワーカーが，努めて児童生徒に日常的にかかわることも有益である。

児童生徒が教育相談室をどのように利用し，教育相談担当教員やスクールカウンセラー／ソーシャルワーカーとどのように接するかは，各学校の教育相談体制の位置づけや基本方針，相談室の運営方針などによるところが大きい。

生徒指導／教育相談担当教員やスクールカウンセラー／ソーシャルワーカーは，日常生活のなかで直接かかわるよりむしろ，相談ケース全体の理解の深化と運営，それぞれの専門性を活かした相談活動における貢献が期待される。

(6)特別支援教育コーディネーター

特別支援教育コーディネーター[6]も，相談ケース全体の理解の深化と運営，その専門性を生かした相談活動における貢献が期待される，重要な相談資源である。彼らが備える専門性は，障害に関連する学業や対人関係上の困難を敏感に見つけ，個々の特徴・特性に応じた指導法に関する豊富な知識など，障害のある／なしにかかわらず，児童生徒を丁寧に観察し支援する態度と知識・技能を備えることを必要とするからである。

(7)校長などの管理職

校長・副校長などには，学校全体の生徒指導の働きや教育相談活動が教職員全員の信頼の下に展開されるように，また，複数の相談ケースが同時進行するなかで関係する人々が活動しやすいように，学校内における教育相談体制を適宜，整備，調整していく役割が期待される。

② 家庭生活

保護者は，それぞれの生活史のなかで児童生徒の成長や発達を側で見てきた特別な存在であり，日々，さまざまなやり取りを児童生徒と交わしている。保護者にしかできないことが多くある。学校生活などでは知ることのできない，家庭生活でしか見せない，貴重な児童生徒の様子を知る重要な情報源でもある。

親子間や家族内の関係性は一様ではないが，一般にその結びつきは強く，児童生徒の現在と将来について心を砕き，可能な手助けを進んで行う態度を保護者は備えている。また，親子の関係性や家庭生活の状況の心理的影響は低学年ほど大きく，逆に保護者が，子どものことで問題や悩みを抱えることも多い。

③ 地域生活

児童生徒は成長するにしたがい，その活動範囲を広げ，かかわる人々も多様

▷6 特別支援教育コーディネーター
特殊教育制度から特別支援教育制度への移行（2007年）を機に，各学校の教職員のなかから校長の指名を受け，自校の特別支援教育を推進する役割を担う。障害のある児童生徒個々を対象に，校内外の教職員・関係者と協働・連携するとともに，個別の教育支援計画（IEP）の作成・実施などを通じて，特別な教育的ニーズに応じた教育支援を推進することが期待されている。そのため，対象児童生徒の所属する学級／ホームルームの経営や教科学習の指導にも参画し，学級／ホームルーム担任や教科担任などと協働していく。

になっていく。例えば，習い事や学習塾，スポーツクラブなどの先生／コーチや友人，あるいは趣味でつながる友人・知人など。そのような人々のなかに，児童生徒の相談資源となる重要な他者がいるかもしれない。

ここまで見てきた人々は，児童生徒が問題や悩みを抱える生活場面にかかわる潜在的な相談資源である。深刻な問題や悩みを解決するためには，その生活場面にかかわる人々から助力や支えを引き出すことが有効である。私たちは，個別の相談ケースについて，本人の抱える問題や悩みを理解するとともに，こうした相談資源から助力や支えを引き出し，結びつけていくことを考えていかなければならない。

3　チームで行う相談活動の基本的な展開過程

児童生徒の抱える問題や悩みに対する対応は，担任などの教職員，保護者，あるいは児童生徒本人などからの要望や相談を契機に個別の相談ケースとして開始される。その対応にあたって，問題・悩みの深刻さやそれらがかかわる生活範囲によって，必要な相談資源が相談ケースごとに検討される。例えば，当面は担任だけで，教科担任や学年教員，ないし養護教諭を加えて，あるいは保護者とも連携して対応を進めるなど。この時に，チームを編成して対応を進めるかどうかが判断される。

このような個別の相談チーム編成の判断を含む教育相談の対応過程について，各学校の教育相談体制のなかで明確な手続きを整えておくことが重要である。なぜなら，個別の相談ケースの扱われ方が公式化されて明確になり，全教職員の了解の下に相談活動の展開を可能にするからである。たとえ細部の情報が知らされなくとも，教職員の間に無用の誤解や不信感を生むことなく，相談活動を円滑に進めることができるようになる。また，担任が抱え込んだり，孤立したりして児童生徒の問題や悩みが深刻化したり，担任の心身が疲労，衰弱したりするなど，児童生徒と担任双方のリスクを予防することにもつながる。

▷7　デリケートな個人情報の扱いについては，守秘義務や職業倫理に基づいた一般原則を各学校において明文化し，その内容について教職員が共通理解をしておくことが必要である。

このような過程は，通常，各学校で定期的に開かれる生徒指導委員会や教育相談委員会などで進められる。この委員会などでの検討を経て，個別の相談ケースへの対応が始まる。では，個別の相談ケースについて，どのようにチームで行う教育相談を展開するのか，その基本的な過程を以下に見ていこう。

① チームの編成：アセスメントとコーディネーター役

相談ケースごとに適切な相談資源を選定し，チームとして対応を開始するためには，2つのことが重要である。

1つは，その児童生徒の多様な情報収集と分析（アセスメント）である。学業や人間関係，健康状態などの情報や知能などの発達に関する各種検査の情報を，担任や教科担任，クラブ／部活動顧問，保護者など多方面から収集し，問

題や悩みの原因・背景，適応やつまずきの程度を分析する。その際，児童生徒の要望を聴いておくことも重要である。そして，暫定的な相談活動の目標とその達成に取り組む相談資源を選定する。

　2つには，必要な相談資源の連絡・調整を行い，個別の相談ケースの進行具合を適宜，確認して，この活動全体を把握しながら相談ケースをリードしていくコーディネーター役を決めることである。学校生活では教職員の誰もが，二重三重の役割を担い，多くの場合，集団を対象に指導・援助しているため，個別の相談活動に専心することが難しい。そのようななかでも相談資源としての特徴を活かし，それぞれが配慮を高めて児童生徒に個別の助力と支えを実現するためには，情報を共有し，適宜，当面の目標と計画を明確にして，各自の役割を確認し支えていくコーディネーター役が，個々の相談ケースについて必要となる。

　実際，コーディネーター役に適切なのは，多くの場合，その専門性と立場・役割から生徒指導／教育相談担当教員だろう。同様の理由から，相談資源のなかでも担任は，相談チームの中心的なメンバーとして欠かせない。問題や悩みが深刻であるほどに，保護者のかかわりも必要となる。さらに必要な相談資源とそのメンバーシップは，相談ケースごとに多様となっていく。また，いずれの相談ケースでもその取り組みに関して，適宜，スクールカウンセラー／ソーシャルワーカーなどの専門的な立場から助言・助力を得られると心強い。

② 　個別の教育相談計画づくり

　児童生徒とその問題・悩みの理解（アセスメント）を終えたなら，次に，コーディネーターがチームメンバーを集めてケース会議を開き，個別の具体的な教育相談計画を作る。その際に重要な情報項目は，相談目標，指導・援助活動（相談資源の役割：誰が，何を，どの場面で行うか），期間・期日である。

　相談目標を立てる際には，長期目標と短期目標を意識することが重要である。現実的で無理のない，ステップ・バイ・ステップで長期目標を目指せるように短期目標を設定する。加えて，児童生徒のパニックを誘発したり，アレルギー反応を引き起こしたりすることのないよう，一貫して配慮の必要な，重要事項を明確にしておく。

　指導・援助活動は，効果的でかつ実行可能なものである必要がある。そのためには，相談資源それぞれの特徴を活かすこと，具体的な場面を可能な限り想定すること，一度に多くの活動を割り当てないことなどに留意しながら，案出していく。相談活動を停滞させないためにも，指導・援助活動の期間・期日を設け，問題・悩みの状況や児童生徒の状態を確認し，相談ケースの進捗状況をメンバーで整理して，計画を適宜，見直し進めていく。

③ 計画された指導・援助活動の実施と評価

　定期的にケース会議を開き，メンバーや相談資源の活動状況，児童生徒の様子などについて経過報告を行い，活動中の気づきを持ち寄る。相談目標の達成程度，これまでの指導・援助活動の適不適，過不足などについて見直し，教育相談計画（相談目標，指導・援助活動，期間・期日）を更新していく。

　年度替りの時期は，注意が必要である。児童生徒の個別的な指導・援助を継続していくためには，最低限，相談ケースの総括（成果と今後の課題）を行い，メンバーの異動や，進級・進学などに際して引き継げるように準備する。

④ 相談ケースの終結

　ケース会議において，児童生徒の問題や悩みが解消，解決に至ったと判断された時，フォローアップの計画を作り，相談ケースに関する諸情報を整理して保管し，個別の相談ケースをいったん終結させることとなる。チームとしての定期的なケース会議は開かれなくなるが，以後のフォローアップをどのように行うか，明確にしておく。必要な時には，早期に個別の指導・援助を再開できるように備える必要がある。

　チームで行う教育相談の基本的な過程を見てきた。ここで，いくつか補足しておこう。

　生徒指導／教育相談担当教員，担任，保護者に次いで，誰がチームの中心的メンバーに加わるかは，児童生徒の問題・悩みがどのような生活場面にかかわっているかによって異なってくる。例えば，保健室に頻繁に出入りする不登校傾向の児童生徒であれば，養護教諭が加わる必要があるだろう。クラブ／部活動の人間関係に苦悩する児童生徒であれば，クラブ／部活動顧問の加入が望まれる。学校／家庭外の，例えば，学習塾などの生活場面であれば，学習塾の先生なども検討されていいだろう。さらに相談ケースによっては，学校外のさまざまな機関・施設との連携・協力が必要となってくる。例えば，不登校の問題であれば，適応指導教室やフリースクールなど。発達障害が関連するのであれば，発達障害者支援センターや精神科などの医療施設，犯罪・非行の重大な相談ケースであれば，警察や少年サポートセンター，家庭裁判所など，あるいは，児童虐待の問題が疑われる時には，児童相談所や福祉事務所などである。

　また，この基本的な展開過程をいっそう円滑に有効に進めていくためには，2つのことが重要である。

　1つは，ケース会議で使用する教育相談計画を簡潔に伝える情報共有シートを工夫し利用することである。例えば，「石隈・田村式援助シート」（石隈・田村，2003；田村・石隈，2017），特別支援教育で使用される個別の教育支援計画各種様式，あるいは「児童生徒理解・教育支援シート」（不登校に関する調査研究協力者会議，2016）が参考になる。

2つには,問題や悩みを抱える児童生徒自身の要望を一連の過程に反映させ,了解を適宜,得ていくことである。このことは,教育相談活動の効果・効率を高めるだけなく,児童生徒自身が問題や悩みに向き合い,前向きに取り組むことを促進する。

3 チームで行う教育相談の課題

児童生徒の問題や悩みは,日々の生活のなかで生まれる。それは,成長や発達の糧となる経験であると同時に,場合によっては,本人一人では抱えきれない,辛く苦しい体験となることがある。そのような体験を,自分らしい人生を作る力の糧に変えられるように,その児童生徒の生活に寄り添い,助力と支えを届けていく教育相談活動は,学校教育の重要な活動である。

この重要な活動は,個々の児童生徒に丁寧にかかわることを必要とする。児童生徒にかかわる人々が育てるという目的を共有していることを確認し,それぞれが提供できる助力と支えを個別化し,調整していくことが望まれる。

しかし,実際の学校現場では,そのような役割や責任が強調され過ぎることはあっても,時間的,精神的,体力的な余裕を,なかなかもたせてもらえない。すぐには改善されない学校現場の状況を受け止めながらも,個々の児童生徒に丁寧にかかわるためには,学校の教育内容・活動の精選を進め,教育行政機関や学校管理者は教職員の職務(役割と責任)の縮減に努めなければならない。また,教職員自身も,相談資源としての力量を高めていく必要がある。

そして,個々の相談ケースで取り組む児童生徒の問題や悩みの領域やテーマを学校の生徒指導の働き全体にどのように還元していくかは,重大な課題である。相談ケースの対象とならなくとも,多くの児童生徒が程度の差こそあれ,類似した問題や悩みを同時期に抱える。この時,問題や悩みについての捉え方や対処の仕方を規範的,道徳的に教えることには意味がない。少なからず,そのようなことを児童生徒は知っている。それができない現実を抱えるからこそ,問題や悩みを抱える。発達段階に応じてそれら問題や悩みに向き合い,対処するための知恵や術を児童生徒に育てると同時に,問題や悩みを助長する生活環境の要因を事前に抑制,調整してくことが検討されなければならない。

Exercise

① 小・中・高校それぞれの校務分掌図を調べ,「教育相談」部・係がどのように位置づけられているか,その違いを比較考察してみよう。
② 日本と米国の学校における教育相談活動の取り組みを調べ,それぞれの教

員と専門職員の役割分担の仕方（職務内容の差異）をまとめてみよう。
③　小・中・高校それぞれで，算数／数学の学習につまずき悩んでいる児童生徒の相談ケースを展開していく時，どのような相談資源を選定し，教育相談計画を作る必要があるかをまとめ，各学校段階の間で異なる点をリストアップしてみよう。そのほかの問題や悩みについても同様に考察してみよう。

📖次への一冊

大野精一『学校教育相談——理論化の試み』ほんの森出版，1997年。
　　『学校教育相談——具体化の試み』とあわせて，教員が教育相談実践を通じて学校の教育相談のあり方とその実現を追求した貴重な図書。
田村節子・石隈利紀『石隈・田村式援助シートによる子ども参加型チーム援助——インフォームドコンセントを超えて』図書文化，2017年。
　　チームで行う教育相談の実践的な展開に関して，事例などを工夫し，わかりやすく説明。使いやすく役立つさまざまなシート（書式）も収録。
海津亜希子・杉本陽子『多層指導モデルMIM——アセスメントと連動した効果的な「読み」指導』学研教育みらい，2016年。
　　近年，学習障害を中心に障害のある児童生徒の学校教育の考え方・進め方について，新たにRTIの取り組みが提案され，日本への導入が試みられている。

引用・参考文献

不登校に関する調査研究協力者会議「不登校児童生徒への支援に関する最終報告」（報告），2016年。
石隈利紀・田村節子『石隈・田村式援助シートによるチーム援助入門』図書文化，2003年。
海津亜希子・杉本陽子『多層指導モデルMIM——アセスメントと連動した効果的な「読み」指導』学研教育みらい，2016年。
教育相談等に関する調査研究協力者会議「児童生徒の教育相談の充実について——学校の教育力を高める組織的な教育相談体制づくり」（報告），2018年。
文部科学省『生徒指導提要』教育図書，2010年。
文部省「生活体験や人間関係を豊かなものにする生徒指導——中学校・高等学校編」1988年。
日本生徒指導学会編著『現代生徒指導論』学事出版，2015年。
田村節子・石隈利紀『石隈・田村式援助シートによる子ども参加型チーム援助——インフォームドコンセントを超えて』図書文化，2017年。

コラム⑪

困難を抱える教師を支えるもの

　教職の"ブラック化"が囁かれるようになって久しい。教育職員の精神疾患による病気休職者数は，文部科学省の調べによれば，2009年度の5458人をピークに以降，およそ5000人前後で推移している。教職員のメンタルヘルスへの懸念が年々高まり，現在，教職員の「働き方改革」（中央教育審議会・学校における働き方改革特別部会「中間まとめ」2017年12月22日）の議論が進んでいる。教職員の長時間労働などの「看過できない深刻な事態」に対して，「教員の勤務時間の短縮に向けた具体的かつ実効性のある取組」の検討が行われている。

　しかし，精神疾患の誘因となる職業上のストレスは，むしろ，教師としての立場と責任を背負い，児童生徒だけでなく，職場の同僚・上司はもちろんのこと，保護者や地域の人々など，多様な立場の相手の感情を理解しながら仕事を進めていかなければならない「感情労働」の側面にある。そして，児童生徒の成長に貢献したいと教職についた教師が，精神疾患（うつ病，抑うつ神経症，適応障害など）にとどまらず，自死を選んでしまう現実もある。

　『新採教師の死が遺したもの——法廷で問われた教育現場の過酷』は，小学校の新任教師がわずか半年で自ら命を絶つことになった理由や背景を，公務災害認定の是非をめぐる法廷審議のドキュメンタリーを柱にして描き出している。注意欠陥・多動性障害かもしれない児童の在籍する4年生を担任し，新任でありながらも可能な限りの時間と労力をあて，困難な状況にあった学級経営に向き合い続けた半年間，同僚・上司に助言・支援を求めても理解や支援が得られないばかりか，指導力や人としての弱さを非難，叱責されて追い詰められていく。学校という職場の今日的な状況の一端を見ることができる。

　しかし，証言に立った別の小学校の教師の話は，悲愴な結末を防止する手がかりを明らかにしている。同様の状況に陥りながらも，職場の同僚・上司の理解と支援が得られることで乗り越えられたのである。

　教師の仕事が困難をともなうことは，誰もが理解している。しかし一方で，他の仕事では実感できないやりがいを児童生徒の成長のなかに得ることができる。児童生徒の抱える困難な状況は，教師の抱える困難な状況ともシンクロする。周囲からの理解や支援が得られるかどうか，教育相談活動を進めていくうえで看過できない要因である。

引用・参考文献

　久富善久・佐藤博『新米教師の死が遺したもの——法廷で問われた教育現場の過酷』
　　高文研，2012年。

第12章
育てる教育相談

〈この章のポイント〉
　教育相談では，(1)児童生徒の悩みを受容・共感的に聴く対処療法的アプローチを基本とし，(2)事前に問題行動を把握しスクリーニング効果がある予防的アプローチ，さらには，(3)授業や学級活動を通した開発的アプローチがある。本章では，「育てる」教育相談の実践として，心理的アセスメントに基づき，カウンセリング・マインドによる日常場面の「スクール・コーチング」や「ヘルピング」，そして，積極的なかかわりとして構成的グループエンカウンターや心理教育の活用について学ぶ。

1　育てる教育相談——意義と必要性

1　背景——日本における教育相談の枠組み

　児童生徒は日々の大半を学校で過ごす。そこでは，同学年や他学年の児童生徒に加え教師との交流を通し成長を遂げている。成長途上の児童生徒であるがゆえに，これらの人間関係の交流場面においてトラブルが生じることもあり，それを乗り越えていく。教師は児童生徒の教育者であり，教科指導の役割がある。これに加えて生徒（生活）指導▷1の役割があり，とくに日本においては諸外国に比べこの役割の比重が多い。日本の教師は，欧米諸国のような教科指導を中心とした役割だけではなく，教育相談を含む生徒指導面の役割が期待され，むしろ，後者の面で実質かつ時間的に多くのエネルギーが費やされている。
　一方，米国においては，生徒指導・教育相談面の役割は，教師よりもむしろ，ガイダンスカウンセラー（進路指導面），スクールカウンセラー（生徒の身近な相談面），スクールサイコロジスト（心理発達の専門相談・保護者対応面），その他の常勤の専門家集団の総勢がチームとなって児童生徒，および，その後方の教師や保護者を支えている（石隈ほか，2013）。
　わが国の近年の学校教育では，携帯・スマホ問題，発達障害への合理的配慮▷2，虐待・貧困の家庭的問題，母国語や文化が異なる外国籍の児童生徒の支援，そして，多様な性的指向・価値観のLGBT（Q）▷3など，教師の関与が期待される問題も多く，さらに，部活動指導や地域行事との交流も求められる。日本の教師は多岐にわたる「マルチな役割」が期待され，それらの問題に対処す

▷1　小学校〜高等学校において，一般的に「生徒指導」を用いるが，東京都などの自治体や一部の小学校では「生活指導」を用いることもある。この「生活指導」は，民間教育・生活綴方教育などの歴史的・イデオロギー的な背景がみられたが，現在は，教師が児童生徒へのより身近で対等なかかわりをもつというニュアンスを含めて使用していると考えられる。

▷2　学校教育における具体例として文部科学省は，2010年に(1)教員・支援員の確保，(2)施設・設備の整備，(3)個別指導計画・それに対応した教育内容や教材提示などをあげている。

▷3　LGBT（Q）
英語の頭文字表記順に，L（女性同性愛者），G（男性同性愛者），B（両性愛者），そして，T（心と体の性が一致しない性別違和である性同一性障害など）の性的少数者である。さらに，これらにも属さないその他の性認識不定者などを

Q（Questioning）として末尾に含める表記もある。2015年には文部科学省から「性同一性障害や性的指向・性自認に係る，児童生徒によるきめ細かな対応等の実施について（教職員向け）」が告示された。

▷4　「チームとしての学校の在り方と今後の改善方策について」の中央教育審議会2016年12月答申をもとに，「チームとしての学校」（その後，「チーム学校」）として急速に学校現場で周知された。答申では，複雑化する学校を取り巻く諸問題を解決するために，校内外の教職員との連携や地域との連携，これを促進するための学校マネジメント，および，このための環境整備が指摘された。

▷5　カウンセリング・マインド
日本の造語で，教師からのアプローチによる，児童生徒へのさりげない声掛けや働きかけのことである。

▷6　日本では，多くの場面で「カウンセラー」を目にするが，本来，欧米諸国では，大学院において専門の訓練を受け修士号や博士号を取得したうえで，国家や州認定の試験に合格した専門家のことをさすものである。

▷7　または，クライアント。

るためには，昨今の文科省が打ち出す学内外の教職員と連携して対処する「チーム学校」の枠組みが欠かせない。このように，学校のあらゆる場面で展開可能で，時間的にも節約できる「育てる教育相談」を展開することは意義深い。

2 育てる教育相談とは

本章タイトルの「教育相談」を修飾する「育てる」という言葉は，本章におけるキー概念である。この「育てる」という用語の意味するところは，英語では"raise"に該当するが，ある主体者からある対象者（個人・集団）へ向けた成長を促す直接的・間接的な行為をともなうものである。「育てる」という言葉は，教育哲学の観点からも捉えることができるが，本章では心理学から捉えることとし，学校場面にあてはめると，児童生徒に対して，教師が行う教育相談を筆頭にした日々のあらゆる教育場面において，カウンセリング・マインドを用いたかかわりのプロセスのことを意味することとする。

3 校外専門家によるカウンセリングと教師による教育相談の相違

用語整理として，校外の教育相談センターやクリニックなどの専門家による支援と，教師による日常的な支援について，便宜上，前者を「カウンセリング」，後者を「教育相談」として述べていく。日本の学校においては，教師によるカウンセリング・マインドを用いた日々のかかわりが重要であり，教師はカウンセリングのことをよく理解したうえで教育相談を展開する必要がある。

ここで，カウンセリング（図12-1）と教育相談（図12-2）の共通する目的は，児童生徒の抱える問題解決であるが，両者のアプローチには若干の相違があると考えられる（スクールカウンセラーは，概して両者の中間的な位置づけ）。

図12-1で示したカウンセリングは，クライエントからの要望や紹介されて来室し，クライエントの問題解決に向け，はじめに心理臨床家が心理（的）ア

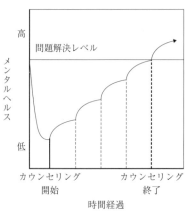

図12-1　カウンセリング支援モデル
出所：筆者作成。

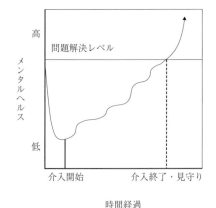

図12-2　教育相談の支援モデル
出所：筆者作成。

セスメントを用い，その結果から効果的な心理療法を用いて，定期的（一般的に，1週間に1回程度）に一定期間支援し，問題が解決された時点でカウンセリングは終了を迎えることになる。もちろん，終了後，念のためのフォローアップ面接，あるいは，問題が再発した場合にはカウンセリングは継続される。

　一方，図12-2で示す教師による教育相談の特徴として，第一は，あらゆる場面におけるより積極的なかかわりをもつ点である。教師は，授業，特別活動，ホームルール，委員会活動，部活動など，日々のさまざまな場面で児童生徒に接しているので，児童生徒からの教育相談の要望ばかりではなく，教師から気になる児童生徒に対してさりげなく声かけを行い，必要に応じ放課後などの時間帯でより長い時間を確保したうえで教育相談に導くことが可能となる。

　教師は日々の児童生徒への教科指導，生徒指導，その他の学級活動を通じて，全人的に児童生徒の発達を支援するという役割を担い，学校という場において，児童生徒と相互作用しながら，時に励まし，時に見守り，彼らとともに成長していく。この支援プロセスこそが，まさに教育と言えよう。しかしながら，このプロセスは，必ずしも順風満帆に進行するのではなく，図12-2のように紆余曲折しながら展開される。とくに，ホルモンバランスが乱れがちで第二次反抗期[8]を迎える思春期に該当する中学生は，悩みや問題行動が表出しやすくなるため，指導死[9]など突発的な行動に走る懸念もあるため，教師はより丁寧に児童生徒を観察し，少しでも気になる場合は迅速な働きかけが必要となる。

　第二の特徴は，教育相談のプロセスについて，教師は児童生徒の自己実現[10]に向け，彼らの成長を見守るという役割である。学校は言うまでもなく教育機関であるが，ここは生徒の自己実現を発揮させるための場所である。この目的に沿うように教育相談を展開する必要がある。強調したいのは，児童生徒が自己実現を果たすための教師による教育的支援活動を行う際は，信頼関係があることが前提であることだ。この信頼関係が構築されていない段階では，児童生徒はそもそも教師に相談に来ないであろうし，あるいは，教師からの働きかけを行っても心を開かないであろう。

　信頼関係を促進させるためには，教師による働きかけ，つまり，学級活動や休み時間，部活指導中，そして，後述する心理教育を取り入れた授業など，すべての場面で可能である。この信頼とは，具体的に，教師から児童生徒に対しての思い入れ（愛情）から始まるのであろうが，仮に教師がビジネスライクで表面的な対応をした場合，あるいは，多忙で児童生徒に対して丁寧に接しなかった場合は，児童生徒は感受性が豊かであるので，教師の心境を見抜いてしまう。そのような信頼感が構築されていない関係では，たとえ教師が児童生徒に対してアドバイスを行っても，心に響かない。このような児童生徒との信頼関係がない場合では，たとえ教師が教育相談を行った「つもり」になっていて

▷8　第二次反抗期のテーマは精神的な自立であり，他方，3歳前後に表出する第一次反抗期は，身辺の自立である。今まで親の言いなりになっていたのが，この時期を迎えると，うっとうしがり自分で着替えるようになるなどである。

▷9　近年，教師による問題行動の生徒（例：いじめ加害者）に対しての過剰な指導が自死に至る指導死の問題が指摘されているが，とくに感情の起伏の多い思春期に相当する中学生に対しては，留意が必要である。

▷10　マズロー（A. H. Maslow）による内発的動機づけの理論では，人間には五つのレベル（生理的；安全；愛情；自尊・尊敬；自己実現）の欲求・動機づけがあり，下位レベルが満たされその上位に進展し，究極のレベルは自己実現であるとした。この自己実現とは，自分の才能・能力・適性などを鑑みた最善の目標にむけて動機づけられていくことを意味する。

も，児童生徒には伝わっていないので，真の育てる教育相談には至っていない。

第三の特徴は，支援の期間である。教師は彼らが学年末や卒業までに一定の水準にまで個々人の問題を解決させ，さらには，カウンセリングのような問題解決だけではなく，短期的には解決後の経緯を，そして，長期的には卒業後に向けて，それ以上のエネルギーレベルや可能性までをも視座に入れた教育支援を行えることが一般的なカウンセリングとの違いであり，また，大きな特徴ともいえる（図12-2では，この点を強調するために，図12-1よりも矢印の傾斜が大きくかつ長く描かれている）。この支援期間では，前述したように，多感な時期を迎えた児童生徒が対象であるので，教師の努力もむなしく短期的には問題解決が図られないまま（例えば，長期の不登校やより深刻な引きこもりなど），卒業を迎えてしまうこともある。

このようなケースであっても，彼らが"サナギになって籠る"ことは長い目で見て，その後の人生にとっては意義深いことも多々あるであろう。ここから，教師が引きこもりの児童生徒の家庭訪問をして本人に会えなくても，教師の熱意や家族を通じた間接的な情報提供などの見守る姿勢は，十分，育てる教育相談であると言えるのではないだろうか。また，不登校のまま中学校を卒業して高等学校に入学した場合などの移行支援[11]（いわゆる「申し送り」）を地域の教師の間で情報交換を丁寧に行うことにより，卒業後の学校生活に適応できるような環境設定に配慮する間接的な支援も大切である。このような，教師による長期的スパンで見守る姿勢も，先述した直接・積極的なアプローチ同様，育てる教育相談に含まれる。

第四の特徴は，学習理論からの観点から，教師による児童生徒への模範となるモデリング[12]提示の影響である。育てる立場として良きモデルを児童生徒に提示するためには，教師自身がまず生き生きと輝いていることが前提である。教師は，少なくとも教壇に立つ際には，生徒の模範となる言動を心がけることは言うまでもない。また，複雑な家庭環境で育つ児童生徒への対応の場合は，とくに留意が必要であるが，このような環境では，時として親の愛情が不足し，母性・父性のモデリング機会が欠損していることがある。いわゆる父性的な生徒指導的アプローチと母性的な教育相談的アプローチとの役割分担や使い分けを，随時提示できることは教師の力量が問われるポイントだろう。

4 校内スクールカウンセラーと教師——相違・共通点

以上，校外の専門家によるカウンセリングと教師による教育相談について対比して述べることにより理解を深めてきた。さらに教師による教育相談の理解を深めるために，また，将来教師になって実際に連携する機会が生じてくることを考慮すると，同じく校内で働くスクールカウンセラー[13]のことも理解してお

▷11 移行支援
幼稚・保育園〜小学校，小学校〜中学校，中学校〜高等学校などの卒・入学の際にともなう環境の変化にスムーズに適応できるような連携の取れた教育的配慮のこと。なお，「移行期支援」は，医学領域における小児科から成人医療への移行や退院後のセルフケアへの移行をさす。

▷12 学習理論のなかでもとくに有名なバンデューラ（A. Bandura）による社会的観察学習理論の際のビニールの人形を攻撃する・しないの実験では，幼児期の児童はとくに，観察による意図的ではなく間接的な出来事を学習してしまうことが明らかとなった。

▷13 スクールカウンセラーは，主として大学院で心理学を学んだ臨床心理士が担当する。一方，類似職種としては，社会福祉領域のスクールソーシャルワーカー（SSW）がある。両者の職務内容は重複部分もあるが，相違点は，家庭や地域の関連施設への訪問，家庭環境の整備，地域の人的資源の開発，および，連絡調整である。詳細は，鈴木庸裕『「ふくしま」の子どもたちとともに歩むスクールソーシャルワーカー』ミネルヴァ書房，2012年参照。

く必要がある。

　両職種の相違点として，勤務形態があげられる。常勤の教師とは異なりスクールカウンセラーは，文部科学省の方針に基づき原則的には全国の小・中学校に配属されている。また，高等学校においては，東京都の先駆例のように全校配置体制が整いつつある。スクールカウンセラーは，1校1名配置，および特定の学校に勤務し複数の学校を担当する拠点校配置があるが，いずれも，1校週あたり4～8時間程度の限られた時間の勤務となるため，必然的に活動内容に限界が生じてくる。職務内容としてはカウンセリングルームにて展開される児童生徒へのカウンセリングのほかに，教職員との専門家同士のコンサルテーション，保護者への心理発達の相談，スクールカウンセリングのPR・広報活動，カウンセリングに関する校内での情報収集と教育相談委員会などの会議への参加，そして校内研修など多岐にわたる。

　その他の相違点として，教師はカウンセリング・マインドを用いたかかわりを日常的に行えるメリットがあり，また，教育相談週間などのキャンペーンにおける予防的かかわりや，心理教育の授業展開などの開発的な取り組みができるという点が大きい。つまり，教師はスクールカウンセラーとは異なり，児童生徒に対して日々の取り組みの積み重ね，すべてがオンタイムで進行しているので，児童生徒と密度の濃い関係をもつことが可能となり，このことは，教師による育てる教育相談を行ううえでの大きなメリットとなる。

　両者の共通点としては，教育相談を十分に機能させるための，「チーム学校」の理念のもとで働いている点である。この視座のもと，学校便覧をはじめとした校内組織にスクールカウンセラーを含む教育相談の位置づけが明記され，また，教育相談担当／生徒指導主事／適応指導担当／不登校・いじめ対策担当／特別支援教育コーディネーターなどの担当教諭がスクールカウンセラーと連携を密にしてカウンセラーを上手く活用すれば，教育相談がよりダイナミックに展開される。ここでのポイントは，校内組織において教育相談を統括する生徒指導の傘下に担当コーディネーターの役割が明確に位置づけられているか，教育相談担当教諭と生徒指導主事との連携が上手く図られているか，さらに，これらの組織のなかでのスクールカウンセラーの役割が明確になっているかである。これらが揃っていてはじめて，教育相談が成功へと導かれる。

　ここで，連携を有機的に機能させるためには，例えば，学年会議で児童生徒による特定の問題が発見された場合，該当学年所属（あるいは他学年の）教育相談担当の教師がコーディネーター役となり教育相談部会で協議し，必要に応じほかの各委員会組織メンバーへ連絡調整を行い，そして，支援についてのアセスメントや役割分担を行うなど，学校全体の資源活用について鳥瞰視できるコーディネーションのセンスや臨機応変さが求められる。また，委員会メン

▷14　コンサルテーション
クライエントを支援するために専門家同士が協議する支援プロセスである。具体的には，発達障害が疑われる生徒の対応で悩んでいる担任教師が心理発達の専門家であるスクールカウンセラーと協議し，より最適なアセスメントや今後の方針を見出していくプロセスなどである。

バー以外からの情報を収集することも大切で、例えば、小学校の学校技能員が学区の中学校に異動になり、小学校時代の児童たちの情報を把握していることのように、養護教諭やスクールカウンセラーなどの専門的立場以外のすべての教職員からの情報を収集するための「アンテナを張る」姿勢が重要である。

最後の共通点として、予防的・開発的教育相談を担っている点について述べる。昨今は、従来の対処療法的な教育相談を基本としつつも、予防・開発的な教育相談にそのウエートが移行している。具体的には、関連メンバーによる定例の会合、情報のジェノグラム◁15の活用などによるポートフォリオ化、生徒への相談窓口の周知、いじめや学校生活についてのアンケート調査◁16を記名式や無記名式で学年一斉に実施、そして後述する予防的な Q-U (テスト)◁17のクラス実施である。ここで、定例会合については、コーディネーター役は、学年の教員、養護教諭、そして、スクールカウンセラーを結びつけ、各々のメンバーが有機的に機能するために連絡調整を務めることが欠かせない。

また、教育相談週間では、事前にいじめや学校生活アンケート調査を実施し、それらの資料をもとに教育相談週間のなかで教師が個別面談において活用できる。教育相談週間では、学校によっては年間に複数回実施し、そのうちの1回は対教師であるが、別の回は、児童生徒に相談対象を選択（例：養護教諭、学年主任、部活顧問、スクールカウンセラーなど）させたうえで実施するケースもある。その他の予防・開発的な授業における実践に関しては、本章後半の構成的グループエンカウンターと心理教育（サイコエデュケーション）で述べる。

2 育てる技法
――スクール（学校）・コーチングとヘルピング

1 スクール（学校）・コーチングの視座

カウンセリングの基本は、今も昔も、また、諸種にわたるカウンセリング流派はどれであれ、来談者中心療法の受容・共感・傾聴がその基本技能となるであろう。これに加え、ヘルピング技法と学校への応用としての新しい動向であるコーチング、そして、心理教育（武田、2017）などを面接場面や授業において教師が適時、必要に応じて組み立て導入することによる相乗効果により、育てる教育相談はよりダイナミックに展開されていく。

スクール（学校）・コーチングを説明する前に、そのもととなるコーチング理論について言及する。コーチングは、体育領域では良い記録・成果を作るためのコーチ・トレーナーからスポーツ選手に対して、ビジネス界では利潤追求・職場メンタルヘルスのための上司から部下社員に対して、社会福祉領域で

▷15 ジェノグラム
もともとは、司法・精神保健・社会福祉などで頻繁に活用される特定の家族内における各々のメンバーの性別・年齢・核家族か否か・子どもの兄弟姉妹関係・保護者の仕事・交友関係などについて、視覚的に明瞭に図化でき、図上にコメントを入れることが可能で、さらには、それらの作業が簡略で時間節約にもなる手軽なシステムである。詳細は、早樫一男編著『対人援助職のためのジェノグラム入門』中央法規、2016年参照。

▷16 いじめについてのアンケート調査は、いじめだけに特定せずに総合的な学校適応度を把握するための調査として、学校や自治体単位で実施されている。

▷17 記名式のメリットは加害被害者が特定化できる点である。しかし、本音を語りにくいというデメリットがあるため、各々の形態で年間、最低1回は無記名式で実施することが好ましい。

は，例えば地域支援を行うソーシャルワーカーから高齢者をはじめその他の支援を必要とする被支援者に対して，そして，宗教やスピリチュアル領域では，ヒーラーが自己啓発や生き甲斐を求める人々に対してなど，さまざまな場面において活用可能で，主な目的は対象者をエンパワーメント^{▷18}させることである。

昨今は教育領域にも応用され，スクール・コーチングとして，日本でもいくつかの書籍が発売されている。米川（2009，11ページ）は，「学校コーチングは，問題の予防のための保険的な技術であり，生きる力を促すための開発的な技術である」としている。スクール・コーチングの特徴を述べると，従来の受容・共感・傾聴を基本とするカウンセリング技法に比べ，より積極的なかかわりを行うという点であり，その基本はエンパワーメントである。教育相談におけるカウンセリング的なかかわりのほかに，より積極的なコーチングのかかわり技法を習得することは教師のレパートリーを増やすことになり，児童生徒への対応の幅が広がってくる。具体的には，不登校，受験ストレス，部活動での女子の人間関係のトラブル，仲間外れ，いじめ被害，そして，家族関係の問題などさまざまな悩みで精神的に落ち込み，エネルギーが低下している児童生徒に対しては，教員が彼らを受容・共感・傾聴した後に，コーチング的なより積極的なアプローチにより，エンパワーメントさせるような支援方法である。つまり，教師は児童生徒が自己実現できるように，その児童生徒自身のもつ資質・能力を見極め，児童生徒を取り巻く資源を最大限に活用し，そして，内発的動機づけを高めるように主として言葉かけによりかかわっていくのである。^{▷19}

また，スクール・コーチングの対象は，児童生徒だけではなく保護者も含まれる。例えば，家庭のしつけができていないまま小学校に入学し，集団生活における不適応行動を起こす，いわゆる小１プロブレム^{▷20}への適用が考えられる。また，児童へのしつけの問題の背後に隠れていることがある発達障害や児童虐待などの家庭的な問題を含むケースにも有効である。しかしながら，これら家庭的な問題が背後に深くかかわる場合は，教師は保護者に対して自分の価値観を押し付けることなく，保護者の協力を得ながら協働して解決していく姿勢が重要である。このように，育てる教育相談では従来の基本となるカウンセリングのかかわり方を基本としつつ，コーチングのアプローチも取り入れた方法で展開していくことが期待される。

2 ヘルピング技法の活用

日本の若者（中学生～大学生）の自己肯定感が低いことがしばしば指摘されているが，現代の競争社会においてはますます劣等感をうえつけられてしまうことからも想像できる。ここで，カーカフ（R. R. Carkhuff）が開発したヘルピング^{▷21}の技法を用いることにより，児童生徒の自尊心を高めさせるというアプローチ

▷18 外来語表記のままのエンパワーメントとは，いずれの領域のコーチングにおいても共通する，一番重要な基本概念である。コーチングの支援者（学校場面では教師）は，クライエント（児童生徒）自身の持つ人的資源を見出し，それを上手く機能するために勇気づけながら働きかけていく支援プロセスである。

▷19 悩みを抱える児童生徒は自己肯定感・自尊感情が低い場合が多いため，教師は児童生徒を十分に承認したうえでの問いかけの工夫が求められる。例えば，(1)自分のプラスの側面を気づかせ・考えさせるように，Yes-No の「特定型（閉ざされた）質問」ではなく，５Ｗ１Ｈの「拡大型（開かれた）質問」，(2)否定型質問（自分のかかえる問題）ではなく肯定型質問（可能性にフォーカスを当てる）などである。発問についての詳細は，神谷和宏『子どものやる気を引き出すスクールコーチング』学陽書房，2008年参照。

▷20 小１プロブレム
これは，幼稚園から小学校入学後，これまでの環境が大きく変化するものの，例えば，45分間授業に集中できずに教室をフラフラするなど保育園での生活気分から抜けきれないで，不適応行動を起こすこと。類似して，中１ギャップ（中学校入学後）もある。

▷21 理論の詳細は，ヒル，C. E.，藤生英行監訳『ヘルピング・スキル』金子書房，2015年参照。

が期待され，カウンセリング場面においても活用したい。

ヘルピングとは，例えば不登校の児童生徒に対して，彼らが得意とする分野に関して，彼らが主役（教師役）で教師が聴き役（生徒役）となり，役割の逆転を行うことにより，生徒が自信をもつようになるというアプローチである。教師は児童生徒の得意とすること（例：得意教科，ゲーム，アニメ，バンド，趣味）を発見し，この児童生徒のもつ能力を引き出すように働きかけ，「もっと知りたい，教えて欲しい」というスタンスで教師がかかわることにより，彼らが，「自分は先生から期待されている」，そして，教えることに対しての張り合いが出てきて，その結果，彼らの自信がついてくる，というねらいがある。

3　構成的グループエンカウンター──授業の活用

▷22 國分監修のもと，小学校，中学校，高等学校における指導案付きのテキストや，エクササイズ単体の書籍が発売されている。

本節の構成的グループエンカウンター◁22 は，次節で述べる心理教育のなかに含める分類も考えられるが，学校教育，とくに，道徳や国語における教師による実践がたいへん盛んに行われているので，本節では単独に取り上げることにする。例えば，いじめ問題や外国籍の児童生徒の転入などの出来事の前後や，新学期や卒業などのイベントの行事と連動させて，エンカウンターの諸種テーマのなかから選択して授業を展開することにより，さらに効果が高まる。

① 原　理

國分康孝が開発した主として学級集団における心理教育的な体験ワークの授業である。教師はリーダー役となり，あるテーマに対して児童生徒であるメンバーに対してさまざまなエクササイズを体験させることにより，メンバーの相互作用を通じてさまざまな気づきや洞察が得られることをねらいとする。

② 教師による実践

道徳教育が評価をともなう教科となり，学校教育における道徳教育の位置づけは重きを増したといえる。このようななか，学校教育目標のもと，道徳教育を核として，各教科，総合的な学習の時間，特別活動，体験学習，地域社会との連携，そして，学校行事や授業内容とリンクさせた教育相談を含む年間の教育計画が重要になってくる。

③ スクールカウンセラーによる実践

スクールカウンセラーも教師とコラボをして授業を行うことが可能である。例えば，中学校第1学年の後半，クラスの雰囲気に慣れてきた半面，言葉の荒れが生じてきた際に，各クラスで「友達の良いところを見つけよう」というテーマで，友人をよく観察してよいところをメモ書きし，その後，グループ内で友人の内面・外面的な良いところを見つけて発言するワークである。

4　心理教育の活用——授業・カウンセリング

　心理教育は問題発生後の対処ではなく，問題が生ずる前の予防・啓発的な，主として集団に対する心理学の知識を活用した教育プログラムである。

① ロールプレイとロールレタリング

　ロールプレイ[23]は，サイコドラマ[24]の手法の一つである。二人一組になり自分の立場と相手の立場を演じた後に，役割を交換して相手の立場（役割）になって実際に演じることにより，さまざまな気づきが得られる。また，ロールプレイの手法は，二人一組だけではなく，三人一組や，あるいは，それ以上のグループやクラス全体においても応用可能である。

　また，ロールプレイやゲシュタルト療法を応用して春口徳雄が開発し，その後，堀田力が発展させたロールレタリング[25]（岡本，2007）も，道徳，学級活動，高校ロングホームルームなどで実践が可能である。

② レター・カウンセリング

　レター・カウンセリングとは，即興的なスマートフォン（スマホ）などによる「デジタル」なやりとりではなく，あえてオーソドックスで「アナログ」なレター（手紙）を媒体として，時間をかけて，生徒と教師の往復書簡を通じレターのやりとりを「味わう」スタイルである。渡辺（1998）は，10段階のレター・カウンセリングという教師と生徒との往復書簡の理論を提示している。これは，従来の1往復だけの助言というレターでの返事ではなく，教師が見守り励ましながら，生徒と何往復かのレターのやりとりを交わすことにより，生徒にじっくりと自分自身の問題に向き合わせ，解決に向けての内省の時間を提供するというアプローチである。

③ ソーシャルスキル・トレーニング（SST）

　これは，自分自身の主張や友人関係におけるかかわり方など，日常の具体的場面における適切な行動について，教育者によるトレーニングのもと学習していく方法である（上野，2012）。SSTは，もともと欧米諸国で発達障害に対する教育支援として開発されてきたが，家庭内や学校における対人コミュニケーションが以前と比べて希薄になっている核家族化・少子化の現代社会においては，一般の児童生徒に対しても有効であろう。具体例として，ロールプレイを用いた演習，紙芝居・パペット・指人形を用いた実演，黒板・ホワイトボードでの図式化説明，A3版のお絵描き帳を活用しての漫画仕立ての吹き出しによる解説，そして，諸種のSST教材（カード（田中，2016），ワークシート，シール，DVD，ゲームなど）の活用など多岐にわたる。[26]

▷23　ロールプレイの応用としてクラス全体の授業例としては，マイケル・サンデル「君たちと学校のことを考える」（NHK，BS1スペシャル，2013年）があげられる。番組ではいじめをテーマにした映像場面を生徒に観させた後に，"被害""加害""傍観"の三つの意見に分けさせ，教員がファシリテーター役になり生徒と議論し，各々の立場について効果的に理解を深めさせた。

▷24　心理劇ともいう。これは，モレノ（J. L. Moreno）が開発した。

▷25　役割交換書簡法とも呼ぶ。このプロセスとして，(1)各自にノートを用意させプライバシーが保持された保管場所の用意，(2)自分の相談したい相手に向けで手紙を書く，(3)1週間後に，その相手になりきった気持ちで，自分に向けて書く，(4)これを繰り返す。

▷26　とくに発達障害の児童生徒については，自分の発言が友人にどのような影響を与えたかについての理解が困難なケースが多いといえる。このような場合，例えば，友人とのやり取りでトラブルになった場面を想起させ，その時のやり取りを漫画の一コマのように棒人形で略式して描き，その上に吹き出しをつけ，発言や心に思ったことを記入していく（グレイ，2005参照）。

④ ストレスマネジメント

ストレスマネジメント[27]は、心理教育の筆頭にあげられる。教育相談と直結してはいないが、現代の学校における学業や人間関係に加え、放課後の部活動や塾通いにより、多忙な児童生徒は常時ストレスフルであるといえる。そこから、さまざまな問題を生じさせることがあるので、ストレスとどのように上手く向き合っていくかを学ぶことは、結果的に予防教育にもつながるので、教育相談のなか、あるいは、授業を通じて行うことは意義深い。

⑤ 心理教育的たよりの発行

これは、教育相談担当教師やスクールカウンセラーが定期的に発行する心理教育を取り入れたたよりである。帰りの会で教師が配布・解説を行い、あるいは、道徳などの授業において活用できる。例えば、携帯・スマホの活用調査を行った際には「スマホ依存症」[28]、夏季休業前には昼夜逆転の生活を留意させるための「体内時計」、そして、秋の夜長の季節には「学習方法」についてなど、季節や学校行事に合わせたテーマを選定して配布する（コラム⑫参照）。

5 心理的アセスメントの活用——個別・集団

1 さまざまな心理検査を活用した個別フィードバック

生徒指導や教育相談を展開する際は、まず、教師が児童生徒のことを十分に理解したうえで行う必要がある。児童生徒の起こした問題には必ずといってよいほど、前後の因果関係（友人との関係）やこれまでの経験（成育・家庭環境、前学年でのクラスでの位置づけ）、あるいは、本人のもつ性格的な要因があるからである。この理解なくしては、単に、教師が児童生徒の問題行動をたまたま遭遇した場面における一義的な解釈だけで指導を行ってしまうことになろう。これはたいへん危険な行為であるという認識を教師はもつ必要がある。

この一義的な解釈を防ぐには、丁寧な行動観察、他の教職員からの情報取集、多角的な解釈、そして、後述Q-Uをはじめさまざまな心理テストの活用を行うことが重要である。これらの情報や知見をもとに、学年会議・生徒指導部会・教育相談部会などにおいて、あるいは、必要に応じて養護教諭やスクールカウンセラーやスクールソーシャルワーカー[29]の専門職も交えた複数の目で見た解釈を俎上に載せて、つまり、「チーム学校」の視点により、今後の方針をアセスメント（見立て）していくというプロセスが欠かせない（武田、2017）。

このように、教育相談や生徒指導は、医療モデルに基づいた心理アセスメントを、さらに学校現場にも応用したアプローチでもあるといえるが、「育てる」教育相談を展開するうえの第一歩のプロセスとなるので、とくに強調したい。

▷27 理論・実践については、ストレスマネジメント教育実践研究会編『ストレスマネジメント・テキスト』東山書房，2007年参照。

▷28 これまでは、「スマホ依存症」や「ゲーム障害」には正式な医学的な診断名がなかったが、WHOによる国際疾病分類2018年最新版（ICD-11）では「ゲーム症・障害（Gaming disorder）」という診断名が新たに設けられた。また、米国精神医学会精神疾患診断マニュアル（DSM）でも次期改訂に向け検討中である。

▷29 スクールソーシャルワーカー
学校と家庭や地域社会とをつなぐ役割を担う社会福祉を専門とした役職で、近年のスクールカウンセラー全校配置の流れに次いで、順次、配属されつつある。具体的支援例としては、虐待が疑われる児童生徒について、チーム学校の視座のもとで、家庭訪問や児童相談所との連絡調整を行うなどである。

行動観察については，例えば，授業中の机間指導の際に生徒の頭髪（例：円形脱毛症などの発見の可能性）や，二つの机が並んで配置されている教室の場合は隣席との隙間などに着目する必要がある。また，学校におけるいじめは，主として休み時間に生じるので，教師は時間の許す限り教室で事務作業を行ったりすることが期待される。学校においては，複数の教職員がいろいろな場面で児童生徒を観察しているので，それらを集約する姿勢が大切である。

2　Q-U（テスト）からの学級経営の活用

Q-U（河村，2007）は，河村茂雄が開発した学級における児童生徒個々人の人間関係，および，個々人の集合体であるクラス全体の特徴を把握するためのアセスメントである。Q-Uを新学期から少し落ち着いた時期に実施することにより，個人の人間関係やクラスにおける適応をもとに担任のクラス運営の指導に役立てられ，さらに，年度末近くに実施することにより，半年間での変容や次学年へのクラス替えの資料にも役立つ（詳細は，「次への一冊」にあげた河村ほか（2007）参照）。

6　育てる教育相談──展開上の留意点と意義

1　展開上の留意点

第一の留意点として，教師のパーソナリティーに関しては，自分なりの教育理念に基づき児童生徒に接することは重要ではあるものの，「上から下目線」の思い入れが過大な場合は育てる教育相談の理念には合致していないのでとくに留意が必要である。教師はアドラーの民主主義的な理念のもと，生徒とともに成長していくという謙虚な姿勢が大切である。これに加え，教師はその職務上，一般の人々に比べ，リーダーシップや積極性が求められるであろうが，これらの面が強すぎては，自らの教育理念や価値観を児童生徒に対して強く求めすぎてしまうきらいが生じ，これでは教育相談の理念に反してしまう。このような姿勢では児童生徒が育たないばかりではなく，逆に，彼らからは「反面教師」としてマイナスのモデリング対象となってしまうであろう。

第二の点は，教師は謙虚さに関して心掛ける必要があることである。教育相談においては，何度も指摘しているように，受容・共感・傾聴がその基本であり，そのためには，必要に応じて「適度な自己開示」も効果的であり，また，生徒への説得力が増すであろう。ただ，ここでも自分の価値観の押しつけはよくないので，あくまで，生徒への参考として言及するにとどめたい。

第三として，教師自らが児童生徒に対して与えた言動は生徒への育ちを促進

▷30　アドラー
近年，功績が再評価され，ビジネス界におけるコミュニケーションスキル，教育領域の子育てやしつけ，さらには，心理学的な自己啓発など，自身や後続者による書籍が多数出版されている。本書の第5章▷2参照。

させる場合と，逆効果の，足を引っ張る場合とがあることである。このことは，筆者のスクールカウンセラーの経験のなかで，生徒の相談として頻繁に起こっていることからも指摘したい。例えば，教師がたまたま遭遇した表面的な情報だけで特定の生徒を判断してしまい，マークされた生徒は自分だけ叱られたと被害感情を抱き，自暴自棄になってしまったケースである。教師は日頃から自分の言動をリフレクション（内省）することが大切であろう。

最後に，心理教育を実践する際に，限られたなかで育てる教育相談を有効に活用していくためには，書籍での自己学習による理論構築をベースに，学会や教育委員会などで開催される研究会・研修会への参加，そして，同僚教師が行う授業見学など研鑽の場をもつ必要がある。

2　展開上の意義

教師は従来の受容・共感を基本としたオーソドックスな教育相談に加え，本章で紹介したような積極的なコーチング技法や心理教育の技法をマスターし，これからの子どもたちを育てる役割を担っていかなくてはならない。ここまで述べてきたように，教育相談は日々の学校生活のあらゆる場面においてカウンセリング・マインドを用いて展開することが重要であり，そして，それを有効にさせるためには心理的アセスメントの視点が欠かせなく，また，それらを行ううえではチーム学校が重要となってくる。

教師は，さまざまな教科・専門性のオリエンテーションをもつ教育の専門家である。教育相談部会や不登校対策部会において教師がチームとともにコーディネーター役の取りまとめによる「チーム学校」の視座に立ち，多角的アセスメントに基づき，コーチングや心理教育の積極的な支援を教育相談に取り入れて支援できることは，学校教育の特徴かつ強みである。このように育てる教育相談を行うことが，今後，期待される教育相談のスタイルとなるであろう。

Exercise

① 自己肯定感・自尊心が低い不登校・いじめ被害の児童生徒に対して，担任教師は具体的にどのような"育てる"教育相談の支援が可能か考えてみよう。
② 問題行動を抱える児童生徒の保護者に対しては，学校としては「育てる」視点を活用して，どのようなことに留意をして支援を行うことが期待されるか考えてみよう。
③ 発達障害の児童生徒（医師による正式な診断が出ていない段階）に対しては，教師はどのようなことに留意をして教育相談を展開することが必要であるか考えてみよう。

📖 次への一冊

米川和雄『学校コーチング入門』ナカニシヤ出版，2009年。
　学校におけるコーチングの理論・実践に関して国内外の論文を多数引用し，かつ，著者の実践が記されている。

ヒル，C. E., 藤生英行監訳『ヘルピング・スキル』金子書房，2015年。
　米国心理学会（APA）は心理学のみならず，他の学問領域や世界の心理学に対して大きな影響を与えている。APAが発行するヘルピングを本格的にマスターするための最良のテキストである。

國分康孝監修『中学校編エンカウンターで学級が変わる』図書文化，2003年。
　國分監修のもと，教員により開発されたさまざまなエンカウンターの指導案が添付され，すぐにでも実践可能な実用書である。同シリーズで小学・高校編もある。

河村茂雄・粕谷貴志・鹿嶋真弓・小野寺正己編著『Q-U式学級づくり 中学校』図書文化，2008年。
　Q-Uは，テストマニュアルをはじめたくさんの書籍が出版されている。本書は学級における具体的活用について，学校行事に即した導入方法が解説されている。

土田雄一『小学校通知表ポジティブ所見辞典』教育開発研究所，2015年。
　本書は児童生徒の良い点を見つけ，上手くフィードバックするコーチングの視点がこめられている。シリーズで中学校版もある。

引用・参考文献

コルシニ，R. J., 金子賢監訳『心理療法に生かすロールプレイング・マニュアル』金子書房，2004年。
グレイ，C., 門眞一郎訳『コミック会話――自閉症など発達障害のある子どものためのコミュニケーション支援法』明石書店，2005年。
石隈利紀・松本真理子・飯田順子監訳『世界の学校心理学事典』明石書店，2013年。
河村茂雄『学級づくりのためのQ-U入門』図書文化，2007年。
國分康孝監訳『ヘルピングの心理学』講談社，1992年。
岡本泰弘『実践"ロールレタリング"』北大路書房，2007年。
尾崎勝・西君子『カウンセリング・マインド』教育出版，1984年。
武田明典編著『教師と学生が知っておくべき教育動向』北樹出版，2017年。
田中雄大監修『特別支援教育をサポートする暗黙のルールが身につくソーシャルスキルトレーニング カード教材集』ナツメ社，2016年。
上野一彦監修『ケース別発達障害のある子へのサポート実践集 中学校編』ナツメ社，2012年。
渡辺康麿『教師のためのレター・カウンセリング』学陽書房，1998年。
米川和雄『学校コーチング入門』ナカニシヤ出版，2009年。

コラム⑫

心理教育的なたよりの発行例

　以下に紹介する心理教育的な児童生徒向けのたよりは，スクールカウンセラー（筆者）によるものである。いじめの加害者のパーソナリティーを分類化し，児童生徒同士で自己分析・他者分析を行い，それにより，「いじめの加害者はけっして強くはなく，本当はストレスフルであったり，別の場面では被害者であったりなど"残念な人""かわいそうな人"である」という認知の転換といじめの抑止効果をねらっている。

カウンセリングルームだより　No.　　　　　　　　　　　　　　年　　月　　日
　　　　　　　　　　　　　　　　　　　スクールカウンセラー

"武田式いじめっ子タイプリスト"について解説します。

　〈いじめをする人のタイプ〉
A　**自己顕示欲（じこけんじよく）タイプ**：これは，皆の前でいじめをすることにより，自分が"スター"になったとかん違いしている人です。このタイプの人は，自分自身が劣等感（劣等コンプレックス）を持っていることが多いです。
B　**ジェラシー（しっと）タイプ**：相手が自分よりひいでていたりすると，うらやましくなり，嫉妬（しっと）してしまう人です。Aタイプ同様，自分に自信がなく，相手をいじわるすることにより，自分が優位になったという優越感を持ち，一時的に安心します。
C　**やつあたりタイプ**：自分の希望がかなわなかったり，家族や先輩からストレスを受け，イライラしてストレスがたまっている人です。自分自身のストレスのはけ口として，他人をいじめてしまうのです。
D　**幼稚（ようち）タイプ**：皆でいっしょに"つるんで"いじめをしてしまう幼い人です。はじめはテレビの"罰ゲーム"のまねをしたり，からかいや悪ふざけのつもりですがエスカレートし，遊びとして習慣化してしまうことがあります。男子に多く，また，自覚のない人も多いです。
E　**愛情ひねくれタイプ**：小・中学生に多く，本心（愛情）とは逆の行動，つまり，いじめやちょっかいをしてしまう人です。例えば，本当は相手に好意を持っているのですが，そうとは言えず，嫌われるような言動をしてしまいます。時には，同性に対しても起こります。

　いじめをするタイプの人は，心に問題やストレスをかかえていることが多いです。このような友人がいたら，ピア・サポート（友達同士の援助）をしてあげる必要があります。
　少しでも自分に，A〜Eが当てはまるようでしたら，要注意です。いじめをするくらいのエネルギーを，もっと他のスポーツ，勉強，趣味に向けられたらよいですね。

第13章
教師の成長と教育相談

〈この章のポイント〉
　教師は，教職生活を通じてさまざまな経験を積みながら成長していくが，その過程において，対処困難な課題に遭遇することがある。そのことがストレスとなり，教師生活の危機につながる場合もあるが，その一方，困難課題を乗り越えることが教師の成長につながっていくことが知られている。本章では，教師がストレッサーに対応する際，教育相談の知識や技法を活用して対処することが有効であることや，カウンセリングマインドを身につけた教師となっていくことが教師の成長につながり，その教育実践を豊かなものにすることについて学ぶ。

1　教師の成長

1　教師になるということ

　教師になるとは，教員免許状を有する者（あるいは取得見込者）が，教員採用試験に合格し，いずれかの学校に教育職員として採用され勤務すること，すなわち，教師としての地位や身分を獲得することと考えるのが一般的であろう。しかし，その時点で，その人が熟達した水準で教職を遂行することは難しいと考えられる。教師には，教育を受ける子どもたちの人格の完成を目指し，その資質の向上を促す高度な専門性が求められている。教職は，優れた人格とともに，高度の知識や技能を要請される専門的職業であり，教師は，その使命や職責の重要性に鑑み，「自己の崇高な使命を深く自覚し，絶えず研究と修養に励み，その職責の遂行に努めなければならない」（教育基本法第9条）存在である。教師は，不断に学び続け，成長しながら，意図する教育実践を追求していく存在であり，そのプロセスが教師になっていくということでもある。

2　教師のライフステージ

　ハヴィガースト◁1は，人間の発達過程に段階があり，各発達段階に応じた発達課題があるとした。教師にも，教師としての発達段階（ライフステージ◁2）に応じて求められる役割に応じた発達課題がある。例えば，初任者の段階では，「教科指導，生徒指導，学級経営等，教職一般について一通りの教職遂行能力を有

▷1　ハヴィガースト（R. J. Havighurst, 1900～91）幼児期から老年期までの人間の各発達段階で，達成することが期待される発達課題があることや，その意義を提唱したアメリカの心理学者。

▷2　ライフステージ
中央教育審議会「今後の学校におけるキャリア教育・職業教育の在り方について（答申）」(2011) では，キャリア発達の過程を「社会の中で自分の役割を果たしながら自分らしい生き方を実現していくこと」と捉えている。この発達の過程で，特徴的なまとまりを示す段階がライフステージ（キャリアステージ）である。

177

すること」が求められるが，中堅教員の段階になると，「初任期より広い視野に立った力量，学校運営に参加していく資質能力」が，さらに管理職の段階になると，「教育に対する理念や見識，組織的，機動的学校運営の力，マネジメント能力等」を有することが求められている（教育職員養成審議会, 1999）。ライフステージに応じて求められる資質・能力については，各教育委員会が大学と協働して策定する教員育成指標[4]の記述が参考になろう。そこに示される，各ライフステージで教師に求められる職務の広がりや実践の深まりに応じて身に付けるべき資質・能力を，教師の発達課題と捉え直すことが可能であろう。

3 教師の成長

教師は，授業や学級経営，保護者対応，校務分掌など，さまざまな職務に従事している。その遂行状況は，職務を大きな支障なく遂行できる段階から，経験を積み，より熟達したやり方で職務を遂行できる段階へと移行していく。このことを踏まえ，授業や生徒指導，学級経営に熟達するなど，自分の職務をよりよく遂行できるようになっていくことを，教師の成長と捉えることとする。

これまで，教師の成長の契機として日常の子どもとのかかわりや同僚との学び合い，さまざまな研修の機会を生かした学び，自身が子どもの親となることなどが報告されているが，それとともに，教師が対処困難な課題に遭遇し，それを乗り越えていくことも，成長の契機となることが知られている。だがその一方で，課題の対処を誤ると，そのことが強いストレッサー[5]となり，教師生活の危機を迎えることにもなりかねない。困難課題に取り組む際には，周囲のサポートを得たり，協働すること，また，自身のありようを踏まえた対応をすることなどが，その助けになる。その際，主要なストレッサーの一つとなっている人間関係に対処するうえで，教育相談の知見を生かしていくことが，その一助となる。

2 教師のストレス

1 教師のストレッサー

教師の職務遂行の成否や遂行意欲，休・退職などの深刻な事態とも関連する教師のストレッサーについては，さまざまな報告がある。例えば，河村（2006）は，難しい児童生徒への対応，同僚教師とのかかわり，管理職とのかかわりなど職場の対人関係や，主要な教育実践の不振，気がすすまない仕事への取り組み，日常のルーティンワークなどの職務に関連した要因が教師のストレッサーになるとしている。前者は，教師の指導対象である児童生徒や，協働して職務

▷3　**教育職員養成審議会**
（教員養成審議会／教養審）文部科学大臣の諮問に応じて教員養成に関する基本的な重要施策について調査審議し，これらの事項に関して文部科学大臣に建議する機関。2001年省庁再編にともない，中央教育審議会に再編統合された。

▷4　**教員育成指標**
「教育公務員特例法等の一部を改正する法律」(2016)で，校長及び教員の任命権者（教育委員会）に策定することが求められた，職責や経験（ライフステージ）に応じて身につけるべき教員（管理職を含む）の資質に関する指標。

▷5　**ストレッサー**
抑うつ，怒り，無気力，身体化症状といったストレス反応をもたらす原因のことであり，人間関係や環境，出来事など，さまざまなものがそれに相当する。

に取り組む同僚や管理職との対人関係そのものがストレッサーとなりうることを意味している。後者の職務に関するストレッサーも，主要な教育実践である授業や学級経営，生徒指導などのいずれもが，対人行動をともなっており，教師のストレッサーとして，対人関係が大きな存在となっていることがわかる。

2 ストレスへの対応

　近年，心の健康と関連して，レジリエンスが注目されている。レジリエンスとは，「回復力」や「抵抗力」を意味し，「ストレッサーを経験しても心理的な健康状態を維持する，あるいは不適応状態を一時的なものとして乗り越え，健康状態へと回復していく力や過程」（斎藤・岡安，2009）のことであり，その人の自己受容性や有能感，楽観性などの特性と関係した力とも，健康を維持，回復する過程とも考えられている。ストレッサーが心身に及ぼす影響は，ストレスコーピングの成否と関係するが，適切なストレスコーピングの選択にレジリエンスが影響することが報告されている。適切なストレスコーピングができれば，教師は，メンタルヘルスを保ちながら職務に取り組むことができよう。

　コーピングの種類として，ストレッサーとなる出来事や問題そのものの解決や対処を目的とする問題焦点型コーピング，ストレッサーに対する認知の仕方を再検討する認知的再評価型コーピング，怒りや悲しみなどのストレス反応のコントロールを目的とする情動焦点型コーピング，気分転換やリフレッシュを目指す気晴らし型コーピング，周囲の援助を求める社会的支援探索（要請）型コーピングなどがある（坪井，2010）。多くの教師が直面する対人的なストレッサーと向き合い，それをコントロールするためにも，ストレッサーから目を背けずに取り組むことが自分の成長につながると考えるなど，そこに肯定的な意味を見出し，ソーシャルスキルなどを生かして，真正面からストレッサーに取り組むことが事態を打開するうえで有効になる場合が少なくない。また，例えば，アンガーマネジメントの知見を生かして，ストレス反応に上手に対処したり，周囲からのサポートを得ることも重要である。一人で対処することが難しければ周囲の力を借りればよいし，その際，自ら助けを求めてよいのである。

　周囲からのサポートには，励ましや勇気づけなど情緒的な働きかけを提供する情緒的サポート，課題解決に役立つ情報を提供する情報的サポート，その人の取り組みなどに対する評価をフィードバックする評価的サポート，時間や労力，環境調整など具体的，実際的援助を行う道具的サポートなどがある。周囲から，「お疲れ様です」とねぎらう情緒的サポートがあったり，「いつもよく生徒と話をしていますね」といった評価的サポート，「スクールカウンセラーに相談してみたら」といった情報的サポート，保護者面接に管理職や学年主任が同席するような道具的サポートなどが得られると，ストレッサーへの対処が容

▷6　ストレスコーピング
コーピングとは「対処」を意味し，ストレス反応を引き起こすストレッサーに対する対処や，ストレス反応を和らげるなどのストレス反応への対処を含む。

▷7　ソーシャルスキル
良好な対人関係を形成，維持，発展させる知識や技能のこと。対人技能，社会技能とも言われる。

▷8　アンガーマネジメント
怒りや苛立ちといった感情（アンガー）が深刻な問題とならないよう，上手に管理すること。

易になったり，ストレス反応が緩和される可能性が高くなると言えよう。

3　カウンセリングマインド

1　教師に求められる資質・能力

　1949年の教育職員免許法では，教員免許状を取得するに当たって，一般教養科目，専門教科科目および教職に関する科目を習得することが求められた。これらの学習を通じて形成される三重の教養を教師に求める枠組みは，今日まで継続している。その後，社会の変化やその要請に応じて「教育に対する使命感と児童生徒に対する教育的愛情」（中央教育審議会，1958），「実践的指導力」（教育職員養成審議会，1987），「地球的視野に立って行動するための資質能力」や「変化の時代を生きる社会人に求められる資質能力」（教育職員養成審議会，1997）が教師に求められ，それらは近年，「教職に対する責任感，探究力，教職生活全体を通じて自主的に学び続ける力」「専門職としての高度な知識・技能」「総合的な人間力」（中央教育審議会，2012）としてまとめられている。

　そうしたなか，1998年の中教審答申で，「学校において日常的に子どもたちの身近にいるのは教員である。教員が教科指導などの力量向上に努めるべきことはもちろんであるが，それとともに，子どもたちの様々な相談に応じること，問題行動の予兆となるサインに気付き，適切な手立てを講じること，問題行動等を通じて，周囲の助けを求めている子どもに的確なケアをすることなどが今後ますます大切になっていく」「こうした役割を果たしていく上で重要なことは，教員がカウンセリングマインドを持つということである」という提言がなされた。1995年にはスクールカウンセラー活用調査研究委託事業が開始され，それ以降，学校にスクールカウンセラーが配置されるようになったが，この答申で，スクールカウンセラーを活用するだけでなく，すべての教師がカウンセリングマインドをもって教職を遂行することの重要性が指摘されたのである。

2　カウンセリングマインド

　1972年に文部省が『中学校におけるカウンセリングの進め方』を出版するなど「1970年代に，文部省が学校にカウンセリングを導入したこと」や，東京都議会文教部会の提言を受け，「1980年代に東京都教育委員会が『すべての教師にカウンセリングマインドを』というキャンペーンを行ったこと」（仁田，2000）などを背景として，「昭和50年代の中頃から，学校教育において"カウンセリング・マインド"という言葉が強調されるようになった」（文部省，1990）。和製英語とされるこの語は，「ロジャーズのカウンセラーとしての3条

▷9　三重の教養
教師である者が身につけることを期待されている教養として考えられている，一般教養，専門教養，教職教養の三つの教養のこと。

▷10　中央教育審議会（中教審）
文部科学大臣の諮問に応じて教育，学術，文化に関する基本的な重要施策について調査審議し，これらの事項に関して文部科学大臣に建議する機関。

▷11　スクールカウンセラー
1995年のスクールカウンセラー活用調査研究委託事業を契機に学校に配置されるようになった，学校におけるカウンセリング業務を担当する心理職。

▷12　ロジャーズ（C. R. Rogers, 1902〜87）
来談者中心療法の創始者であり，エンカウンターグループなど，パーソン・センタード・アプローチ（人間性中心療法）を展開したアメリカの心理学者。

件を基にしている」とされる（仁田，2000）。その3条件を確認しておこう。

① 人格変容に必要な条件

　統合性の拡大，内的葛藤の減少，未成熟とされる行動様式から成熟していると考えられる行動様式に変化することなどの例で示されるように，適応や成長とほぼ同義に考えてよいと考えられる「建設的なパーソナリティ変化」が起こるための条件を，ロジャーズ（1966）は六つあげている。サイコセラピィ場面に限らず，この6条件が存在すれば，人間の実現傾向が発揮され，建設的な人格変容がもたらされるとロジャーズは考えた。

　最初の条件は，「二人の人が，心理的な接触をもっていること」である。相手と心理的な接触があるという自覚があればこの条件は満たされ，この条件が，後に続く5条件の前提条件となるという。2番目は，クライエントが「不一致の状態にあり，傷つきやすい，あるいは不安な状態にあること」である。不一致とは，本人が体験していることと自己像（自己概念）との間に矛盾があることで，その時，人は傷つき，不安を経験している可能性が高い。そうした不適応状態の人に人格変容（成長）をもたらす条件がこの6条件である。3〜5番目がセラピストの条件で，セラピストは「この関係の中では一致しており，統合されていること」「クライエントに対して無条件の肯定的な配慮を経験していること」「クライエントの内部的照合枠に感情移入的な理解を経験しており，そしてこの経験をクライエントに伝達するように努めていること」，最後（6番目）が，「セラピストの感情移入的理解と無条件の肯定的配慮をクライエントに伝達するということが，最低限に達成されること」である。要約すれば，不安や傷つきを経験している不一致の状態にある人が，自分とのつながりを意識できる一致した状態にある人と出会い，その人から受容され，共感的に理解されていると感じられることが，人格変容をもたらすということになろう。

② ロジャーズの3条件

　6条件のうち，3〜5番目のセラピストに関する条件が，一般的に，「一致（自己一致）」「受容」「共感的理解」として知られるロジャーズの3条件である。

　(1) この関係の中では一致しており，統合されていること（一致，自己一致）

　「この関係」とは，心理的接触がある関係，「一致しており，統合されている」とは，ありのままの自分でいること，自分の体験を正確に意識できることをいう。例えば，「私はこのクライエントを恐れている」時，「恐れている」自分を意識し，そのことを認められれば一致していると言えるが，その感情を否認したり（ないものとしたり），歪曲する（例えば，自分は相手を恐れていないばかりか，逆に相手を怖がらせているなどと状況を歪めて解釈する）人は不一致の状態にある。自分を偽らない一致した姿にクライエントは信頼を寄せ，ともに時を過ごすなかで，安心して自分と向き合い，課題の探究を進めることができる。セ

▷13 パーソナリティ
パーソナリティのこと。『新・心理学の基礎知識』（有斐閣）では，「個人が独自に示す，時間的・状況的にある程度一貫した行動パターンと，それを生み出す心理的構造」と定義されている。日本語では，人格に相当する語。

▷14 サイコセラピィ
心理療法のこと。薬物などを用いず，治療的人間関係により，人格の成長，問題解決を目指す行為。ロジャーズは，カウンセリングと区別せずに用いた。

▷15 実現傾向
自分のもつ可能性を発揮していこうとする傾向。具体的には，自律や独立，健康，成熟など建設的な方向へ向かおうとする傾向のこと。ロジャーズは，人間にはこの傾向があり，環境が整えば，この傾向に従って成長すると考えた。

▷16 クライエント
相談をする人。来談者。本文中のこの語を，困っている子ども，相談に来た子ども，支援の必要な子どもなどと読み替えることも可能である。

▷17 セラピスト
相談を受ける人。ヘルパー（援助者）としての役割を担う人。カウンセラーと同義で用いられることもある。本文中のこの語を，教師と読み替えることも可能である。

ラピストが自分の体験するありのままの感情をクライエントに伝えることは，クライエントの自己省察の契機となりえるが，その際，セラピストに受容と共感がともなう必要がある。一方，不一致の人は日々経験することをありのままには受け取れないので，経験を自己成長の糧にできず，相手とのかかわりにつなげることが難しい。

(2) クライエントに対して無条件の肯定的な配慮を経験していること（受容）

これは，クライエントが体験しているすべてを先入観や特定の価値観に縛られることなく受け容れることである。クライエントが自分の感情や体験をもつことを認め，仮に，負の感情や矛盾した態度が見られたとしても，相手を価値ある存在として肯定的に認めることでもある。自分の言うことをよくきく子どもだけをかわいがる教師は，「言うことをきく」という条件を付けている。

ここで注意したいのは，受容と許容の区別である。受容することは子どもを甘やかすことだと誤解されることがあるが，子どもの存在そのものを受容し，大切な存在と思うからこそ，その成長を願って，不適切な行動を許容せず，叱ることができるのであり，受容することと叱ることは矛盾しない。むしろ，不適切な行動を許容することは，子どもと真正面から向き合わず，逃げている姿と言えよう。他者から受容される経験が自己受容につながることが知られており，人は無条件に受容されることで自己を受容でき，受容されている安心感が，子どもの自由な自己表現や自発性の回復，他者受容につながっていく。

(3) クライエントの内部的照合枠に感情移入的な理解を経験しており，そしてこの経験をクライエントに伝達するように努めていること（共感的理解）

内部的照合枠とは，クライエントの内的（私的）な世界のこと，感情移入的な理解とは，その世界をあたかも自分自身のものであるかのように感じ取り，しかもこの「あたかも……のように」という性格を失わないことをいう。相手の世界の一部だけに焦点を当てるのではなく，対等な人間として相手の世界を共有しようとすることであり，相手を自分より不遇な人と考えてなされる憐れみや同情とは別のものである。理解して終わりではなく，共感的に理解したことを相手に伝えることで，クライエントが自己洞察を深めていく契機となる。

これらがセラピストに求められる必要条件であり，これに加えて，6番目の条件である，「受容され，共感されていることがクライエントに最低限度伝わること」が満たされれば，人格変容が生じる必要十分条件が成立するとされる。

3 カウンセリングマインドを身につけた教師像

ロジャーズの3条件は，来談者中心療法でセラピストに求められる条件だった。それがクライエントに建設的な変化をもたらすことを受け，教師の態度としても重要だと考えられたのであろう。「カウンセリングを体験した教師は，

▷18 来談者中心療法
ロジャーズが提唱した心理療法，カウンセリングの理論。クライエントの実現傾向への信頼や，セラピストとクライエントの人間関係を重視するなどの特徴をもつ。

カウンセリング関係において，相手の存在を無条件に尊重し，あるがままを受容し，共感的に理解することを実感として体感」し，そのことが，「教師の生徒観，教育観，ひいては教師自身の価値観や生き方についての改善をもたらし，教師としての資質向上につながる」(文部省，1972)と考えられたことを受け，カウンセリングマインドは「単なる技法を超えた人間としての在り方を問題にしていること」「理解し，理解される教師と生徒との人間関係を作ることを大切にすること」「生徒の自主性・自発性・自己決定力を尊重し，これらを伸ばすための援助としての姿勢を大切にすること」をその内容に含む，「日常の教育活動において必要な教授態度の重要な要素」(文部省，1990)と考えられた。それを「教師個人の態度要件」(小林，1997)，「教師という個人の活動指針(基本姿勢)」(大野，1997)と位置づける論も，同様の考えと言えよう。

　それでは，カウンセリングマインドを身につけた教師とはどのような教師なのだろうか。1998年の中教審答申で示された，「例えば，相手の話をじっくりと聞く，相手と同じ目の高さで考える，相手への深い関心を払う，相手を信頼して自己実現を助けるといったことがその中心をなしている」という文言や，これまでのカウンセリングマインド論を手掛かりにして，これを考えてみたい。

① 「相手の話をじっくりと聞く」

　これは，傾聴することであり，相手を共感的に理解する技法だが，「聴くことは相手への最高のプレゼント」と言われるように，相手に深い関心を払っていることを示す行為でもある。子どもの話を聴こうとせず，すぐに説教したがる教師もいるが，生徒理解を踏まえた的確な指導を行ったり，子どもの承認欲求を満たすためにも，傾聴は大切である。聴く時には，言葉とともに非言語的な情報，例えば，表情や話し方にも注目し，相槌を打ったり，うなずくなど，話すことを勇気づけながら事実や気持ちを受け取ることが大切である。佐治(1966)は，問題解決につながらない聴き方として，「傍観者や批判者，非難する人としてきくきき方」「同情的なきき方」「論理的或いは知的にわかろうとしてきくきき方」をあげている。相手の立場に立たず，感情に巻き込まれ，表面的なことに焦点を当てる聴き方では，相手の本当のところはわからない。

② 「相手と同じ目の高さで考える」

　人が人とかかわる際，「教える―教えられる」「指導する―指導される」といった縦の関係とともに，対等な一人の人間として相手にかかわる横の関係がある。「相手と同じ目の高さ」に注目すれば，これは，横の関係の大切さを示している。縦の関係はもちろん必要で，これを役割関係として理解しながら遂行すれば無理がないが，同じ一人の人間として子どもを尊重する姿勢も大切にしたい。子どもが友人をたたいた時，縦の関係で「ダメ！」と叱ることも必要だが，たたく前に生じたことを，その子どもがどう受け取り，どんな気持ち

だったか確認しながら，それ以外に自分の気持ちを伝える方法がなかったのか考えさせるような横のかかわりを試みることで，自分がしたことの意味や別の対処策を考えさせることができるだろう。また，子どもとかかわる自分のあり方にも目を向け，自己省察しながら成長しようと心がけることも大切である。

「同じ目の高さで考える」ことに注目すれば，共感的理解の意味になる。生徒理解では，診断的理解◁19とともに，子どもの立場に立つ共感的理解が求められる。教師は，自分を基準にしたり，先入観や固定観念で子どもを理解しようとする場合がある。その際，例えば，ラベリング◁20が行われると，ラベルを貼る側も貼られる側も，ラベルの影響を受けることが知られている。「あいつは問題児だ」とラベルを貼り，その枠組みのなかでしか子どもを見なくなったり，貼られた側は，「どうせ自分はダメな奴と思われているし」と消極的になったり，あきらめたりと，貼られたラベルに応じた行動をとりがちになることもある。自分の価値観をひとまず脇に置き，子どもをよく見，話を聴き，事実とともに感情にも焦点を当てながら子どもの思いや世界を理解しようとする態度が，より的確な指導を進める際に大事になる。その際，理論も大切になる。反抗期に子どもが強く自己主張する時，そこに自立の思いが潜んでいる可能性を知っていると，その行動の意味を子どもの立場で理解する助けになる。礼儀知らずと思う子をどうしようもないとあきらめるより，行動の未学習や誤学習の結果と考え，礼儀にかなう行動を再学習させようと考えるほうが建設的である。特別な支援が必要な子どもの認知，行動，感情の特徴を知っておくことで，よい支援につなげることもできる。共感的に理解できれば，相手のことが腑に落ち，受容につながっていく。とはいえ，教師の特徴として，「よき子ども像」を想定し，それに基づき子どもを評価しがちなこと（佐藤，1994）や，社会規範に照らした表面的な行動に注目しやすいこと（近藤，1994）が指摘されている。行動の背後にある「そうせざる（ならざる）を得ない気持ち」を考えたり，「頭でわかっていても，そうできない」ことがあることを理解しながら，「誰をも悪者にしない認識方法と課題解決方法」（菅野，1995）を模索したい。

③ 「相手への深い関心を払う」

これは，「受容」のことだが，愛情の反対は憎しみではなく無関心であると言われることがあるように，教師の大切な態度と言えよう。教室での教師行動を観察したブロフィとグッド（1985）は，教師が期待する生徒にはよく接触するが，そうでない生徒にはそうしないこと，それらの差が，子どものパフォーマンスに関係していることを報告している。勉強ができる，運動が得意といった子どもの行動や成果（Doing）に目を向けがちな教師もいるが，その存在（Being）を受容できる教師は，ともにあることを喜び，声をかける，笑顔を向けるといったストローク◁21をプレゼントすることができるだろう。

▷19 診断的理解
医師が，治療に際し，熱があるか，どこが痛いか，何を食べたかなど客観的な情報を収集するように，子どもの生育歴，生育環境，友人関係，学力などの客観的情報を収集し，それを踏まえて，子どもを理解しようとすること。

▷20 ラベリング
この子は優等生，あの子は問題児，というように，自分が理解した対象者像を，比較的単純なラベルにしてその人に貼る行為。

▷21 ストローク
交流分析の用語で，他者に対する働きかけのこと。挨拶したり，微笑みかける，握手をするなどの言語的，非言語的で肯定的なストロークのほか，そっぽを向く，嘲笑するなどの否定的ストロークもある。

受容することが難しい時には，リフレーミング[22]してみるとよい。例えば，乱暴な子どもを，今はうまく使いこなせていないがエネルギーがあると見ることができれば，では，そのエネルギーをどのように使ったらいいか一緒に考えてみようということになるだろう。エネルギーを封じ込めるような，その子本来のあり様を変える発想ではなく，建設的な使い方を考える「個性を殺さない」（桑原，1999）教育の仕方を模索することが大切である。また，生徒を受容するには，教師自身の自己受容が大切である。自己受容している教師は，子どもを受容しやすいが，そうでないと受容することが難しい。また，自己受容している教師は揺らぎにくい。そのことが，子どもが現実生活との擦り合わせをするうえで大切な壁の役目を引き受けたり，守りの役目を果たす際にも有効である。

④ 「相手を信頼して自己実現を助ける」

ロジャーズは，人は実現傾向をもつと考えた。植物イメージの人間観[23]と言えよう。人間の成長可能性を信頼し，人は「人とつながり，見守られ，愛情を注がれ」れば「自己治癒や自己成長に向かう力が湧いてくる」（菅野，1995）という人間観に立てば，「生徒の自主性・自発性・自己決定力を尊重し，これらを伸ばすための援助としての姿勢を大切に」（文部省，1990）できるだろう。時に子どもは，立ち止まったり，後戻りすることもあるが，それも次の飛躍の準備となることを理解して見守ることも大切である。教師と子どもに信頼関係があれば，子どもは安心して自分を表現し，自己探究に取り組むことができる。子どもメタファー[24]を用いて教師の子ども観を調査した石戸（1994）は，教師は子どもを「指導・統制されねばならない存在」とみなしているものの，うまく「管理・操作」ができず，かなり「否定的な目で見ている」と報告しているが，信頼関係成立のためにも，まずは，教師が子どもを信頼することが大切である。

⑤ 対決する

教育相談に対する誤解に，子どもを叱れなくなる，子どもを甘やかすというものがある。昭和40年代に，教育界で「ロジャーズのカウンセラーの3条件が爆発的にはやった」（村山，1992）ものの，嶋崎（2001）が「偽りの教育相談」と呼ぶ事態が生じていた。すなわち，教育相談の専門家を自負して教師役割を放棄し，例えば，理解を強調して指導を忌避する，受容をモットーにして不適切な行動を許容する，受容性を好み，自分から子どもにかかわろうとする能動性を捨て去る事態が生じたという。相手の成長を願えば，何でも許容するのではなく，自己省察や行動変容を求めて対決することが必要な時もある。遊戯療法[25]でも，時間の制限や，遊び道具をわざと壊すことや治療者に危害を加える行為などへの制限がある（アクスライン，1972）。一貫した制限は，環境や関係の構造化をもたらし，子どもに安心感を与え，自己決定，自己コントロール，自

▷22 リフレーミング
意味づけの枠組み（フレーム），すなわち，見方や考え方を変えてみる技法。

▷23 植物イメージの人間観
人間を性善なる存在とみる人間観。対象を子どもに限ると，植物イメージの児童観の他，子どもをしつけられるべき存在とみる動物イメージの児童観，加工可能な存在とみる無機物イメージ，機械イメージの児童観，哲学的ヒューマニズムに基づく児童観があるという。『児童観』（深谷昌志編著，放送大学教育振興会，1986年）に詳しい。

▷24 子どもメタファー
「点取り虫」など，子どもを表現するために利用されるメタファー。石戸（1994）は，この分析を通して，教師の子どもに対する認識や姿勢を解明しようとした。

▷25 遊技療法
遊びを媒介として行われる心理療法。攻撃性の表出を含め，クライエントの自己表現を大切にする。主として，言語的表現だけでは自分を表現しきれない幼児や児童を対象として行われる。プレイセラピー。

己責任能力の発達を促し,セラピストにも受容の基礎となる安心感を与えることになる。種々のカウンセリング技法をマイクロカウンセリングとして体系化したアイビイ(1985)も,カウンセリングの基本は傾聴することとしながらも,それだけでは十分ではなく,カウンセラーの自己開示や解釈,指示を伝えること,対決することが重要だと考えた。アイビイの対決とは,クライエントの行動,思考,感情,意味における不一致,矛盾,葛藤を指摘することであり,そのことを通じてクライエントに自己省察させ,気づきを得させるものであるが,こうした意味での対決は,子どもの自己理解や行動変容に有効であろう。

4 教師の成長と教育相談

1 カウンセリングマインドを生かした教育

目の前にいる人を大切にすること,とも言われるカウンセリングマインドを生かした教育を行うことは,教師を独善的な職務遂行から遠ざけ,職務をよりよく遂行すること,すなわち,教師の成長につながると考えられる。例えば,授業の際には,すべての子どもが理解でき,学ぶ楽しさを実感できることを目指して,教室の学習環境を工夫したり,教材・教具の選択,話し方や板書の仕方などを工夫して,わかりやすく教えるとともに,子どもの活動や発言を尊重しながら,よく考えさせ,交流させ,それぞれの考えを引き出すような,授業のユニバーサルデザイン◁26を構想するであろう。学級経営に関しては,一人ひとりの子どもにとって,学級が安心して過ごせるとともに,達成感や充実感が得られる居場所になることを考えるであろう。自分は受容されている,守られているという実感が子どもに安心感をもたらすので,笑顔で教室に入る,こまめに声をかけるといったストロークを意識したかかわりを心掛けたり,学級を構成するメンバーの相互理解や交流を深めるような機会を設けるであろう。メンバーを守るためのルールを定め,必要に応じて「だめなものはだめ」という姿勢を示すこともあるであろう。達成感や充実感を得るためには,一人ひとりが何らかの役割を持ち,互いに助けたり助けられたりしながら,その役割を遂行し,その取り組みを承認しあうことが大切である。授業や行事をはじめとするあらゆる学校場面を生かして,子どもたちが,一人ひとりで,あるいは,集団で取り組めるような活動の実現化を構想するであろう。

子どもには成長しようとする力があり,その力を発揮させるために,自分がどうかかわればよいのか考えながら,目の前の子どもの成長を楽しみに,子どもたちが自分の力で,また協力してさまざまなことに挑戦し,充実した体験を積み重ねることを促す姿が,そこには見られるのではないかと思われる。

▷26 授業のユニバーサルデザイン
日本授業UD(ユニバーサルデザインの略;筆者注)学会は,これを,学級の全員が,「楽しく学びあい『わかる・できる』ことを目指す授業デザイン」と定義している。

▷27 居場所
1992年の「学校不適応対策調査研究協力者会議報告書」で,学校には,児童生徒にとって「自己の存在を実感でき精神的に安心していることのできる場所—『心の居場所』—」としての役割が求められていることが指摘されている。

2　教師の成長と教育相談

　教職を遂行するとは、教える、育てる、経営する、協働するなど、教師がさまざまな役割を引き受けながら、その時々に求められる課題に対処していくことと言えよう。その過程で、教師が成長する、すなわち、その職務をよりよく遂行できるようになっていく際に生じていることとして、課題に対する対処法の選択肢が増えていくことが考えられる。ある課題に遭遇した際、教師が有効とは言えない課題の理解の仕方や対処しかできなければ、教育実践は手詰まりとなる可能性が高いが、別の対処法を採用できれば、課題解決の可能性は高まるであろう。選択肢の拡大には、教師が自分の実践を振り返り、本質的な諸相への気づきを得ることが必要である（コルトハーヘン、2010）。教師は、自分の実践で意図していたことや実際に演じていたことを振り返り、うまくいかなかったとしたら、そこにどんな問題や可能性があったのかという気づきを得ることが、次なる実践の選択肢を拡大することにつながっていく。

　生徒が問題を起こすたびに説教をするが、生徒は反発し、同じ過ちを繰り返す、それをまた説教するという悪循環に陥っていた中学校教師がいた。この教師は、カウンセリング研修が契機となり、自分が生徒の成長を待つことができず、していたことは、「早急に解決策を見出し、生徒をこちらの思うように変えていこうという対症療法」であり、有効な方策ではなかったという気づきを得る。そこで、生徒の話をよく聴き、生徒自身に問題に気づかせ、生徒が自分自身で変わっていくような「寄り添う」かかわりを実践し、状況を打開することができた（近藤、1994）。この教師は、手詰まりな状況にあった自分の実践を振り返り、そこでの問題点や別の可能性に対する気づきを得ることで、新たな方策を見出すことができ、よりよく職務を遂行できた、すなわち、成長できたと考えられる。近藤（1994）は、「主導的に、積極的に、自分が中心となって、子どもたちを引っ張り、統制する」教師役割と、カウンセラー役割の統合という言い方をしているが、日常、教師が行っている「教え、諭す」という役割とは異なる役割、例えば、叱る前にゆっくり「聴く」、一人の人間として子どもの気持ちに「寄り添う」、真っ白な気持ちで「受容する」、子どものペースに合わせ、子どもが気づいて自分で変わるのを「待つ」といった別の役割をとることができることが、対処方策の拡大につながっていくと思われる。これはまた、カウンセリングマインドを発揮した教師の姿としても理解ができるだろう。

　教師は、時に対処困難な課題に直面するが、それが人間関係をともなう課題である場合も少なくない。自分の実践を振り返り、そこで起きていることに対する気づきを得、状況を打開できる新たな方策を考え、対処できるようになっ

ていくうえで，教育相談の知見や技法を生かしていくことが有効であると考えられる。

Exercise

① 各ライフステージで教師が出会う可能性のあるストレッサーを整理するとともに，自己の成長につながるような対応策を考えてみよう。
② 自信のない子，乱暴な子，個性的な子，まとまりにくい学級など，さまざまな子どもや集団に対する教育相談の理論や技法を生かしたかかわり方を考えてみよう。
③ 教師に求められる資質・能力を整理するとともに，それらの資質・能力を形成するうえで教育相談を学ぶことの意義を考えてみよう。

次への一冊

東山紘久・藪添隆一『システマティックアプローチによる学校カウンセリングの実際』創元社，1992年。
　豊富な実践事例を取り上げながら，スーパーバイズ機能を生かした学校カウンセリングのあり方，考え方，進め方に関する知見を提供してくれる。

石隈利紀『学校心理学　教師・スクールカウンセラー・保護者のチームによる心理教育的援助サービス』誠信書房，1999年。
　一人ひとりの子どもが学校生活を通して成長する過程で出会う諸問題の解決を援助する学校心理学の理論や実践知を，わかりやすく丁寧に提供してくれる。

菅野純『教師のためのカウンセリングゼミナール』実務教育出版，1995年。
　カウンセリングの考え方や進め方をわかりやすく示しながら，子ども理解や問題行動への対応，教師の自己啓発などに関する知見を提供してくれる。

河合隼雄『臨床教育学入門』岩波書店，1995年。
　「教」と「育」，父性と母性といった複眼的な視点を保ちながら，個や学ぶ側を大切にする教育を考える手がかりを，豊富な事例とともに提供してくれる。

近藤邦夫『教師と子どもの関係づくり──学校の臨床心理学』東京大学出版会，1994年。
　子どもに対して教師が示しがちなかかわり方の特徴や，カウンセリングを学ぶことによる教師の変容などに関する興味深い知見を提供してくれる。

山中康裕『少年期の心──精神療法を通してみた影』中公新書，1978年。
　相談室で出会った子どもたちとのかかわりを描きながら，子どもを理解することやかかわることの精髄を余すところなく提供してくれる。

引用・参考文献

アクスライン，V. M., 小林治夫訳『遊戯療法』岩崎学術出版社，1972年。

ブロフィ，J. E.・グッド，T. L., 浜名外喜男・蘭千壽・天根哲治訳『教師と生徒の人間関係――新しい教育指導の原点』北大路書房，1985年。

中央教育審議会「教員養成制度の改善方策について（答申）」1958年。

中央教育審議会「教職生活の全体を通じた教員の資質能力の総合的な向上方策について（答申）」2012年。

石戸教嗣「教師の子どもメタファー」稲垣忠彦・久冨善之編『日本の教師文化』東京大学出版会，1994年，69～83ページ。

アイビイ，A. E., 福原真知子・椙山喜代子・国分久子・楡木満生訳『マイクロカウンセリング』川島書店，1985年。

菅野純『教師のためのカウンセリングゼミナール』実務教育出版，1995年。

河村茂雄『学級経営に生かすカウンセリングワークブック』金子書房，2006年。

小林正幸「授業および集団で使用可能なカウンセリング」『カウンセリング研究』30(1), 1997年, 84ページ。

近藤邦夫『教師と子どもの関係づくり――学校の臨床心理学』東京大学出版会，1994年。

コルトハーヘン，F. A. J., 武田信子監訳『教師教育学』学文社，2010年。

桑原知子『教室で生かすカウンセリング・マインド』日本評論社，1999年。

教育職員養成審議会「教員の資質能力の向上方策等について（答申）」1987年。

教育職員養成審議会「新たな時代に向けた教員養成の改善方策について（第1次答申）」1997年。

教育職員養成審議会「養成と採用・研修との連携の円滑化について（第3次答申）」1999年。

文部省『生徒指導資料第8集　中学校におけるカウンセリングの進め方』大蔵省印刷局，1972年。

文部省『生徒指導資料第21集　生徒指導研究資料第15集　学校における教育相談の考え方・進め方――中学校・高等学校編』大蔵省印刷局，1990年。

村山正治「カウンセリングと教育」氏原寛・小川捷之・東山紘久・村瀬孝雄・山中康裕編『心理臨床大辞典』培風館，1992年，1133ページ。

仁田勝子「カウンセリングマインドに関する文献研究」『鳴門生徒指導研究』10, 2000年，47～60ページ。

大野精一「学校教育相談とは何か」『カウンセリング研究』30(2), 1997年，160～179ページ。

ロジャーズ，C. R., 伊東博編訳「パースナリティ変化の必要にして十分な条件」『サイコセラピィの過程』岩崎学術出版社，1966年，117～140ページ。

齊藤和貴・岡安孝弘「最近のレジリエンス研究の動向と課題」『明治大学心理社会学研究』4, 2009年，72～84ページ。

佐治守夫『カウンセリング入門』国土社，1966年。

佐藤郡衛「帰国子女から見た日本の学校と教師」稲垣忠彦・久冨善之編『日本の教師文化』東京大学出版会，1994年，110ページ。

嶋崎政男『教育相談基礎の基礎』学事出版，2001年。

坪井康次「ストレスコーピング――自分でできるストレスマネジメント」『心身健康科学』6(2), 2010年，59～64ページ。

コラム⑬

教師の一言

　教師の一言が，いつまでも心に残ることがある。こんなことがあった。
　大学の教職課程で，中学校の国語の教員免許状を取得するため，書道を履修していた時のこと。小学校時代から，字がきたないとか下手だとか言われ続けていたこともあり，無事に単位を修得できるのだろうかと，おっかなびっくり，授業に参加していた。毎回，お手本をもとに書いていくのだが，ある時，先生が，君の字は面白いね，と言って下さった。今でも，その時の先生の言葉は，ほめて下さったものだと思っているが，それまで，字というものは，上手か下手か，きれいかきたないかしかないと思っていたのに，面白いという見方やほめ方もあるのかと感激した。その後，字を書くことがちょっぴり好きになり，教え子が，板書の文字に愛嬌があると言ってくれることもあった。
　また，トマス・モアの『VTOPIA』を読む英語学の授業に出席していた時のこと。16世紀の英文はさすがに手強くて，四苦八苦しながら担当箇所を訳したものの，先生は，僕の解釈に疑義を示された。その時は，そうかと指摘を受け入れたのだが，翌週の授業の冒頭，先生が，先週，高柳君が訳した箇所をあれからまた考えてみたのだけど，高柳君の解釈でよかったようだねと話された。一旦，決着がついたはずだったが，その場限りになさらず考え抜かれ，ご自身の解釈より，一学生である僕の解釈のほうがどうもよさそうだと仰って下さった先生の姿に学問や人に対する誠実さを感じ，とても嬉しい思いがしたものだった。
　その後，大学の通信教育で油絵の勉強をはじめ，スクーリングで人物画を描いていた時のこと。描いていた教室の床が灰色だったので，白色と黒色の絵の具を均一に混ぜ，のっぺりと床の部分を塗りたくっていたのをご覧になった先生が，よく見てごらん，そんな色で塗りたくっても，この床にならないよ，と指摘して下さった。黒と白を混ぜても灰色になるけど，補色を混ぜて作るとこの床みたいに色味のある灰色になるし，床にも，鏡みたいに，人物なんかも映っているというのである。言われてみれば，まさにその通りで，つやつやピカピカした床の上や机の上に，周囲のものどもが映り込んでいることに驚きつつ，いかに，ちゃんとものを見ていなかったかということに気づかされた。デッサンの時間には，ここでの勉強は，君の頭の中にあるりんごのイメージを再現するのではなく，ここにあるりんごをよく見て，ほかならぬ，このりんごそのものを描くことが大切だと言われたことも心に残った。また，ピカソみたいな絵が描けるといいですねという独語めいた言葉を発したところ，ピカソみたいな絵を描きたいといったって，そういう絵はもうピカソが描いているんだから，君の絵を描きなよというアドバイスを戴いたことにも目を開かれる思いがした。
　いろんなことがあった学校生活のなかで，今も心に残るできごとである。

第14章
学校教育と教育相談

〈この章のポイント〉
　教育相談の存在について根本的に問う自由な思考と発想を通して，未来に向けて日本の学校文化にふさわしい新しい教育相談のあり方を展望するにはどうすればよいだろうか。本章では，本書のなかで肯定的な立場から解説・紹介されてきた教育相談の存在を，そのまま自明視して捉えるのではなく，そのような立場からいったん離脱して俯瞰的な視点から，その存在を多面的・多角的に検討する。

1　教育相談にかかわる臨床心理学への批判的言説

1　臨床心理学およびその関連分野からの批判的言説

　本書のこれまでの章においては，教育相談の存在は自明視され，かつ基本的に肯定的な立場から説明されてきた。本書は，初歩的で基礎的・基本的な教育相談の内容を学ぶ意図のもとで編集された著作であるから，至極当然の流れである。しかし，教育相談にかかわって，複雑な心を扱う臨床心理学には，力点の置き方によって，異なった立場に基づく理論や技法が，そしてそこからいくつかの学派やグループが生じている。以下では，俯瞰的な視点から教育相談の存在を見るために，その存在の大きな基盤となっている既成の臨床心理学への批判的言説を紹介する。少し長くなるが，あえてそのまま引用して，あまり聞かれない少数意見に耳を傾けてみよう。実は，このような意見は，文部省（現在の文部科学省）の「スクールカウンセラー活用調査研究委託事業」が1995（平成7）年に始まる頃から表明されていたが，多くは看過されてきた。

　まず，同じ臨床心理学分野から痛烈にその心理学を批判した人物として，小沢牧子があげられる。小沢は，カウンセリング▷1について次のように批判する（小沢，2000）。

　　カウンセリングは，そこに生じている問題を，生活的状況的な全体的視野でとらえて解決をはかっていくのではなく，クライエントの心，感情の変化（つまり心の持ち方の問題）による解決をめざしている。そういった側面が不必要だというのではない。それは生活現実の一部として重要なものなのだ

▷1　日本の特徴として，これも論者によって異なるが，アメリカに比べて，一般的にカウンセリングおよびカウンセラーの概念が，主にその関係の研究者によって拡張して使用されるために，セラピーおよびセラピストの概念との区別が少し曖昧になりがちである。その結果，アメリカではセラピーの仕事内容が，日本ではカウンセラーの仕事内容になっているという現象も見られる。

が，それがすべてであるかのように考えてしまう仕組みが問題なのである。つまりそれは，現状を固定したまま，そこへ「適応」させてゆく，いわば現状肯定のための技法だからである。

また，臨床心理学の隣接領域の精神医学分野からは，野田正彰がカウンセリングやカウンセラーについて次のように批判する（野田，2000）。

> カウンセリングに漢方薬の譬えがよく使われる。じわっときいてくる，というのである。とんでもない。小柴胡湯による肝硬変の事件に表れているように，漢方薬も薬であって無害なのではない。カウンセリングもときに相談者を破局に追いやる。東京で元編集者が，息子の暴力に耐えつづけるよう，著名なカウンセラーに助言され，結局，疲弊の極限において息子をバットで殺害した事件など，カウンセラーの責任が問われるべき事件は少なくない。アルコール中毒の家族研究で提出された「アダルト・チルドレン」の説明が水増しされ，親から受けた「心の傷」の物語が横行しているのも，カウンセリングによる加害のひとつである。

さらに，社会学者の森真一は，心理療法やカウンセリングについて次のように述べている（森，2000）。

> 自助マニュアルの読者は，専門家の知識をとおして自分を知ることが自分の問題解決につながると考え，マニュアルを読むのであろう。
> つまり，心理学的知識を媒介として得られた自己知・感情知が，問題解決に役立つと想定しているわけである。それは読者の勝手な想像でも思いこみでもない。なぜなら，「こころ」の専門家たち自身がそう主張してきたからである。その主張を裏づけるとされるのが，彼らの臨床的経験である。すなわち，心理療法やカウンセリングを実際に受けた人たちは，いままで忘れ去っていた自分の感情や過去の経験に気づき，自己理解と自己洞察を深めた結果，自分の問題を解決できるようになったという臨床的経験である。この経験を背景に，自助マニュアルにおいても，自己洞察や自己理解が「こころの問題」を解決するとの主張を繰り返してきているのである。

このように，森は「こころ」の専門家たちの主張を解釈したうえで，続けて次のように疑問を呈して結論づけている（森，2000）。

> 特に，心理療法やカウンセリングでの自己洞察がより「真実に近い」自己

知を導いた結果，クライアントの症状が消失したという主張には疑問が残るのである。

以上見てきたように，カウンセリングに関連した事柄については，臨床心理学分野の内部だけでなく，それらと何らかの関係のある精神医学や社会学の分野からも，厳しい批判が公にされてきた。もちろん，これらの批判は全面的に正しいとも言えないであろう。とくに，当事者以外の分野からの批判は，得てして誤解からの偏見によるところもしばしばありうる。しかし，当事者以外であるからこそ，逆に当事者には見えないものが見えることも起こりうる。

2 カウンセリングのリーダー的存在からの警鐘的言説

教育相談に関連するカウンセリングやカウンセラー，さらには臨床心理などについては，その関係者自身が，そのなかでもとりわけ日本でリーダー的存在である人たちが，重大な警鐘を鳴らしている。したがって，ここで取りあげる言説は，先に引用した人物の言説とは大きく異なり，批判的なものというよりも，どちらかというと，カウンセリングの関係者への警鐘的な色彩を帯びている。それだけに，教育相談を専門的にかかわっている人たちは，心に深く刻んでおいてもらいたいが，意外とそれらの言説も看過しがちである。

まず，本書でも，いくつもの章のなかで名前が登場している國分康孝の言説を取りあげてみよう。國分は，「スクールカウンセラー活用調査研究委託事業」が開始されて間もない1998（平成10）年には，次のように述べている（國分，1998）。

　　学校は治療センターではない。社会化を主目的にした集団である。サイコセラピーの技法がそのまま教育技法になるわけではない。社会化とは現実原則の学習のことゆえ，禁止命令・指示教示は不可欠である。共感的理解と傾聴技法だけで教育できるわけではない。

共感的理解と傾聴技法を支持し普及に努めてきた國分自身が，それらの方法に偏重することを学校や教育に関する彼の見識から厳しく戒めているのである。そこには，アメリカでは常識であっても日本ではあまり顧みられないセラピーとカウンセリングの明確な区分が，学校教育のあり方に関心をもっていた教育学部出身の國分のなかで強く意識されていたと考えられる。

さらに2000（平成12）年には，國分は教育者に向かって次のような檄を飛ばしている（國分，2000）。

　　臨床心理士の資格がないと踏み込めないかの如き風潮をかもし出そうとす

る人たちがいる。

　こういう風潮に対して教師集団は断固として「ノー」と云うだけの気概と見識を持たねばならぬ。……教育の砦は教育の専門家が守るのだ！　という覇気がほしい。私は切にそう願っている。

　このような発言には，若い頃に教育学研究を志した彼の思いが垣間見られる。また，「心の専門家」の普及に貢献した臨床心理学者の河合隼雄は，次のような言説を表明している（河合，1992）。

　心理療法のもともとは宗教的な行為であったことを考えると，一度は否定したはずの神の座に，知らぬ間に治療者が坐ってしまうという危険があり，この点については常に自戒していなくてはならない。

　カウンセリングのルーツが，キリスト教のパストラル（牧会）・カウンセリング（Pastoral Counseling）であることを踏まえれば，この河合の指摘は至極当然である。より詳しく言えば，心理カウンセラーは，告解や懺悔のように，自分だけが知っていることを教会に聞いてもらうことによって，その個人を従属化させるような「牧人・司祭型権力」者になってはならないということである。この河合の発言は，心理カウンセラーにとって，的を射た倫理的警告である。心理カウンセラーは，「牧人・司祭型権力」者になりうるだけに，高い倫理性が求められている。

　さらに，上掲した二人の言説と同じ頃に発言している臨床心理学者の氏原寛のものも紹介しておこう（氏原，2000）。

　カウンセラーの出番はたいていが最後である。親も教師もどうしようもなくなって，カウンセラーが出てくる。だから見たところ，カウンセラーが独りで治したように思いやすい。しかし，親や教師の努力があってこそ，カウンセリングが利いたのである。逆に，カウンセラーの提供するサービスはごくわずかなものである（週1回，1時間の面接に費やすエネルギーは，1日中子どもと一緒にいる親のそれと比べものにならない）。しかし，……それがなければ親や教師の努力が報われないのだから，ちっぽけなサービスとして卑下する必要はまったくない。そうした効用と限界にしっかり目を据えていることが，専門家としてのカウンセラーには必須のことと思われる。

　この言説では，親や教師の努力を認めつつ，カウンセリングの有用性が承認されるということで，専門家としてのカウンセラーの思い上がりが戒められな

がら，カウンセリングの効用と限界を見据えることの重要性が指摘されている。この氏原の言説からも，カウンセラーに対して，自分の関与できる範囲をわきまえながら効用を発揮するという謙虚な感覚や心がけ，つまり高い道徳的・倫理的な姿勢が求められている。その点については，内観療法家の臨床心理学者三木善彦も「クライエントが主役，心理療法家は脇役」という端的な表現で強調している。

ここに紹介したカウンセリング関係のリーダー的な人物たちは，もちろんカウンセリングの効果や有用性を認めつつも，それに携わる者に対して，それぞれの立場から方法を万能視するような安易な乱用に警鐘を鳴らしている。その意味から言えば，カウンセリングの理論や技法を活用する教育相談も，本書において解説されているように，とても有益な機能を発揮するものであるが，本章で紹介したような批判や警鐘を配慮し，学校教育への安易な導入や偏重については十分に警戒すべきであろう。なぜなら，教育においては方法に万能はないうえに，そもそもカウンセリングには，いくつもの理論（流派）があり，それぞれの基盤にある人間観，性格論，病理論，治療目標などの違いによって長所と短所を合わせもっているからである。

▷2 内観療法は森田療法とともに，日本で生まれた数少ない精神療法の一つである。簡潔に特徴を説明すると，これまで人に「してもらったこと」「して返したこと」「迷惑かけたこと」を詳しく振り返り，自己や他者への理解を深めるものである。創始者は，浄土真宗の僧侶であった吉本伊信（1916～88）である。

▷3 例えば，國分によると，精神分析理論（フロイト派など）と自己理論（ロジャーズ派）と行動主義理論について簡潔に言えば，人間観はそれぞれ性悪説と性善説と白紙説であり，治療目標は，それぞれ「無意識の意識化」と「自己概念の再構成」と「再学習」である（國分，1980）。したがって，カウンセリングやカウンセラーといっても，どの理論（流派）を下敷きにしているかによって，その価値観も方法も大きく異なっているために，カウンセリングにとっても万能な方法は存在しない。

2　日本の学校教育の諸相

1　日本の学校教育の特徴と教育相談

西欧社会に限定して見てみると，学校の起源は古くは古代ギリシアやローマの時代まで遡ることができる。そこでは，自由な市民や貴族の子どもに対しての教育として，幅広い教養科目が教えられていた。その後，中世では修道院学校や本山学校の正規のカリキュラムとして確立した七自由科が指導され，近世に入ると，新しい教科がカリキュラムに加えられ，そして19世紀後半になると，現在の学校に見られるような諸教科がおおむね現れることになった。したがって，ヨーロッパでは，その経緯を反映して，学校のカリキュラムに関しては，教科の教育が関心の的であった。つまり，端的に言うなら，知育中心の教育が行われてきたのである。

それに対して日本では，明治期にヨーロッパの影響を受けながらも，知育中心の教育になることなく，徳育や体育も含めた知徳体の調和的な教育，別の言い方をすれば，知情意の調和的な教育が基本的に現在まで受け継がれてきた。時代やその時の論者の発言によって，「全面発達」「全人教育」「自己教育力」，最近では「生きる力」など，さまざまな標語が日本では語られてきたが，基本的に人間形成を標榜するような学校教育の目的が唱えられてきた。

▷4　知・徳・体のバランスのとれた力のこと。

もちろん，教育の本来的な使命は，無力の子どもをあるべき人間に形成することであるから，教育の究極的な目的は，子どもを人間として，知的にも心的にも精神的にも身体的にも社会的にも調和的に成長させることである。したがって，そうした教育の目的は，世界中で標榜されるべきことである。しかし，世界的に見れば，ヨーロッパ諸国では，前述した歴史的経緯も相まって，もちろんその例外はあるが，一般的に言って，学校教育の目的は知育中心になりがちであり，他の面の教育は社会教育や家庭教育にゆだねる傾向にある。

それとは対照的に，日本では，人間形成という教育の目的が，学校教育のなかで完結されようとする傾向にある。つまり，教育という言葉は，とくに意識しない限り，学校教育とほとんど同義の意味で理解されてしまうのである。その結果，日本の学校は，人間形成の名前のもと，さまざまな役割を積極的に引き受けることになり，多様な教育活動がそこで展開されることになる。例えば，教科や科目の種類の多さ，総合的な学習の時間や特別活動などの教科外教育，そして教育課程外で行われる部活動などである。さらには，掃除の時間や給食の時間なども，積極的に教育活動のなかに組み込まれている点もあまり外国では見られない実践である。最近では，総合的な学習の時間のような教科外教育でもなければ，普通の教科でもないという，「特別の教科　道徳」の出現も，世界的に眺めてめずらしい教育活動である。

▷5　道徳授業は世界中で行われていると思われがちであるが，授業の教科名として道徳の名称が全国的に広く使われている国は，日本，中国，韓国，フランスだけである。

本書で取りあげる教育相談も，人間形成を目指す学校教育の機能として，生徒指導と同様に，いわゆる時間割に表記される領域としては見えないものの，学校の教育活動全体のなかで一定の大きな役割を担っている。ただし，その役割も，やはり日本の学校教育の特徴に対応することになるために，欧米諸国と違ったかたちにならざるをえない。つまり，教育相談の理論をはじめ，その内容や方法なども，日本の学校文化に適したものになるべきであろう。とりわけ，知育中心の学校文化の国々や，あるいは分業色の強い学校文化の国々などとは違った教育相談のあり方が日本では求められるべきである。

実際に，日本の学校においては，『生徒指導提要』（文部科学省，2010，96ページ）に「1対1の相談活動に限定することなく，すべての教師が生徒に接するあらゆる機会をとらえ，あらゆる教育活動の実践の中に生かし，教育相談的な配慮をすることが大切である」と述べられているように，多種多様な教育活動における取り組みを通して一人ひとりの子どもに対して支援することが求められている。そうした教育活動の場面に注目するならば，とりわけ特別活動のなかでは学級（ホームルーム）活動が教育相談に最も関連する領域になる。

2　特別活動における学級（ホームルーム）活動と教育相談

特別活動は，もともとはイギリスやアメリカなどの諸外国の活動を取り入れ

たものであったが，次第に日本独自な発展を遂げ，今や総合的な学習の時間と並んで，教科外活動の代表的な教育課程の領域となっている。それどころか，特別活動は，昨今，「Tokkatsu」という名称でヨーロッパや中東諸国において，注目される日本の教育課程の領域となりつつある。

新学習指導要領では，特別活動の教育的意義や役割については，教育課程全体の方針に対応させるかたちで，目新しい言葉がいくつも使用されているが，「なすことによって学ぶ」集団活動を通して，自主的・実践的態度を身につけさせるという独自の人間形成的な特徴は，継続して貫かれている。また，内容的には，人間としての生き方を教えるキャリア教育が今まで以上に強調されているが，全体的には大きな変更は見られない。つまり，特別活動の内容は，学級（ホームルーム）活動，児童（生徒）会活動，クラブ活動（小学校のみ），学校行事である。そのなかでも，前述したように，教育相談と最も関連するものは，学級（ホームルーム）活動である。

学級（ホームルーム）活動の内容は，小学校から高等学校まで，(1)学級や学校における生活づくりへの参画，(2)日常の生活や学習への適応と自己の成長及び健康安全，(3)一人一人のキャリア形成と自己実現の三つである。そのなかでも，(2)の内容には，「適応」という用語が含まれていることから想像できるように，教育相談はそこに最も密接にかかわっている。そこで，その(2)の内容を見ると，小学校から高等学校まで表記の仕方は少し違うが，共通して見られ，かつ教育相談に関連すると思われる項目は，「人間関係の形成」である。また，中学校と高等学校とでは，小項目の表記の仕方は少し違うが，小学校には見られず，かつ教育相談に関連すると思われる項目は，中学校では，「イ　男女相互の理解と協力」と「ウ　思春期の不安や悩みの解決，性的な発達への対応」であり，高等学校では，「イ　男女相互の理解と協力」と「エ　青年期の悩みや課題とその解決」である。もちろん，これらの小項目はすべて教育相談の対象になりやすいが，とりわけ中学校においては「ウ　思春期の不安や悩みの解決，性的な発達への対応」，高等学校においては「エ　青年期の悩みや課題とその解決」という，思春期・青年期にかかわる不安や悩みが大きいのではないだろうか。

しかし，これらの思春期・青年期の問題を担任教師が学級（ホームルーム）活動のなかで取り扱うだけでは，何らかの効果はあるだろうが，とてもすべての子どもの問題に対応する教育相談は不可能である。少し冷静に想像してみればわかるように，このような問題を根本的に解決すること自体が，それこそ子ども一人ひとりにそれぞれ専門家を割り当てたとしても容易なことではない。つまり，解決不可能な難題が特別活動における学級（ホームルーム）活動に最初から組み込まれてしまっており，担任教師はこの難題に真摯に向き合えば，

▷6　小学校［学級活動］
(2)日常の生活や学習への適応と自己の成長及び健康安全
ア　基本的な生活習慣の形成
イ　よりよい人間関係の形成
ウ　心身ともに健康で安全な生活態度の形成
エ　食育の観点を踏まえた学校給食と望ましい食習慣の形成

中学校［学級活動］
(2)日常の生活や学習への適応と自己の成長及び健康安全
ア　自他の個性の理解と尊重，よりよい人間関係の形成
イ　男女相互の理解と協力
ウ　思春期の不安や悩みの解決，性的な発達への対応
エ　心身ともに健康で安全な生活態度や習慣の形成
オ　食育の観点を踏まえた学校給食と望ましい食習慣の形成

高等学校［ホームルーム活動］
(2)日常の生活や学習への適応と自己の成長及び健康安全
ア　自他の個性の理解と尊重，よりよい人間関係の形成
イ　男女相互の理解と協力
ウ　国際理解と国際交流の推進
エ　青年期の悩みや課題とその解決
オ　生命の尊重と心身ともに健康で安全な生活態度や規律ある習慣の確立

過剰な負担を受け取ってしまうわけである。そこに，何らかの突発的な問題が発生すれば，担任教師は，教育相談的な活動を含めた，通常の学級活動を行える状況ではなくなってしまう。そのような学級（ホームルーム）活動の状況を打開するには，教育相談に関する大きな改革が必要である。

3　学校教育の疲弊

ところが，学校全体の状況を見ると，いじめや不登校をはじめ，学級崩壊や自傷行為など，さまざまな問題が学校教育とかかわって発生している。多くの教師は，それらの対応に追われ，本来的に行わなければならない役割を十分に果たせないまま，過大な業務を疲労しながら引き受け続けている。1年間の精神疾患による全国の教師の病気休職者数が5000人あたりで高止まりしている事実は，それを裏づけている。つまり，日本の学校教育が弱体化し，疲弊しているのである。

そうした弱体化・疲弊化している学校のなかで，重大な事件や事故が起きると，まずは危機的な状況を脱するには，学校内の教職員だけでは不可能であるために，学校外からさまざまな専門家が学校に招き入れられることになる。そのなかの一つの人材が，スクールカウンセラーである。スクールカウンセラーは，そうした事件や事故のようなものが起きるたびに，いつも当然のように派遣され，次第にそうしたことが起きなくても，普段から学校教育のなかに存在する人材となっている。その普及の様子は，一目瞭然である（図14-1）。

もちろん，このような急激な普及は，国の教育政策によるものである。文部省（当時）は，1995（平成7）年から2000（平成12）年にかけて，いじめや不登校などの諸問題の増加に対応するために，学校のカウンセリング機能の充実を図ることを目的として，「スクールカウンセラー活用調査研究委託事業」を実施し，スクールカウンセラーの導入を開始した。その結果と成果を踏まえて，文部科学省は，2001（平成13）年から現在に至るまで，「スクールカウンセラー活用事業補助」を展開し，年間40数億円程度の予算額を設けて，制度としてスクールカウンセラーを普及させてきたのである。

最近でも，ますますスクールカウンセラーの配置校数は増える傾向にあり，例えば小学校を取りあげても，2015（平成27）年に1万2741校，2016（平成28）年に1万3041校，2017（平成29）年に1万4296校となっている。

もちろん，前述したような様相になるまでには，本章の冒頭であげた小沢のような臨床心理学関係者や社会学者などの辛辣な批判，さらには何度も引き合いに出す國分をはじめ，学校や教育の実態にも配慮したカウンセリングを考えるような心理学関係者からの異論なども表明された。また，臨床心理士を中心としたスクールカウンセラーの派遣の効果については，「スクールカウンセ

第14章 学校教育と教育相談

予算額の推移

(単位：校)

区分＼年度	H7	H8	H9	H10	H11	H12	H13	H14	H15	H16	H17	H18	H19	H20	H21	H22	H23	H24	H25	H26（計画）
派遣校（箇所）数	154	553	1,065	1,661	2,015	2,250	4,406	6,572	6,941	8,485	9,547	10,158	11,460	12,263	15,461	16,012	15,476	17,621	20,310	23,800
予算額	307	1,100	2,174	3,274	3,378	3,552	4,006	4,495	3,994	4,200	4,217	4,217	5,051	3,365	14,261の内数	13,093の内数	9,450の内数	8,516の内数	3,892	4,113

(単位：百万円)

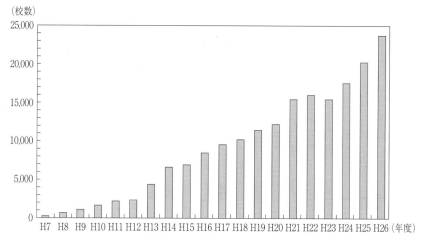

図14-1　スクールカウンセラー等配置箇所数，予算額の推移

出所：文部科学省ホームページ「スクールカウンセラー等活用事業」。http://www.mext.go.jp/a_menu/shotou/seitoshidou/1328010.htm（2019年2月1日閲覧）

図14-2　スクールカウンセラー活用事業に関する総括調査票

出所：財務省「予算執行調査資料（総括調査票）　スクールカウンセラー活用事業」2004年。https://www.mof.go.jp/budget/topics/budget_execution_audit/fy2004/sy160622/1606d.htm（2019年2月1日閲覧）

ラー活用調査研究委託事業」の頃から，総務省も一定の効果を認めつつも，早くからその問題点にも気づいていた（図14-2）。

　しかし，そのような声はほとんど打ち消され，年間40数億円程度の予算額の「スクールカウンセラー活用事業補助」が継続されるものの，不登校などの問題件数は減少することなく，スクールカウンセラーの人材は増え続けている。

　そもそも，こうした教育政策は，喫緊の問題をあくまでも早急に解決するための教育行政による心理的な対症療法であって，スクールカウンセラーの役割や責任について，十分に教育現場のコンセンサスを得たうえでの配置ではなかった。今後は，学校の疲弊を止め，そして学びの共同体としての学校に回復させて健全化に貢献するようなスクールカウンセラーの配置をはじめ，学校における教育相談の適切な運用が検討されていかなければならないであろう。

3　日本の学校教育における教育相談

1　学校は病院でも療養所でもない

　既述したように，日本のカウンセリングのリーダー的存在であった國分は，「スクールカウンセラー活用調査研究委託事業」が開始されて間もない1998（平成10）年に，「学校は治療センターではない。社会化を主目的にした集団である」という見解を示した。その見解を支える大きな根拠の一つは，その前年の「学校教育の三大任務は(1) Academic Development (2) Career Development (3) Personal/Social Development である。この分野は……臨床心理学が本来関与すべき分野ではない」という國分の主張に垣間見られる。

　このような國分の言説からも明らかなように，学校は，子どもにとって，知識や文化や科学などを学び，将来に向けての職業や人生計画などを学び，個性や社会性を伸張させるべきところである。ところが現実の日本では，急場をしのぐために，早急なカウンセラーの派遣が毎年繰り返され，スクールカウンセラーとして人材が配置された。しかも，その人材の多くは，実際には医療モデル的なプログラムを標榜する臨床心理学関係の人たちであった。

　さらに，そのような配置が進むなかにあって，2008（平成20）年から「スクールソーシャルワーカー活用事業」（予算額約15億円）も開始され，福祉的な人材も学校に配置されようになった。子どもの諸問題に対して，心理的なアプローチとともに，福祉的なアプローチも大切にされるようになってきた。もちろん，心理関係だけでなく，福祉関係の人材も諸問題をかかえて疲弊している学校に投入されることは，ケアを必要とする子どもを支援する意味で，けっして悪い対策ではない。しかし，このような対策的な事業だけが続けられていて

は，学校は本来の教育機能を果たせないまま，ますます病院あるいは療養所のようになるだけであろう。学校の機能や組織のあり方が，またそれにともなって教育相談のあり方が，根本的に考えられるべきであり，とくに，2015（平成27）年に，臨床心理士や学校心理士などの心理学の民間資格が，国家資格としての公認心理師になったことを考えれば，まさにその時期が来ていると言える。

2 教育相談の範囲と限界

　教育相談という言葉は，第1章でも言及されていたように，学校の重要な教育機能であると共通認識されている。しかし，時代や論者などによって，その定義も多様であり，そのためにさまざまな教育相談の方法が模索されてきた。その大きな傾向を言えば，教育相談は，以前は問題をかかえる個別の子どもに対して，1対1の相談形態をとりがちであったが，その後は次第に，1対1の相談形態に限定することなく，あらゆる機会を捉えて，教育相談的な配慮をするようになってきた。その結果，教育相談と言っても，治療的教育相談だけでなく，問題解決的教育相談や予防的教育相談や開発的教育相談というジャンルが活発化してきたのである。なかでも，開発的教育相談に関しては，グループエンカウンター，ピア・サポート活動，ソーシャルスキルトレーニング，キャリアカウンセリングなど，さまざまな手法が取り入れられている。

　このような教育相談の変化は，治療的，つまり医療的なプログラムの発想を少し弱めた点で，学校教育にとって好ましい傾向である。なぜなら，木村泰子が「学校現場に医療モデルが入れば入るほど，現場の教師たちは自信をなくします」（木村，2018，10ページ）と現場的な感覚で述べるように，医療的な発想や手法は，現場教師集団の志気やモラールを低下させてしまうこともある。

　しかし，教育相談の機能が強まり，その範囲（する人，される人，される場面，される時など）が拡大されれば，社会的で複雑な要素が絡み合う人間形成に関して，結果的に子ども同士の自然な人間関係を壊すだけでなく，他の学校教育の機能との軋轢を生み，学校教育を混乱させてしまうのではないだろうか。

　例えば，最低限の共通の価値観と知識・技能をもった教師集団が集まっている学校を想定するならば，いじめや不登校などという現実のケースについて，教育相談の機能を中心にアプローチするか，生徒指導の機能を中心にするか，道徳指導の機能を中心にするか，などという選択肢が迫られている時に，教師集団のなかで話し合いがもたれ，校長のような何らかの責任者が判断し，一定の合意形成がなされることになる。

　それに比べて，さまざまな価値観を有する人材が分業的にかかわっている学校を想定するならば，いじめや不登校などという現実のケースについて，合意形成は簡単なことではない。心理的な教育相談を得意とするスクールカウンセ

▷7　公認心理師
2015（平成27）年9月に公認心理師法が成立し，2017（平成29）年9月に施行された。わが国初の心理職の国家資格として「公認心理師」制度が推進されるようになった。

▷8　ドキュメンタリー映画「みんなの学校」で有名な大阪市立大空小学校の元校長。

ラーは心の問題と捉えることで、その心の悩みを解消しようとする方策を優先するであろう（しかし、そのカウンセラーが依拠するカウンセリング理論によって、方策は違ってくる）。それに対して、教育相談に関心のない指導性を重視する教師は、できるだけ早く現実の問題を解決する方策を選ぶであろう。また、教育相談を心得た教師は、両者の中間的な働きかけになるかもしれない。さらに、福祉的なスクールソーシャルワーカーは、現実の家庭の環境を変えることに重きを置くかもしれない。いずれにしろ、役割や責任を明確にしないまま、すべての子どもをターゲットにしてそれぞれの立場から関係者が子どもにアプローチするならば、さまざまな場面で相互に不信感が募り、軋轢を生み出すのは自明である。そこに保護者や地域ボランティアが関与すれば、ますます事態は複雑になり、結果的に子どもへの適切な働きかけができなくなってしまう。

このような問題から言えるのは、教育相談という働きかけだけが学校の教育機能のなかで焦点化・肥大化し、さまざまな立場から教育相談に介入し出すと、学校教育を機能不全に陥れてしまうということである。したがって、重要なことは、教育相談を他の教育機能とのかかわりのなかでどのように働かせれば、子どもの人間形成に最適なのかを俯瞰的に考えていく姿勢であろう。

3 教育相談の適切な運用とその展望

日本の学校では、人間形成を一手に引き受けようとするために、さまざまな教育活動が行われる。それゆえ、教師の多忙さは尋常ではない。したがって、「学校はブラック企業ではないのか」という非難も跡を絶たない。そのような状況を改善する意味でも、外部の関係機関との連携・協力とともに、外部からの人材配置も必要となる。スクールカウンセラーやスクールソーシャルワーカーという専門家の配置もその一つであると言えよう。

そのなかでも、スクールカウンセラーについて言うと、その配置は学校においてますます促進されている。そこには、学校において必要とされる教育相談の資質・能力を一人ひとりの教師に担わせることは不可能である、という認識が常識化している。その認識は、けっして事実誤認ではないために、制度として配置されるスクールカウンセラーを学校側は大きな批判をすることもなく受け入れている。しかし、前述したケースのように、価値観も立場も違う人材が子どもに対する適切な方策を求めて議論すると、合意形成がいつもうまく得られるとも限らないであろう。その際には、単なる役割や責任の分担だけでなく、互いが子どもに対して良い影響を与えるような関係にならなければならない。その場合には、スクールカウンセラーやスクールソーシャルワーカーなどの外部者に丸投げしてしまうのではなく、教育相談に対して教師一人ひとりが意識を高める必要がある。本書の内容は、いわばそのために貢献するものと

なっている。その意味で，読者は，本書の内容の熟読を通して，教育相談の理論や技法を身につけ，前述したケース，すなわち「ケース会議」のような場面でも，教師として調整役・まとめ役を演じられるようになってもらいたいものである。なぜなら，外部者は専門的な立場からアセスメントやプランニングを行えても，子どもの全体を理解できる立場にあるのは，継続的に子どもの学びや生活を眺めてきた教師だけだからである。

　ところが，そのようになるためには，教師を志す人は，ただ教育相談の理論や技法を学ぶだけでは不十分である。教師は，教育相談とともに，生徒指導をはじめ，道徳教育やキャリア教育などの教育機能，さらには学校経営や新学習指導要領で強調されているカリキュラム・マネジメントなどを学ぶべきである。なぜなら，スクールカウンセラーをはじめ，外部者は，学校教育の事柄について十分に学んできた教育者ではないからである。実際に，そのような広い視野から教師が教育相談のあり方を眺めなければ，いじめや不登校などの諸問題に，教育相談の機能は学校のなかで子どものために適切に働かないであろう。そうでなければ，教師は，「教育相談の計画の作成や必要な校内体制の整備など，組織的な取組みの必要性を理解している」ということにならない。折しも，文部科学省が「チーム学校への対応」を求めていることを勘案しても，教育相談もその枠組みのなかで，学校内外の専門家と連携しながら適切に機能するべきである。その際に，日本の学校にふさわしい教育相談のあり方が構想されなければならないであろう。

　というのも，前述したように日本の学校は，歴史的に見ても，欧米の学校とは大きく異なり，共同体的な学びのなかで人間形成教育を重視するものにならざるをえない。したがって，教育相談的な内容も，これまで通り基本的に集団活動としての学級活動のなかで取り扱われるべきであるが，個人差もあるため，現在のままでは過重な役割を一人の教師が担わされている点で不適切である。今後，その内容が整理・精選されたうえで，教師がすべてを担うのではなく，「チーム学校」の理念の下に，多様な専門的な人材にゆだねていくべきである。そのような検討がこれから行われ，日本の学校にふさわしい教育相談のあり方が，子ども同士の自然なかたちで相互に助け合う学びの共同体的な関係を壊さないように，他の教育機能や学校経営とのかかわりのなかで目指されることを期待したい。

Exercise

① 教育相談の機能が，生徒指導，道徳教育，キャリア教育などの機能とどのように関連すれば，子どもの人間形成教育にとって効果的な役割を演じるか

について考えてみよう。
② 学級（ホームルーム）活動のなかで，教育相談的な内容を扱うとすれば，どのようなことを扱うべきか，または扱ってはいけないかについて話し合ってみよう。

📖次への一冊

斎藤環『心理学化する社会——なぜ，トラウマと癒しが求められるのか』PHP研究所，2003年。
　「心理学化」は，なぜ急速に日本においてこれほど広がり，急速に進行したかという過程について，わかりやすく説明したものである。巻末には，宮崎哲弥との対談「『社会の心理学化』がもたらしたもの」が掲載されている。

國分康孝『カウンセリングの理論』誠信書房，1980年。
　もう出版されておよそ40年が経とうとしているが，カウンセリングの諸理論について，きわめてわかりやすく説明されている。もちろん，今となっては，内容的に古くなったものも含まれているが，40年も前にこのような本を書かれた著者に敬意を表すとともに，カウンセリング理論に関する不朽の名著として強く推薦する。

引用・参考文献

河合隼雄『心理療法序説』岩波書店，1992年。
木村泰子「みんなに伝えたい『ことば』」『教職研修』556，2018年，10ページ。
國分康孝『カウンセリングの理論』誠信書房，1980年。
國分康孝「スクールカウンセラーは臨床心理士しかなれないのか」『筑波大学学校教育学会誌』第5号，1998年。
國分康孝「教育者の使えるカウンセリング」『筑波大学学校教育学会誌』第7号，2000年。
三木善彦「心理療法の本質」川原隆造・東豊・三木善彦編『心理療法の本質——内観療法を考える』日本評論社，1999年。
文部科学省『生徒指導提要』教育図書，2010年。
森真一『自己コントロールの檻——感情マネジメント社会の現実』講談社，2000年。
野田正彰「つくられた"心のバブル"の時代」野田正彰編『リニューアル　ひと』太郎次郎社エディタス，2000年。
小沢牧子『心理学は子どもの味方か？——教育の解放へ』古今社，2000年（初版1992年）。
氏原寛『実践から知る学校カウンセリング——教師カウンセラーのために』培風館，2000年。
吉田武男・中井孝章『カウンセラーは学校を救えるか——「心理主義化する学校」の病理と変革』昭和堂，2003年。

思考停止を予防する雑考のすすめ

　最近,「思考停止」したような教育関係の研究や報告の著作が多く見かけられる。「思考停止」について丁寧に言えば,権威者から発せられた言葉を,十分に背景や前提について吟味咀嚼することなく,金科玉条のごとく受容する姿勢である。また,そこでいう権威とは,文部科学省と専門家と外国をさしている。

　まず,文部科学省について言うと,しばしば審議会や委員会の報告書が示される。最近では,その報告書の内容が,まるで何か文部科学省の命令のように受け取られる傾向にある。報告書に記された内容は,その後検討され,修正・変更されるものである。ところが,報告書のみならず,それに至る会議の発言や資料でも,教育現場において都合のよい言葉や言説を取りあげて,対応しようとする雰囲気が広まっている。本来ならば,研究者が率先してそれらを吟味しなければならないのに,思考を停止し,まるで宣伝マンのような態度をとっている。最近の事例で言うと,アクティブラーニングという言葉である。

　次に,専門家についてであるが,専門家は自分の専門という限定された領域については誰よりも強いわけであるから,その領域の知見は大いに参考になるが,そこから外れた領域に関しては,読者は慎重にならなるべきであろう。また,その専門家の知見についても,自分たちの都合のよいところだけ拝借するということも,その専門家の知見を歪めている。例えば,ロジャーズのすぐれた知見は,あくまでも優秀な大学の学生カウンセリングとして見出されたものであって,学力の低い小学生や中学生は想定されていない。また,マズローの自己実現という概念も,人生全体を見通したものであって,学校教育段階の若者だけを念頭に置いたものではない。それゆえ,彼も,間違った利用を警戒し,再版の著作で,「自己実現は若い人には生じない」と加筆したのであろう。

　また,外国についていえば,キリスト教文化圏,とくにアメリカの思想や様式を,文化的・社会的相違を無視して,取り入れることである。カウンセリングは,本文でも少し言及したように,告解や懺悔に関係をもっている。また,しばしば使われる自己実現や自己肯定感や自己有用感なども,自己の確立を目指す点で,キリスト教文化の影響が見て取れる。例えば,仏教ならば,真の自己はもともとないのであるから,自己への執着は肯定されない。つまり,人間の生き方・あり方を考える時には,それぞれの国々の文化的・宗教的背景は無視できない。そのような大前提を吟味しないのが,今の傾向である。

　このようなことを考えない状況が,私には「思考停止」と思われ,それを予防するには,たとえ道草に見えても,あれこれと近接領域について雑考することが有益に思われてならない今日この頃である。

学習指導要領 ［抄］

小学校・中学校，2017（平成29）年告示；高等学校，2018（平成30）年告示
（［　］内は編者による）

第1章　総　則
第4　［高等学校は，第5款］　生徒［小学校は，児童］の発達の支援
1　生徒［小学校は，児童］の発達を支える指導の充実
　教育課程の編成及び実施に当たっては，次の事項に配慮するものとする。
(1)　学習や生活の基盤として，教師と生徒［小学校は，児童］との信頼関係及び生徒［小学校は，児童］相互のよりよい人間関係を育てるため，日頃から学級経営［高等学校は，ホームルーム経営］の充実を図ること。また，主に集団の場面で必要な指導や援助を行うガイダンスと，個々の生徒［小学校は，児童］の多様な実態を踏まえ，一人一人が抱える課題に個別に対応した指導を行うカウンセリングの双方により，生徒［小学校は，児童］の発達を支援すること。
(2)　生徒［小学校は，児童］が，自己の存在感を実感しながら，よりよい人間関係を形成し，有意義で充実した学校生活を送る中で，現在及び将来における自己実現を図っていくことができるよう，生徒［小学校は，児童］理解を深め，学習指導と関連付けながら，生徒指導の充実を図ること。
(3)　［小学校］　児童が，学ぶことと自己の将来とのつながりを見通しながら，社会的・職業的自立に向けて必要な基盤となる資質・能力を身に付けていくことができるよう，特別活動を要としつつ各教科等の特質に応じて，キャリア教育の充実を図ること。
(3)　［中学校，高等学校］　生徒が，学ぶことと自己の将来とのつながりを見通しながら，社会的・職業的自立に向けて必要な基盤となる資質・能力を身に付けていくことができるよう，特別活動を要としつつ各教科等の特質に応じて，キャリア教育の充実を図ること。その中で，生徒が自らの生き方を考え主体的に進路を選択することができるよう，学校の教育活動全体を通じ，組織的かつ計画的な進路指導を行うこと。
(4)　［高等学校］　学校の教育活動全体を通じて，個々の生徒の特性等の的確な把握に努め，その伸長を図ること。また，生徒が適切な各教科・科目や類型を選択し学校やホームルームでの生活によりよく適応するとともに，現在及び将来の生き方を考え行動する態度や能力を育成することができるようにすること。

第5章［小学校は，第6章］　特別活動
　第3　指導計画の作成と内容の取扱い
2　第2［各活動・学校行事の目標及び内容］の内容の取扱いについては，次の事項に配慮するものとする。
(3)　学校生活への適応や人間関係の形成［中学校は加えて，進路の選択，高等学校は加えて，教科・科目や進路の選択］などについては，主に集団の場面で必要な指導や援助を行うガイダンスと，個々の生徒の多様な実態を踏まえ，一人一人が抱える課題に個別に対応した指導を行うカウンセリング（教育相談を含む。）の双方の趣旨を踏まえて指導を行うこと。特に入学当初においては，個々の生徒が学校生活に適応するとともに，希望や目標をもって生活をできるよう工夫すること。あわせて，生徒の家庭との連絡を密にすること。

児童生徒の教育相談の充実について
～生き生きとした子どもを育てる相談体制づくり(報告)～［抄］

平成19年7月　教育相談等に関する調査研究協力者会議

1　学校における教育相談の充実について
(1)　児童生徒をめぐる状況
　現代社会の変容の中で，家庭の教育力や地域の機能が低下するとともに，児童生徒の抱える問題が多様化し，深刻化する傾向も見られる。こうした様々な問題に対して，学校が対応しなければならない状況になっている。また，社会の変化は，教員や児童生徒にもストレスの増大を招いている。
(2)　児童生徒の視点からの教育相談の在り方について
　様々な悩みを抱える児童生徒一人一人に対して，きめ細かく対応するためには，学校とともに，多様な専門家の支援による相談体制をつくっていくことが大切である。
(3)　教育相談に関する校内体制の充実について
　教育相談は，学校における基盤的な機能であり，教育相談を組織的に行うためには，学校が一体となって対応することができる校内体制を整備することが必要であるとともに，教育相談に対する教員一人一人の意識を高めることが必要である。
(4)　早期からの教育相談について
　いじめや不登校への早期対応，児童虐待の深刻化や少年非行・犯罪の低年齢化等に適切に対応するため，小学校における教育相談体制の充実を図っていくことが必要である。
(5)　教育相談に関する教員の意識及び能力の向上について
　教育相談に当たる教員の児童生徒の抱える課題や効果的な指導・対応に関する姿勢と意識が大切であり，様々な校務分掌に教育相談の機能を生かしていく発想や，教育相談に関する教員研修の充実が必要である。

児童生徒の教育相談の充実について（概要）
～学校の教育力を高める組織的な教育相談体制づくり～［抄］

平成29年1月　教育相談等に関する調査研究協力者会議

第1章　これまでの教育相談施策の取組
○ＳＣ及びＳＳＷのこれまでの事業の経緯や教育相談体制の充実のための連携の在り方について
　児童生徒を取り巻く様々な諸課題に対応するためこれまで配置を進めてきたSC及びSSWについて，「チーム学校答申」では，両者を活用し，教職員がチームで，問題を抱えた子供たちの支援を行うことが重要であり，こうした体制を実現するため，国は，両者を学校等において必要とされる標準的な職として，職務内容等を法令上，明確化することが提言されている。加えて，「ニッポン一億総活躍プラン」（平成28年6月閣議決定）等において，SC及びSSWの活用の重要性や配置の拡充が求められている。こうしたことから，今後は，教育相談体制の充実のためにSC及びSSWを活用し連携することが重要である。

第2章　今後の教育相談体制の在り方
【総論】
○未然防止，早期発見及び支援・対応等への体制構築
・不登校，いじめや暴力行為等問題行動，子供の貧困，児童虐待等については，事後の個別事案への対応・支援のみではなく，未然防止，早期発見，早期支援・対応，さらには，事案が発生した時点から事案の改善・回復，再発防止まで一貫した支援に重点をおいた体制づくりが重要
○学校内の関係者がチームとして取り組み，関係機関と連携した体制づくり
・学校内の関係者が情報を共有し，チームとして取り組むため，既存の校内組織を活用するなどして，早期から組織として気になる事例を洗い出し検討するための会議を定期的に実施し，解決すべき問題又は課題の

ある事案については，必ず支援・対応策を検討するためのケース会議を実施することが必要
【学校及び教育委員会における体制の在り方】
○学校における教育相談体制の在り方について
・校長の役割
　学校のリーダーとして教職員，SC 及び SSW が一体となった教育活動を行うとともに，学校全体の児童生徒の状況及び支援の状況を一元的に把握し，校内及び関係機関等との連絡調整等を行い，児童生徒の抱える問題の解決に向けて調整役として活動する教職員を教育相談コーディネーターとして配置・指名し，教育相談コーディネーターを中心とした教育相談体制を構築することが必要等
・養護教諭の役割
　養護教諭は，全児童生徒を対象に，経年的に児童生徒の成長・発達に関わっており，様々な課題を抱えている児童生徒と関わる機会が多いため，健康相談等を通じ，課題の早期発見及び対応に努めることが重要等
・学級担任・ホームルーム担任の役割
　児童生徒の課題を少しでも早く発見し，課題が複雑化，深刻化する前に指導・対応できるよう，学級担任及びホームルーム担任には児童生徒を観察する力が必要等

索　引

あ行

愛着　52, 53
愛着形成期　52
アイビイ, A. E.　186
アクスライン, V. M.　185
アサーショントレーニング　100
アスペルガー症候群　119
アセスメント　8, 75, 96, 157, 167, 172, 174, 203
アタッチメント　95
アドラー, A.　61, 66, 67, 173
アドラー心理学　66-70
アニミズム　49
アリエス, P.　62
アンガーマネジメント　98, 179
安定型　53
生きる力　195
意識　18
いじめ　7, 8, 91, 92, 98, 99, 165, 168
いじめの重大事態　99
いじめ防止基本方針　99
いじめ防止対策推進法　98
依存　96
一次的援助サービス　12
一貫性尺度　78
一致　27, 181
イド (Id)　19, 20
居場所　67, 186
因子分析　83
飲酒　96
インボルブメント　95
ヴァーノン, P. E.　83
ウェルビーイング　11
ウォルピ, J.　23
氏原寛　194
内田クレペリン精神検査　78
エインズワース, M. D. S.　53
エクスポジャー　22, 23
エス (Es)　19
エディプス・コンプレックス　48
エピソード記述　70
エリクソン, E. H.　21, 50, 51, 54
エリス, A.　25
エンパワーメント　169
置いてけぼり感　110
押しかけ面接　41, 42
オペラント（道具的）条件づけ　23, 24, 138, 141, 143

か行

カー, M.　71
カーカフ, R. R.　169
下位検査　82, 84, 85
階層的群因子理論　83
ガイダンスカウンセラー　7, 163
開発的（成長促進的）教育相談　5-7, 10, 168
回避型　53
カウフマン夫妻　86
カウンセラー　9, 42
カウンセリング　3, 10, 11, 17, 136, 164-168, 182, 191-195
カウンセリング心理学　10, 11
カウンセリング（・）マインド　164, 167, 174, 180, 182, 183, 186, 187
学習　135, 136
学習障害　111, 119, 120, 123, 124
学習理論　21, 137
学力検査　75, 76
学級／教科担任　153
学級状態検査　75, 79
学級・ホームルーム担任　5, 6, 8, 9, 152, 154, 155, 157-159
学校カウンセリング　4
学校教育相談　4
学校心理学　11
学校心理士　6
葛藤　136
葛藤型　53
河合隼雄　194
感覚運動段階　49
関係性　63
観察　37, 64, 65
感情的技法　146
感染性非行　95
緘黙　107-110, 116
聴く　187
喫煙　96
拮抗制止　23, 139, 140
基本的信頼　51
虐待　52, 66, 110
キャッテル, R.　83, 84
キャリアカウンセリング　201

キャリア教育　56, 203
キャリア形成　56, 197
キャロル, J. B.　83, 84
ギャング・エイジ　54, 94
ギャング・グループ　54, 55, 98
教育カウンセリング　4
教育機会確保法　108
教育職員養成審議会　178
教育相談コーディネーター　9
教育相談主任　5, 8
教育相談担当（教員）　6, 8, 71, 151, 154-156, 158, 159, 167
「教育相談中核」説　4
教育的手段　92
教員育成指標　178
強化　141-143
強化子　24, 127
強化刺激　142
教科担任　154, 155, 157
共感　169, 182
共感的理解　27, 28, 181, 183, 184, 193
きょうだい　108
共同体感覚　67
虚偽尺度　78
局所論　18
筋弛緩訓練法　140
勤勉性　51
勤勉性の獲得　54
具体的操作段階　49
グッド, T. L.　184
ぐ犯少年　92
クライエント（クライアント）　136, 164, 181, 182, 191, 193, 195
クラブ／部活動顧問　154, 155, 157, 159, 168
繰り返し（技法）　32, 33
グループエンカウンター　201
「車の両輪」説　4
形式的操作段階（期）　49, 50
芸術療法　137
形成的評価　77
傾聴（技法）　31, 169, 183, 193
系統的脱感作法　23, 139
結果事象　127
結晶性知能　83

口唇期　48
構成的グループエンカウンター
　　100, 168, 170
構造論　19
校長　151, 154, 156
行動化（アクティングアウト）
　　115
行動的技法　146
行動のABC分析　124, 125
行動療法　17, 21, 22, 136, 139
行動論　113
公認心理師　6, 7, 201
肛門期　48, 52
コーチング　168, 169, 174
コーディネーション　9, 167
コーディネーター　9, 151, 157,
　　158, 168, 174
コーディネート　8
コーヒーカップ方式　35
國分康孝　35, 193, 200
心のピラミッド　13
5段階評定　82
子ども参加型チーム援助　12
子どもメタファー　185
子ども理解　61-72
コミットメント　95
孤立　51
コルトハーヘン，F.　187
コンサルタント　9
コンサルテーション　7, 167
近藤邦夫　62, 187
コンプリメント（誉める）　39

さ行
サーストン，L. L.　83
罪悪感　51
サイコセラピィ　181
サイコドラマ　171
作業検査法　78
佐治守夫　183
さわやか相談員　7
3階層理論　83, 84
三次的援助サービス　12
三重の教養　180
3段階の心理教育的援助サービス
　　12
シェアリング　36, 37
ジェイコブソン，E.　140
シェイピング　25, 143
ジェノグラム　168
自我（ego）　18-20
自覚的障害単位（Subjective
　　Units of Distress）　140
時間制　63, 64
自己効力感　106
自己討論法　146
支持（技法）　33, 37
システム論　113
実現傾向　181
実念論　49
質問（技法）　33, 36
質問紙法　78
自動思考　26
自発性　51, 52
自閉症　111, 119, 120
自閉スペクトラム症　120, 121
自閉症スペクトラム障害　120, 121
社会性　105
社会的強化　141, 142
社会的情報処理理論　98, 99
社会的望ましさ反応　78
社会的ボンド理論　95
授業のユニバーサルデザイン
　　186
出席停止　97
受容　31, 169, 182-184, 187
主要5因子性格検査　78
シュルツ，J. H.　140
小1プロブレム　169
消去　128, 142, 143
状況性　63
上質な関係　112
情緒的サポート　179
少年法　93
情報的サポート　179
ショーン，D.　70
植物イメージ人間観　185
触法少年　92, 93
所属欲求　68
自律訓練法　140
自律神経　138
自律性　51, 52
人工論　49
診断の理解　184
親密性　51
信頼性　80
信頼性係数　80
心理教育（サイコエデュケーション）　168, 171
心理教育的援助サービス　11, 12
心理劇　→サイコドラマ
心理的アセスメント　172
心理療法　6, 192

睡眠教育　66
スキナー，B. F.　23-25, 138
スクールカウンセラー（SC）
　　5-7, 66, 72, 99, 100, 152,
　　154-156, 158, 163, 164, 166-168,
　　170, 172, 174, 180, 191, 198, 200,
　　202, 203
スクールカウンセリング　4
スクール（学校）・コーチング
　　168, 169
スクールサイコロジスト　163
スクールソーシャルワーカー
　　（SSW）　7, 8, 66, 100, 152,
　　154-156, 158, 166, 172, 200, 202,
　　203
ストレス　20
ストレスコーピング　179
ストレスマネジメント　172
ストレスマネジメント教育　100
ストレッサー　178, 179
ストレンジシチュエーション　53
ストローク　184, 186
スピアマン，C. E.　83
性格検査　75, 77, 78
性器期　49
正規分布　81
精神分析　17, 18, 21, 27, 48
精神分析療法　136
生徒指導　4, 5, 18, 150, 163, 201,
　　203
生徒指導研究資料　105
生徒指導資料　105
『生徒指導提要』　3, 4, 8, 91, 106,
　　111, 151, 196
『生徒指導の手引』　106
正の強化　142
正の強化刺激　24
生物的・社会的観点　65
世代性　51
絶望　51
セラピスト　181, 182
ゼロトレランス　100
前愛着期　52
前意識　18
全件送致主義　93
先行事象　126
前操作段階　49
全体性　63
選択肢の拡大　187
潜伏期　48, 54
総括的評価　76

索引

操作的定義 76
相談資源 153-155, 157, 158, 160
ソーシャル・エモーショナル・ラーニング 100
ソーシャルスキル 179
ソーシャルスキル・トレーニング 98, 171, 201
ソーシャルワーカー 169
測定 75
素点 81

た行

対決 186
体性神経 138
第二次反抗期 165
第二の誕生 55
第二反抗期 94
タイムアウト 128
多因子理論 83
脱感作法 140
縦の関係 183
妥当性 80
男根期 48
担任（教師）9, 10, 41, 109, 152-155, 157-159
チーム援助 12
チーム学校 12, 66, 114, 164, 167, 172, 174, 203
知能 75, 76, 83
知能検査（認知能力検査）75, 76, 84
チャム・グループ 54, 55, 98
チャンス面接 39, 40
注意欠陥多動性障害 111, 119, 120
注意欠如多動症 122, 123
注意欠如多動性障害 122, 123
中央教育審議会 113, 180
懲戒 97
超自我（super ego）19, 20
「重複」説 4
停滞感 51
データ 65
適応性検査 75
適性検査 75, 77
適正処遇交互作用 77
同一性（アイデンティティ）50, 51, 55, 56
同一性（アイデンティティ）拡散 51, 55
投影法 78
道具的サポート 179
登校拒否 107

登校刺激 41
統合失調症スペクトラム障害 65
統合性 51
同僚性 152
特性 77
特性論 77, 78
特別支援教育コーディネーター 100, 156, 157
特別な支援を必要とする子ども 119, 126, 128

な行

内観療法 195
内的作業モデル 53
内部的照合枠 182
２因子理論 83
二次障害 96
二次的援助サービス 12
日本版 KABC-II 84-86
日本版 KABC-IV 84, 85
人間性心理学 26
〈人間の良さ〉体験 13
認知行動療法 22, 25, 26
認知的技法 146
認知能力 76
認知療法 22, 25
野田俊作 68
野田正彰 192

は行

ハーシィ, T. 95
パーセンタイル順位 81
パーソン・センタード・アプローチ 113
ハーロー, H. F. 52, 53
バーンアウト（燃え尽き症候群）114
ハヴィガースト, R. J. 56, 177
恥・疑惑 51
罰 24, 142, 143
発達加速現象 48
発達課題 51
発達障害 66, 95, 106, 111, 119, 120, 127, 171
発達段階 18, 21, 47-50
パブロフ, I. P. 22, 137
場面緘黙 108, 109, 116
犯罪少年 92
反社会的行動 91, 92, 94-96, 100, 111, 115
反社会的問題行動 4, 105
バンデューラ, A. 166
反論説得法 146

ピア・グループ 54, 55
ピア・サポート活動 201
ピア・サポートプログラム 100
ピアジェ, J. 49, 50
引きこもり 110, 115
非行 91-93
非行少年 92
非社会的行動 105-116
非社会的問題行動 4, 105, 106
ビッグ・ファイブ理論 78
否定的同一性の選択 55
評価 75
評価的サポート 179
評価点 82
標準化 79
標準（化）検査 79, 80
評定 75
標的の行動 126, 127
ビリーフ 35, 95
ピントナー 75
不安階層表 23, 140
不安拮抗反応 139
不一致 27, 28
不信 51
不登校 7, 8, 106-110, 115, 116
負の強化 142, 143
負の強化刺激 24
不良行為 92
不良行為少年 92
プレイセラピー →遊戯療法
プレマックの原理 142
フロイト, S. 18, 21, 48, 50, 52
ブロフィ, J. E. 184
プロモーター 9
ベック, A. T. 25
ヘルピング 168-170
偏差 IQ 82
ベンダー・ゲシュタルト・テスト 78
防衛機制 18, 20, 21
暴力行為 91, 97
ボウルビィ, J. 52
ホーン, J. L. 83, 84
保護者 154-157, 159
保護主義 92
ホスピタリズム 52
保存の概念 50
ホリングワース, L. S. 55
本質的な諸相への気づき 187

ま行

- マイクロカウンセリング　*186*
- マズロー，A. H.　*165*
- マターナルディプリベーション　*52*
- マネージャー　*9*
- 三木善彦　*195*
- 3つのタスク　*69*
- 三つ山課題　*49*
- 無意識　*18*
- 無気力状態（アパシー）　*55*
- 無条件の肯定的配慮　*28*
- 目新しい状況への適応能力　*75*
- 明確化（技法）　*32, 33, 37*
- 明確な愛着期　*52*
- 面接　*34, 64*
- 面接後期　*37*
- 面接初期　*35*
- 面接中期　*36*
- メンタルヘルス　*168*
- モデリング　*166, 173*
- モラトリアム　*55*
- 森真一　*192*
- 問題解決的（治療的）教育相談　*5-7, 10*
- 問題行動　*65, 66, 68*

や行

- 薬物乱用　*96*
- 遊戯療法　*137, 185*
- 養護教諭　*5, 100, 154, 155, 157, 159, 168*
- 横の関係　*183*
- 抑うつ障害　*65*
- 欲求不満-攻撃仮説　*95*

ら・わ行

- 呼び出し面接　*38, 39*
- 予防的教育相談　*5-7, 10, 168*
- ラーニングストーリー　*71*
- 来談者中心療法　*17, 27, 137, 182*
- ライフステージ　*177, 178*
- ライフタスク　*67, 68, 70*
- ラベリング　*184*
- 力動論　*113*
- リスクマネジメント　*110*
- リビドー　*19, 48*
- リフレクション　*174*
- リフレーミング　*185*
- 流動性知能　*83*
- リラクセーション　*23*
- リレーション（関係）　*31, 32, 34, 35, 39, 42*
- 臨床心理学　*10, 11, 17, 191, 192, 200*
- 臨床心理士　*6, 7, 193*
- 心理的離乳　*55*
- 類型論　*77*
- ルソー，J.-J.　*55*
- レジリエンス　*179*
- レジリエンス教育　*101*
- レスポンデント（古典的）条件づけ　*22, 137-139*
- レター・カウンセリング　*171*
- 劣等感　*51*
- ロールシャッハ検査法　*78*
- ロールプレイ　*171*
- ロールレタリング　*171*
- ロジャーズ，C. R.　*26, 27, 33, 113, 180-182, 185*
- ロジャーズの3条件　*181, 182*
- 論理情動行動療法　*144*
- 論理療法　*25, 144-146*

欧文

- ABC 図式　*144, 145*
- ABC 分析　*126*
- ADHD　*122, 123*
- DSM　*172*
- DSM-5　*120-124*
- HTP テスト　*78*
- K-SCT（構成的文章完成法検査）　*78*
- LD　*123, 124*
- LGBT（Q）　*163*
- MG 性格検査　*78*
- MMPI 新日本版　*78*
- PBIS　*100*
- PDCA サイクル　*115*
- PF スタディ（絵画欲求不満テスト）　*78*
- QOL（クオリティ・オブ・ライフ）　*115*
- Q-U アンケート（Q-U テスト）　*79, 168, 173*
- SUD　*140*
- TAT（絵画統覚検査）　*78*
- TEACCH モデル　*126, 127*
- T 得点　*82*
- WHO（世界保健機関）　*105*
- YG 性格検査　*78*
- z 得点　*81*

《監修者紹介》
吉田武男（筑波大学人間系教授）

《執筆者紹介》（所属，分担，執筆順，＊は編著者）

＊高柳真人（編著者紹介参照：はじめに・第13章・コラム⑬）

会沢信彦（文教大学教育学部教授：第1章・コラム①）

青木佐奈枝（筑波大学人間系心理学域准教授：第2章・コラム②）

大友秀人（北海商科大学商学部教授：第3章・コラム③）

五十嵐哲也（兵庫教育大学大学院学校教育研究科准教授：第4章・コラム④）

和井田節子（共栄大学教育学部教授：第5章・コラム⑤）

＊服部　環（編著者紹介参照：第6章・コラム⑥）

杉本希映（目白大学人間学部准教授：第7章・コラム⑦）

村久保雅孝（佐賀大学医学部准教授：第8章・コラム⑧）

島田茂樹（常磐大学人間科学部准教授：第9章・コラム⑨）

＊前田基成（編著者紹介参照：第10章・コラム⑩）

花屋哲郎（秀明大学学校教師学部准教授：第11章・コラム⑪）

武田明典（神田外語大学外国語学部教授：第12章・コラム⑫）

＊吉田武男（編著者紹介参照：第14章・コラム⑭）

《編著者紹介》

高柳真人（たかやなぎ・まさと／1957年生まれ）
京都教育大学教職キャリア高度化センター教授
『育てるカウンセリングが学級を変える 高等学校編』（共著，図書文化社，1998年）
『「総合学科」を創る──生き生きと伸び伸びと学ぶ喜びを』（共著，学事出版，2001年）
『発達臨床教育相談マニュアル』（共著，川島書店，2006年）
『スポーツ学のすすめ』（共著，大修館書店，2008年）
『シャイな教師の教職遂行を規定する認知的要因に関する研究』（風間書房，2019年）

前田基成（まえだ・もとなり／1957年生まれ）
女子美術大学芸術学部教授
『生徒指導と学校カウンセリングの心理学』（共著，八千代出版，1999年）
『セルフ・エフィカシーの臨床心理学』（共編著，北大路書房，2002年）
『教育とカウンセリング』（共著，八千代出版，2006年）
『TAS-20トロント・アレキシサイミア尺度使用手引』（共著，三京房，2015年）

服部　環（はっとり・たまき／1956年生まれ）
法政大学現代福祉学部教授
『Q&A　心理データ解析』（共著，福村出版，1996年）
『心理学の「現在」がわかるブックガイド』（監修・共著，実務教育出版，2011年）
『心理・教育のためのRによるデータ解析』（福村出版，2011年）
『スタンダード　教育心理学』（共編著，サイエンス社，2013年）
『「使える」教育心理学〈第3版〉』（監修・共著，北樹出版，2015年）
『文系のためのSPSSデータ解析』（共著，ナカニシヤ出版，2016年）

吉田武男（よしだ・たけお／1954年生まれ）
筑波大学人間系教授
『シュタイナー教育を学びたい人のために──シュタイナー教育研究入門』（協同出版，1997年）
『シュタイナーの教育名言』（学事出版，2001年）
『カウンセラーは学校を救えるか──「心理主義化する学校」の病理と変革』（共著，昭和堂，2003年）
『シュタイナーの人間形成論』（学文社，2008年）
『「心の教育」からの脱却と道徳教育──「心」から「絆」へ，そして「魂」へ』（学文社，2013年）

MINERVA はじめて学ぶ教職⑯
教育相談

2019年3月31日　初版第1刷発行　　　　〈検印省略〉

定価はカバーに
表示しています

編　著　者	高柳真人
	前田基成
	服部　環
	吉田武男
発　行　者	杉田啓三
印　刷　者	藤森英夫

発　行　所　株式会社　ミネルヴァ書房
607-8494　京都市山科区日ノ岡堤谷町1
電話代表　（075）581-5191
振替口座　01020-0-8076

©高柳・前田・服部・吉田ほか，2019　　亜細亜印刷

ISBN978-4-623-08526-2
Printed in Japan

MINERVA はじめて学ぶ教職

監修　吉田武男

「教職課程コアカリキュラム」に準拠　　全20巻＋別巻1

◆ B5判／美装カバー／各巻180～230頁／各巻予価2200円（税別） ◆

① 教育学原論　滝沢和彦 編著
② 教職論　吉田武男 編著
③ 西洋教育史　尾上雅信 編著
④ 日本教育史　平田諭治 編著
⑤ 教育心理学　濱口佳和 編著
⑥ 教育社会学　飯田浩之・岡本智周 編著
⑦ 社会教育・生涯学習　手打明敏・上田孝典 編著
⑧ 教育の法と制度　藤井穂高 編著
⑨ 学校経営　浜田博文 編著
⑩ 教育課程　根津朋実 編著
⑪ 教育の方法と技術　樋口直宏 編著
⑫ 道徳教育　田中マリア 編著
⑬ 総合学習　佐藤真 編著
⑭ 特別活動　吉田武男 編著
⑮ 生徒指導　花屋哲郎・吉田武男 編著
⑯ 教育相談　高柳真人・前田基成・服部環・吉田武男 編著
⑰ 教育実習　三田部勇・吉田武男 編著
⑱ 特別支援教育　小林秀之・米田宏樹・安藤隆男 編著
⑲ キャリア教育　藤田晃之 編著
⑳ 幼児教育　小玉亮子 編著
別 現代の教育改革　徳永保 編著

【姉妹編】
MINERVA はじめて学ぶ教科教育　全10巻＋別巻1

監修 吉田武男　B5判美装カバー／各巻予価2200円（税別）～

① 初等国語科教育　塚田泰彦・甲斐雄一郎・長田友紀 編著
② 初等算数科教育　清水美憲 編著
③ 初等社会科教育　井田仁康・唐木清志 編著
④ 初等理科教育　大髙泉 編著
⑤ 初等外国語教育　卯城祐司 編著
⑥ 初等図画工作科教育　石﨑和宏・直江俊雄 編著
⑦ 初等音楽科教育　笹野恵理子 編著
⑧ 初等家庭科教育　河村美穂 編著
⑨ 初等体育科教育　岡出美則 編著
⑩ 初等生活科教育　片平克弘・唐木清志 編著
別 現代の学力論（仮）　樋口直宏・根津朋実・吉田武男 編著

ミネルヴァ書房
http://www.minervashobo.co.jp/